Alva Gehrmann

W0012453

I did it Norway!

Die Entdeckung der
nordischen Lebensart

dtv

**Ausführliche Informationen über
unsere Autoren und Bücher
www.dtv.de**

Dieses Buch ist auch als eBook erhältlich.

Originalausgabe
© 2019 dtv Verlagsgesellschaft mbH & Co. KG, München
Das Werk ist urheberrechtlich geschützt.
Jede Verwertung ist nur mit Zustimmung des Verlags zulässig.
Das gilt insbesondere für Vervielfältigungen, Übersetzungen und
die Einspeicherung und Verarbeitung in elektronischen Systemen.
Für Inhalte von Webseiten Dritter, auf die in diesem Werk verwiesen
wird, ist stets der jeweilige Anbieter oder Betreiber verantwortlich,
wir übernehmen dafür keine Gewähr. Rechtswidrige Inhalte waren
zum Zeitpunkt der Verlinkungen nicht erkennbar.
Umschlaggestaltung: semper smile, München
Satz: Fotosatz Amann, Memmingen
Gesetzt aus der Helvetica und Minion
Druck und Bindung: CPI books GmbH, Leck
Gedruckt auf säurefreiem, chlorfrei gebleichtem Papier
Printed in Germany · ISBN 978-3-423-26215-6

INHALTSVERZEICHNIS

VORWORT

Als ich einem Norweger mal von meinem Alltag erzählte, sagte er: »Es scheint, dass du dorthin gehst, wo der Wind dich hinträgt.« Und so ist es. Der Wind, der Zufall und neu gewonnene Freunde haben mich über die Jahre an viele unerwartete Orte in Norwegen gebracht. Sei es auf einen stürmischen Angelausflug, ein Musikfestival in den Bergen, eine abgelegene Insel in Schmetterlingsform, eine Floßsauna im Oslofjord oder über Nacht in ein traditionelles Zelt der Sámi, der indigenen Bevölkerung des hohen Nordens.

Seit mehr als 15 Jahren berichte ich über und aus Nordeuropa. Zuvor habe ich bereits in Island und Finnland gewohnt und gelernt, dass es im Alltag umringt von wilder Natur und plötzlichen Wetterumschwüngen besser ist, nicht alles typisch deutsch bis ins letzte Detail zu planen. Also lasse ich mich öfter treiben und inspirieren.

Eines Tages erfuhr ich von der Rückholaktion eines historischen Schiffes: Nach rund hundert Jahren sollte das gestrandete Segelschiff des legendären Polarforschers Roald Amundsen heimgeführt werden. Das von Jan Wanggaard betreute Projekt gleicht einer modernen Expedition und passt zur Heimat wagemutiger Seereisender – von den Wikingern über Amundsen und Fridtjof Nansen bis hin zu Thor Heyerdahl.

Und so fasste ich den Plan, das Projekt zu verfolgen. Die mehrjährige Geschichte von der Rückkehr segelt nun durch das Buch genau wie die besonderen Begegnungen mit Norwegern, die mich gastfreundlich an ihrem Alltag teilhaben ließen und mir ihre Region zeigten. Je tiefer man in eine Gesellschaft eintaucht, desto mehr Facetten und Eigenheiten entdeckt man. Während die Isländer am liebsten im Hot Pot, den heißen Quellen, relaxen und die Finnen in ihrer Sauna schwitzen, müssen die Norweger erst einige Stunden wandern oder Ski fahren, bevor sie sich eine Pause verdient haben. Natürlich sind nicht alle gleich, aber es ist schon erstaunlich, wie sportlich die Nation ist.

Außerdem wundert mich bis heute, warum die Norweger Kaviar aus der Tube essen, selbst wenn frischer auf dem Frühstücksbuffet liegt, und ich muss über die dicken Lippen schmunzeln, wenn sie an ihrem *snus*, dem Oraltabak, saugen. Die kulturellen Unterschiede zeigen sich eben oft im Detail.

Neben außergewöhnlichen Schiffsprojekten und vielfältigen Besuchen in der Provinz, erlebe ich Klassiker wie die Verleihung des Friedensnobelpreises in Oslo, das Peer-Gynt-Festival und den Nationalfeiertag am 17. Mai, bei dem die Norweger ihre Heimat in ein für uns Deutsche gewöhnungsbedürftiges Flaggenmeer verwandeln. Ich fahre in die Ölhauptstadt Stavanger, erforsche, wie der einst relativ arme Bauernstaat sich dank der Funde vor der Küste zu einem der weltweit reichsten Länder entwickelte, und dass theoretisch jeder Norweger ein Millionär ist. Ihr wahres Glück erleben die Skandinavier jedoch vor allem mit ihrer Familie beim *friluftsliv*, dem Leben im Freien.

Es überrascht nicht, dass das Königreich Norwegen beim jährlichen World Happiness Report der Vereinten Nationen meist einen der Spitzenplätze belegt – mal ist es das »glücklichste Land der Welt«, mal das zweitglücklichste.

Es klingt nach einem klischeehaften Leben am Fjord, doch selbstverständlich sind die Norweger nicht ständig happy und es gibt dramatische Storys hinter der glänzenden Fassade. Das größte Trauma in jüngster Zeit ereignete sich am 22. Juli 2011. Bei dem Massaker starben 77 Menschen. Es schmerzt die Norweger bis heute, dass ausgerechnet einer von ihnen die Anschläge verübte. Die besonnene Reaktion darauf mit mehr Menschlichkeit und Offenheit beeindruckte die Weltgemeinschaft, aber auch im ansonsten weitgehend friedlichen Land gibt es – wie in den meisten Nationen – rechtsradikale Kräfte.

»Norweger und Deutsche sind Freunde. Und Freunde sollten ehrlich und kritisch miteinander sein«, sagte Jostein Gaarder, der Autor von ›Sofies Welt‹, zu mir, als er von diesem Buchprojekt hörte. So erwähne ich auch den Zweiten Weltkrieg, Willy Brandts Zeit im Exil und unsere heutigen bilateralen Beziehungen.

Anfangs dachte ich, dass ich die norwegische Lebensart leicht beschreiben kann, doch nach vier Jahren weiß ich, dass die Gesellschaft des Wohlfahrtsstaates genauso vielseitig ist wie die allgegenwärtige Natur. Was die Norweger vereint, ist ihre Liebe für ein Quiz – auf Sommerfesten, Lesungen, Festivals und in den Medien. Deshalb gibt es am Ende dieses Buches eines, bei dem du dein Wissen testen kannst. Ach ja, die meisten Nordeuropäer duzen einander. Deshalb schlage ich vor, wir tun dies ebenfalls. Darf ich mich vorstellen: Mein Name ist Alva.

Nun wünsche ich dir viel Spaß, dich auf das Abenteuer Norwegen lesend einzulassen – und vor allem, dich treiben zu lassen. »I've travelled each and every highway / And more, much more than this / I did it my way«, sang Frank Sinatra schon vor 50 Jahren. Auch ich fuhr über (fast) jede Straße und entdeckte das Land auf meine eigene Art.

I did it Norway!

Die norwegische Sprache

Im Norwegischen gibt es zwei gleichrangige Schriftsprachen – Nynorsk und Bokmål. Nynorsk wurde Mitte des 19. Jahrhunderts im Zuge der aufkeimenden Unabhängigkeitsbewegung als eigenständige Sprache entwickelt. Sie basiert auf einer Auswahl norwegischer Dialekte und ist im Altnordischen verankert. Parallel dazu wurde Bokmål begründet, das seinen Ursprung im Dänischen hat. Die Sprachen ähneln sich, ein Beispiel: Das Wort für Liebe ist in Bokmål »kjærlighet« und in Nynorsk »kjærleik«. In beiden Varianten werden Substantive kleingeschrieben, deshalb handhabe ich es auch im Buch so bei den kursiv gesetzten Begriffen. Die Aussprache einiger Buchstaben ist ebenfalls besonders: Das »ø« klingt wie »ö«, »å« wie ein langes »o« und æ wie »ä«. Und um es noch komplizierter zu machen, gibt es zahlreiche Dialekte mit eigenen Begriffen.

Die norwegische Sprache hört sich oft fröhlich an, weil insbesondere im Oslo-Dialekt die Satzmelodie am Ende stets nach oben geht. Der isländische Comedian Ari Eldjárn hat den Singsang treffend beschrieben: »Die Norweger lieben Skispringen und sie reden, als würden sie Ski springen.« Selbst ökonomische Begriffe zum veränderten Ölpreis klingen leicht und sportlich: *oljeprishopp*.

AUFBRUCH

Gewagte Bootstouren, Expeditionen und andere Abenteuer

Das Meer vor den Lofoten ist aufgewühlt und so manche Welle höher als unser kleines, offenes Motorboot. Doch das schreckt Morten und Hugo nicht ab. Im Gegenteil. Die beiden Norweger haben schon viel waghalsigere Touren unternommen. Sie jagten zum Beispiel in einem Schlauchboot und mithilfe stinkender Köder rund 600 Kilo schwere Eishaie. Warum also nicht auch bei rauer See und bedrohlicher Wolkenfront auf eine Angeltour gehen?

Wenn ich diesen Trip überlebe, wird das sicherlich eine tolle Geschichte, schießt mir durch den Kopf, bevor ich mich auf dem Boden kauernd an Mortens rechtes Bein klammere. Ich habe panische Angst rauszufallen und verschluckt zu werden – sei es nun vom Meer oder von einem Hai.

Na, das fängt ja gut an. Dass das Leben in Norwegen aufregend werden würde, hätte mir klar sein sollen. Schließlich ist es die Heimat vieler berühmter Abenteurer: die Wikinger, Fridtjof Nansen, Roald Amundsen und Thor Heyerdahl definieren das Bild des skandinavischen Landes ebenso wie die zerklüfteten Küsten, tiefen Fjorde und Bergketten. »Es ist ein langes, seltsames Land«, sagte ein norwegischer Freund mal zu mir. Ein Land, das größer als Deutschland ist, und in dem nur 5,3 Millionen Menschen leben. Zum Vergleich: Bei uns sind es mehr als 82 Millionen.

Nansen und Amundsen sind für die Norweger bis heute Nationalhelden. Während meiner Reisen lerne ich zahlreiche moderne Abenteurer kennen – und verstehe erst nach und nach, warum sie sich mit den beiden Polarreisenden identifizieren und teilweise sogar ihren Spuren folgen.

Für Morten A. Strøksnes liegt das Abenteuer im Meer. Dreieinhalb Milliarden Jahre nach der Entwicklung des primitiven Lebens in der Tiefe schrieb er ein Sachbuch über die Ozeane, in dem der Journalist davon berichtet, wie er mit seinem Freund Hugo Aasjord über ein Jahr lang mehrfach auf Eishaijagd ging. Kurz bevor ›Das Buch vom Meer‹ auf dem deutschen Markt erschien, erhielt ich den Auftrag, die beiden für ein Magazin zu porträtieren. Anfang April hatte ich vier Tage lang die Möglichkeit, das Buch mit dem Autor und seinem Hauptprotagonisten hautnah nachzuerleben.

Treffpunkt ist Skrova. Die Insel gehört zu den Lofoten im Norden Norwegens. Von Oslo aus fliegt man zuerst nach Bodø und steigt dann in eine Propellermaschine um, in der die maximal 39 Passagiere ihren Sitzplatz beim Einsteigen frei auswählen können. Ab hier wird es dörflich, einige Norweger tauschen sich über den neuesten Tratsch im Zielort Svolvær aus. Der dortige Flughafen ähnelt einer Tankstelle an der Küste. Vor dem unscheinbaren Flachbau stehen zahlreiche Autos, die die Angekommenen einsammeln. Ich nehme ein Taxi, das mich direkt zum Fährableger bringt.

Hugo Aasjord besitzt auf Skrova die ehemalige Fisch- und Tranfabrik Aasjordbruket sowie drei dazugehörige Holzhäuser, die seine Familie zum Zweitwohnsitz umgebaut hat. Während der 20-minütigen Überfahrt sieht man, warum die Lofoten so beliebt sind. Die spitzen Berge ragen im glitzernden Meer steil auf, davor lagern einzelne Schären. Im Naturhafen von Skrova öffnet sich am Bug die Fährenklappe. Sie erinnert an das Maul eines gigantischen Hais, der nun zehn Besucher, zwei Autos und mich ausspuckt.

Hugo, Anfang 60, wartet an der Anlegestelle. Er trägt eine Nickelbrille, hat dunkles, lockiges Haar und einen dichten Schnäuzer. Morten, den ich zuvor schon in Oslo traf, kommt einige Stunden später an.

Skrova hat eine jahrhundertealte Fischereitradition. Während Svolvær, die größte Stadt der Lofoten, mittlerweile eher vom Tourismus lebt, ist es auf dieser hotelfreien Insel mit seinen knapp 200 Einwohnern wesentlich ruhiger.

Der Spaziergang zu Hugos Zuhause dauert nur wenige Minuten, es geht vorbei an etlichen *rorbuer*, schmalen Fischerhütten aus Holz. Der Wind weht uns einen intensiven Geruch entgegen, bevor wir am Ende der Straße die riesigen Trockengestelle sehen. Hier hängen Hunderte Stockfische und nebendran gebündelt ihre Köpfe. Bereits zu Wikingerzeiten war das aus Kabeljau gewonnene und durch Trocknung haltbar gemachte Lebensmittel wichtiger Proviant und kostbare Handelsware.

Wir überqueren eine Brücke, einzelne Boote wiegen sich sanft im Wasser. Vom Steg des Nachbarn aus gelangt man zum weiß gestrichenen Fabrikgebäude Aasjordbruket. Hugo schiebt

Manchmal begleiten Schwertwale Morten und Hugo auf ihren Touren – im Hintergrund der Leuchtturm von Skrova

die schwer bewegliche Eingangstür mit einem kräftigen Ruck zur Seite – und wir stehen direkt in der früheren Fischannahmestelle, die jetzt gefüllt ist mit einem aus alten Kisten gezimmerten Tresen, hölzernen Spülbottichen und zahlreichen undefinierbaren Gerätschaften.

»Schau mal, das ist die Kvitberg I«, sagt Hugo und zeigt auf das vergilbte Foto an einer Wand. Die Aasjords lebten mehrere Generationen von der Fischerei, sein Vater fuhr bereits als Achtjähriger zur See und ihre Familiengeschichte ist eng mit den Booten verbunden. »Diesen Eismeerkutter aus dem Jahr 1912 nutzten meine Vorfahren für den Thunfischfang. Es war ein gutes Boot.« Seeleute reden häufig über Schiffe, als seien sie lebendige Wesen. Sie sind stark, gütig, tüchtig oder zuverlässig; und haben somit teilweise bessere Eigenschaften als echte Familienmitglieder.

Aasjordbruket ist in gewisser Weise ebenfalls ein lebendiges Wesen – ein angedocktes Schiff. Die Anlage steht zum Großteil auf Holzpfählen im Meer, und da einzelne Bodenplanken lose sind oder fehlen, strahlt das sich im Wasser spiegelnde Licht in den Raum. Hugo zeigt mir, wo ich übernachten werde. In der ersten Etage gibt es ein Apartment mit ausrangierten Möbeln.

Am späten Abend kommt Morten auf Skrova an. Wir sitzen zusammen am Esstisch des neu gestalteten Holzhauses, das Feuer knistert im Ofen und im Radio laufen Hits aus einem anderen Jahrtausend. Bei einem Glas Rotwein klären wir die grundlegende Frage, wie die Idee für die abenteuerliche Jagd entstanden ist. »Ich hatte fast alle Meerestiere gesehen, aber noch keinen Eishai«, sagt Hugo und rückt seine Brille zurecht. »Mein Vater erzählte mir von den zähen Tieren, die selbst verwundet weiter Walfleisch verschlangen.« Auch für Morten war der Eishai ein fremdes Wesen. »Hugo musste mich also nicht groß überreden. Ich schluckte den Köder sofort.« Er lacht. Der Autor, Anfang 50, wuchs in Kirkenes auf, einer nördlichen Kleinstadt an der Barentssee nahe der russischen Grenze, und ging seit der Jugend oft angeln. Schon früh faszinierte ihn, dass in der Tiefe eine eigene Welt mit unzähligen Geschöpfen existiert, über die er so gut wie nichts wusste.

Mittlerweile ist Morten ein Kenner der Ozeane. Er erklärt, dass der Eishai nicht unter Naturschutz steht und ein Urzeitwesen ist, das am Grund norwegischer Fjorde bis hinauf zum Nordpol schwimmt. »Das Tier wird über 200 Jahre alt, sodass man theoretisch einem Hai begegnen kann, der während der Napoleonischen Kriege geboren wurde«, fügt Morten hinzu. Die Jäger interessieren sich vor allem für seine Leber. »Der daraus gewonnene Tran ist ideal für die Herstellung von Malerfarbe. Dieses Haus ist ebenfalls mit Tranöl gestrichen«, sagt Hugo, »allerdings vom Kabeljau.« Bei unserem Rundgang am Nachmittag über das Gelände hatte er mir einen Bottich mit dem stinkenden Gebräu gezeigt. »Doch nichts soll über das Öl vom Eishai gehen.« Das haben Hugo alte Seemänner berichtet, die Farbe werde sehr hart und halte ewig.

Selbst wenn seine Familie eine lange Seefahrertradition hat und auch er als Junge auf Booten übernachtete, ist Hugo kein Fischer geworden. Im Teenageralter zog es den Norweger in die Ferne: nach Münster. Dort studierte er in den Siebzigerjahren an der Kunstakademie, sein Deutsch ist noch immer ausgezeichnet. Nicht zuletzt aufgrund seiner Vorliebe für ›Derrick‹, wonach der Künstler seinen Tag strukturiert. In seiner Heimat ist die Serie Kult. »›Derrick‹ spielt genau in der Zeit, als ich in Deutschland lebte. Es erinnert mich an früher.« Ich biete ihm an, die DVDs der Krimiserie zu besorgen. Hugo lehnt dankend ab. Er möchte lieber überrascht werden, welche Folge auf dem öffentlich-rechtlichen Sender NRK wochentags um 17 Uhr gezeigt wird, dabei kocht er dann das Abendessen.

Im Alltag wohnt Hugo mit seiner Frau Mette, einer Lehrerin,

in Steigen. Ihre Kinder sind längst aus dem Haus. Eine Stunde brauchen sie mit ihrem RIB (Rigid Inflatable Boat) über den Vestfjord. Das Schlauchboot benutzten Morten und er auch bei der Eishaijagd. Dieses Wochenende lauern sie jedoch auf andere Beute: Es findet die »VM i Skreifiske«, die Weltmeisterschaft im Kabeljauangeln, statt. Im Frühjahr schwimmt der Kabeljau von der Barentssee, Mortens Heimatregion, hinunter zu den Lofoten. Millionen Fische laichen dann in diesen Gewässern, sofern sie nicht vorher gefangen werden.

Skrei ist die norwegische Bezeichnung für den Winterkabeljau, es stammt von »å skride« ab, was so viel wie »schreiten« oder »wandern« bedeutet. Die WM interessiert nur Hobbyangler, die professionellen Fischer fahren in der Saison von Januar bis April morgens früh um fünf Uhr los, haben Netze und wagen sich bei sechs Meter hohen Wellen hinaus.

Die Skrei-WM

Am Morgen scheint die Sonne ins Fenster. Während Morten im Nebenzimmer schläft, brühe ich mir in der alten Küche einen Kaffee und schaue danach auf den Hafen. Die Fähre spuckt etwa 80 Menschen aus, ab mittags wird Skrova zur Partyhochburg der WM-Gäste. Im Vorjahr fand das Fest in Aasjordbruket statt. Einige klopfen an die große Holztür, doch dieses Mal bewirtet ein nahe gelegenes Lokal die Gäste.

Für die meisten Teilnehmer geht es vor allem ums Feiern. Firmen aus ganz Norwegen nutzen das Wochenende zum feuchtfröhlichen Teamgeist-Event. Sie kommen aus Oslo, Trondheim oder Tromsø und wippen in neongelb leuchtenden Sicherheitsanzügen zur Livemusik, bis die Fähre, ein RIB oder Helikopter sie wieder nach Svolvær bringt.

Viele Norweger sind eher zurückhaltend und benötigen eine Menge Alkohol, bevor sie aus sich herausgehen oder tanzen. Ein Mann auf der vollbesetzten Terrasse des Lokals scheint an diesem Mittag gute Vorarbeit geleistet zu haben: Der kräftige Kerl steht auf einem Tisch, zieht sein T-Shirt aus und singt lautstark zur Musik. Die Kollegen jubeln.

Mette hilft für einige Stunden ehrenamtlich an der Theke aus, Hugo und Morten stehen am Rand und beobachten skeptisch das Spektakel. Als Rheinländerin erinnert es mich an Karneval, wo so mancher schon morgens angetrunken ist und wir uns bei Minusgraden stundenlang draußen aufhalten. Bestimmt knutschen an diesem Tag auf den Lofoten auch einige, die zu Hause einen anderen Partner haben.

Irgendwann ergeben wir uns und trinken mit. Morten und Hugo treffen mehrere Bekannte, das ist auf einer Insel wie Skrova nichts Ungewöhnliches. Sogar ich kenne einen der Musiker. Wir sind uns ein halbes Jahr zuvor in Tromsø begegnet, wo seine Exfreundin mir ihre Stadt im hohen Norden zeigte. Norwegen ist zwar lang, aber es ist eben doch eine überschaubare Gesellschaft.

Rund 250 Menschen feiern an diesem sonnigen Mittag auf der Terrasse und im Lokal. Ein Mann torkelt auf mich zu und erzählt wild gestikulierend von der gestrigen Bootstour, er prahlt, wie groß der von ihm eigenhändig gefangene Kabeljau sei. Ich will ihn gerade auf ein buntes Gemälde hinweisen, das direkt hinter der Liveband an der Wand hängt. Es zeigt einen Pfeife rauchenden Seemann, sein Schiff und ein *rorbu* am Meer. Daneben steht: »Everybody is a fisherman until a real fisherman walks into the room.« Doch der Kabeljau-Angler hat plötzlich eine kichernde Frau am Haken beziehungsweise sie ihn, denn sie macht mit ihren Freundinnen einen Wettbewerb, wer die meisten Selfies mit den Gästen kriegt. Das Wetter wäre ideal für den geplanten

Angelausflug, doch jetzt sind wir nicht mehr fahrtüchtig. Bevor wir am Nachmittag die Party verlassen, kauft Hugo in der Kneipe von einer befreundeten Familie zwei eingeschweißte Beutel mit einer weißen, glibberigen Masse. »Das sind Kabeljauzungen. Ich bereite sie uns heute Abend zu.« Die Zungen werden traditionell von Kindern ab sechs Jahren geschnitten, die so ihr erstes Geld verdienen. »Manche können sich am Ende der Saison sogar ein eigenes Boot leisten«, erzählt er.

Am Spätnachmittag, nachdem die Partyschwärme weitergezogen sind, kommt Mette nach Hause. Ich laufe mit ihr und ihrem Mischlingshund Skrubbi quer über die Insel zu einem einsamen Sandstrand. Wenn sie auf Skrova ist, geht die Endvierzigerin hier fast jeden Tag schwimmen. Sie ist Mitglied des Schwimmclubs Skraaven havsuleforening. »Skraaven ist ein alter Name für Skrova, unser Verein besteht nur aus Frauen«, sagt Mette und geht langsam in den Vestfjord. Sie nennen sich scherzhaft »die Badeschönheiten von den Lofoten«.

Wir treiben im circa vier Grad Celsius warmen Wasser und atmen die frische Luft ein. Seit ich denken kann, habe ich die Sehnsucht, am Meer zu leben. Das ist ein Grund, weshalb es mich immer wieder nach Island zieht, ein Land umzingelt vom Nordatlantik. Die Isländer brachten mir einst das winterliche Baden bei. Denn die Kälte ist ein echter Schock für unseren Körper und anfangs bleibt einem die Luft weg. Doch wenn man langsam ins Wasser geht und dabei ruhig atmet, gewöhnt man sich daran. Mittlerweile kann ich gut acht Minuten im eisigen Meer schwimmen. Mette ist beeindruckt, sie hüpft nur zwei Mal kurz hinein und spielt zwischendurch mit Skrubbi am Strand.

Unsere Körper glühen, wir fühlen uns beide wie neu geboren und spazieren bei Sonnenuntergang zu Aasjordbruket. Die Norwegerin erzählt ihrem Mann und Morten von unserer Tour. Zu diesem Zeitpunkt denken die drei vermutlich noch, ich sei seetauglich. Und auch ich bin vorsichtig optimistisch. Schließlich war ich bereits auf Angeltouren, wenngleich auf größeren Booten und in anderen Gefilden. Am nächsten Tag soll es endlich losgehen.

Hugo brät in der Küche die panierten Kabeljauzungen, dazu serviert er später Kartoffeln, Butter und knuspriges *flatbrød*. Letzteres ist ein auf einer Eisenplatte gebackenes, millimeterdünnes Fladenbrot. Und so genießen wir am Abend ein klassisches norwegisches Gericht aus lokalen Zutaten. Die panierten Zungen schmecken übrigens wie Fischstäbchen.

Das Leben auf den Lofoten klingt nach einer Idylle im Einklang mit der Natur, doch es ist bei Weitem nicht selbstverständlich. Während meines Aufenthaltes gibt es gerade Überlegungen, in der Region nach Öl zu bohren. In Svolvær dekorierten die Anwohner daher aus Protest ein Trockengestell mit dem Skrei so, dass darin in riesigen Lettern der Aufruf »no oil« zu lesen ist. Weitere Bohrungen in Norwegen, das in den vergangenen Jahrzehnten dank der Öl- und Gasfunde vor der Küste reich geworden ist, würden das Ökosystem zerstören, so die Kritiker – und in der Folge blieben die lukrativen Touristenströme aus. Wenn es nach Morten geht, sollte man Teile des Nordpolarmeeres in ein Schutzgebiet umwandeln. »Ich weiß, dass es schwer wäre, alle Anrainerstaaten dazu zu bewegen. Aber ich würde meinem Land dazu raten, mit der Fjordregion zu beginnen.«

In seinem Sachbuch und in kritischen Reportagen weist der Journalist regelmäßig auf die Bedrohungen der Meere hin, dabei legt er sich mit so manchem Konzern an. Morten ist Gegenwind gewohnt. »Ein weiteres Problem sind die Lachsfarmen«, sagt er. »Da die Fische oft von Läusen befallen sind, bekämpft man diese unter anderem mit Pestiziden, die die Fjorde verschmutzen. In Deutschland verkauft man den Lachs

Dicht an dicht mit dem Skrei: Morten A. Strøksnes
unter einem der Trockengestelle auf Skrova

dann als ›biologisch‹, aber das ist eine glatte Lüge.« Er würde
nie Zuchtlachs essen.

Für den Moment haken wir das Thema Umweltschutz ab und
tauschen uns über legendäre Seeungeheuer aus wie die knallrote
Riesenseeschlange und über Plankton, das unter dem Mikro-
skop betrachtet zum Beispiel wie ein offenes Waffeleisen oder
ein stacheliges Geschlechtsorgan aussieht.

Später stehen Morten und ich auf einer schmalen Holzbrücke, die das höher gelegene Haus mit der ersten Etage von Aasjordbruket verbindet. Über uns flackern die Nordlichter, unter uns baumeln ein Dutzend Stockfische, die Hugo vor einigen Wochen gefangen hat. »Am Meer habe ich ein Gefühl von Freiheit«, sagt der Autor, der mittlerweile im südlichen Oslo lebt. Obwohl die norwegische Hauptstadt am Fjord liegt, sieht er das salzige Wasser in seinem Viertel nicht. Auf Skrova vermisst er natürlich seine Freundin und den gemeinsamen Sohn, aber er liebt den Inselrhythmus. Zu dem gehören der ständige Blick auf den Ozean, die Wolken und den Online-Wetterbericht.

Die erste Mutprobe

Der dritte Tag kommt und Hugo prüft am Morgen die Vorhersage für die nächsten Stunden: Regen und starke Brise aus Südsüdost. Er ist nicht zufrieden. Von der geschützten Bucht aus wirkt der Vestfjord ruhig, doch durch sein Fernrohr sieht er, dass die Wellen draußen höher schlagen. Ich nutze die Zeit zum Lesen. »Das tiefe, salzige, schwarze Meer brandet uns entgegen, kalt und gleichgültig, ohne jede Empathie«, steht in Mortens Buch, »es kümmert sich nicht um unsere Ängste – und schon gar nicht um unsere Beschreibungen.« Er erzählt, wie sie bei der Eishaijagd einem Sturm trotzen und es gerade so schaffen, zurückzukehren.

Vielleicht ist es doch besser, wenn wir nicht rausfahren können, denke ich. Am Mittag beschließen sie, dass wir es probieren sollten. »Hugo kann das Meer lesen«, sagt Morten aufmunternd und packt die Angeln ins Boot. Wir tragen rot leuchtende Schutzanzüge, darunter mehrere Wollschichten. Ich versuche, mein Smartphone zu verstauen, und tippe aus Versehen auf ein paar Tasten. Kurz darauf klingelt es: »Hier ist die Polizei, Sie haben die Notrufnummer gewählt. Ist alles okay?« Ob das ein schlechtes Omen ist?

Nun geht es mit dem 14-Footer los, das größere RIB ist an diesem Wochenende zu Hause in Steigen geblieben. Anfangs sitze ich neben Morten auf der schmalen Pritsche, während Hugo vorne das offene Boot mit dem 30-PS-Außenbordmotor steuert. Sobald wir die Bucht verlassen, sehen wir die beachtlichen Wellen. Es geht vorbei an Schären und hinaus aufs weite Meer. Düstere Wolken hängen bleiern über uns, unter uns liegen rund 500 Meter Tiefe. Wir fahren auf die berühmte Lofotenwand zu, die Seefahrer fürchteten und Künstler zeichneten. Morten erinnern sie an ein »Gebiss aus schwarzen Haifischzähnen«. Jetzt bloß nicht an Haie denken.

Ich schaue Morten an, er lächelt kurz. Der Vestfjord hat seine Tücken. Die sich ständig verändernden Strömungen, Winde und Untiefen führen häufig zu einer unberechenbaren Mischung. In Küstennähe ist es oft gefährlicher als auf hoher See, unzählige Schiffe zerschellten an den Schären. Zum Glück kennt Hugo dieses Gebiet genau, auch wenn die Gischt gerade seine Nickelbrille beschlägt. Irgendwann stoppt er den Motor. Die beiden holen ihre Handangeln raus und werfen sie samt Plastikköder über Bord. Vielleicht haben die anderen uns ja etwas Skrei übrig gelassen.

Ich starre im kräftig schaukelnden Boot auf die Wellen. Es ist unglaublich, dass diese blaugraue Masse aus unzähligen Wassertropfen bestehen soll. Außer uns ist niemand draußen, die meisten liegen wohl noch verkatert im Bett. Wenn wir kentern, findet uns keiner. Ob diese Anzüge uns tragen?

Plötzlich sehe ich in der Ferne Stangen aus dem Wasser ragen. Unser Boot treibt langsam auf sie zu. Nach wenigen Minuten schauen sich die Freunde an. Kommentarlos ziehen sie die

Angeln hoch, werfen den Motor an und kehren schnell um. Das ist der Moment, in dem ich mich auf den Boden hocke und an Mortens Bein klammere. In der Bucht von Skrova lasse ich langsam wieder los. Hugo erklärt, dass die Stangen Zeichen für unterirdische Gebirge seien und man dort sehr aufpassen muss, weil sie leicht den Motor oder das Boot beschädigen können. Außerdem zog der Himmel weiter zu.

Mit Aasjordbruket in unserem Blickfeld fängt es plötzlich an zu regnen. »Auf dem Meer sah ich die pure Angst in deinen Augen«, sagt Morten später. »Vielleicht sollte ich mich mal wieder daran erinnern, wie gefährlich es draußen sein kann.« Hugo betont, dass dieser Trip wirklich harmlos war. »Da habe ich schon viel Schlimmeres erlebt!« Morten nickt. Ich glaube es den beiden sofort. »Immerhin musste ich mich nicht übergeben«, sage ich. »Im Zustand der Panik wird man nicht seekrank«, antwortet Hugo und zerschmettert somit meine letzte Hoffnung, ein bisschen seetauglich zu sein.

Unser Gastgeber hat frischen Kabeljau im Kühlschrank und bereitet uns daraus später ein leckeres Abendmahl zu. Nach vier spannenden Tagen in Skrova geht es für mich zurück aufs Festland. Das Meer schert sich nicht um unsere Angst und um unsere Beschreibungen, doch wir lieben das Meer und können nicht genug davon bekommen.

Amundsen und sein Schiff Maud

Roald Amundsen hätte über meine Beschreibung des Angelausflugs vermutlich nur müde geschmunzelt, wenn überhaupt. In meinem Alter war er bereits ein erfahrener und erfolgreicher Polarforscher. Er hatte zum Beispiel als Erster die Nordwestpassage durchfahren und als Erster am 14. Dezember 1911 den geografischen Südpol erreicht. Der Norweger war ein umjubelter internationaler Star, er schrieb Bücher über seine Expeditionen und hielt weltweit Vorträge.

Zeit seines Lebens war Amundsen mutig, ausdauernd, rastlos – und er wusste den Moment zu nutzen. Während des Ersten Weltkriegs verdiente er mit Spekulationen ein Vermögen und investierte das Geld in den Bau eines neuen Forschungsschiffes. Sein Ziel: der Nordpol. Amundsen wollte also auch diesen Rekord für Norwegen holen.

Der erfahrene Seemann rechnete damit, dass die Segeltour durch den arktischen Ozean vier bis fünf Jahre dauern könnte. Schließlich würden sie größtenteils im Packeis driften. Bei der feierlichen Zeremonie in Vollen, einem Ort außerhalb von Oslo, das damals Kristiania hieß, taufte er den Dreimaster mit Eis.

Historische Aufnahme von Maud in Vollen,
wo sie einst gebaut und mit Eis getauft wurde

Polarskibet, Mau

»Schon jetzt wirst du etwas von deinem richtigen Element fühlen«, sagte Amundsen an jenem Junitag. »Du bist für das Eis gebaut, du wirst deine beste Zeit im Eis verbringen, und dort sollst
du deine Aufgaben lösen. Mit Erlaubnis unserer Königin taufe
ich dich ›Maud‹.«

Als die Maud am 18. Juli 1918 den Hafen im nördlichen Vardø
verließ, war sie der ganze Stolz des Landes. In der Seefahrt sind
Schiffe traditionell weiblich. Und wie wir von Hugo wissen,
sehen manche ihre Boote wie Familienmitglieder an. Mit acht
weiteren Männern an Bord reiste Amundsen gen Norden, später kamen neue Besatzungsmitglieder und einige Hunde dazu.
Voller Hoffnung starteten sie ihre neue Expedition.

Norwegen war seinerzeit einige Jahre von Schweden unabhängig, eine kleine Nation ohne große Reichtümer. Aber sie
hatten mutige und abenteuerlustige Männer, allen voran den
Ozeanografen Fridtjof Nansen. Der hochgewachsene Mann
hatte bereits 1888 als Erster Grönland auf Skiern durchquert. Bei
seiner Heimkehr im folgenden Jahr sollten ihn in der Hauptstadt über 60 000 Menschen jubelnd empfangen. Einer von ihnen
war der 17-jährige Roald Amundsen. Der Festzug für Nansen
mit Wikingerschiffen, Skiern und ausgestopften Eisbären beeindruckte den Teenager.

Seit seiner Kindheit wusste der Sohn eines Schiffsreeders,
dass er eines Tages auf polare Touren gehen wollte. Er las akribisch die Berichte früherer Reisender, schlief zur Abhärtung im
Winter bei offenem Fenster und fuhr stundenlang Ski. Anfang
1896 unternahm er mit seinem Bruder Leon kurz nach Neujahr
eine riskante Skitour – sie wollten Hardangervidda, die größte
Hochebene Europas, von Ost nach West kreuzen, verloren
jedoch die Orientierung. Die Tage vergingen, und so wurde der
Ausflug zum Überlebenskampf. Erschöpft und ausgehungert
gruben sie sich in den Schnee ein, was Amundsen später als

grauenhaften Eissarg bezeichnete. Nach drei Wochen gelang es den Brüdern, in die Zivilisation zurückzukehren. Es war die früheste Bewährungsprobe.

Bei seinen waghalsigen Reisen machte der ausgebildete Steuermann sich schnell einen Namen und so unterstützte ihn auch Nansen, der nach der Jahrhundertwende als Diplomat arbeitete. Der Ozeanograf gab ihm Tipps, verschaffte ihm Kontakte und erlaubte dem elf Jahre jüngeren Amundsen, sein Schiff Fram zu nutzen. Mit ihr war Nansen zuvor gen Nordpol gesegelt, doch das Eis hatte ihm den Weg versperrt. Immerhin erreichte er 1895 auf Skiern und mit Hundeschlitten 86° 14' N. Damals der Rekord.

Eigentlich wollte Amundsen bei seiner Fram-Expedition den Versuch unternehmen, zum Nordpol zu gelangen. Doch als US-Amerikaner behaupteten, sie hätten diesen erreicht, und die Fachwelt ihnen zunächst glaubte, entschied der Seemann sich heimlich um. Dann eben zum Südpol!

Auch seine Crew informierte er erst bei einem Zwischenstopp über die neue Route. Er überließ es den Männern, ob sie weiterfahren oder von Bord gehen wollten. Alle blieben. Der Polarfahrer schickte schnell ein Telegramm an Nansen, dann entschwand er dem Kontakt zur Außenwelt. Ohne die Möglichkeiten der heutigen Kommunikationsmittel blieb Nansen im fernen Norwegen nichts anderes übrig, als es hinzunehmen.

Und so lieferte Amundsen sich mit dem Briten Robert Falcon Scott das berühmte Wettrennen zum südlichsten Punkt der Erde. Die beiden Teams waren auf unterschiedlichen Routen und Vehikeln unterwegs: Während Amundsen und seine vier Begleiter auf Hundeschlitten setzten, wählte Scott mit seinen Männern einen neuartigen Motorschlitten. Als die Briten am Ziel ankamen, stießen sie auf ein Zelt und einen Brief von Amundsen und erfuhren, dass die Norweger einen Monat zuvor dort gewesen waren. Auf dem Rückweg zum 1300 Kilometer entfernten Basislager starben Scott und seine Mitstreiter.

Abenteuer sind existenziell und brutal. Jeder Polarreisende musste damit rechnen, seine Familie nie mehr zu sehen. Dieses Mal war es für Amundsen und seine Männer gut ausgegangen. Nach einer Tour durch Süd- und Nordamerika feierten die Norweger ihre Polarhelden, wenngleich die Freude durch den Tod der Briten getrübt war.

Die Fram ging nach ihrer Weltreise von der Arktis bis zur Antarktis in den Ruhestand, die warmen Gewässer Südamerikas hatten das Holz angegriffen. Amundsen beauftragte den Reeder Christian Jensen aus Vollen mit dem Bau eines neuen Schiffes. Er sollte sich an der Fram orientieren, aber den Dreimaster bauchiger gestalten, was es leichter machen würde, dem permanenten Druck des Eises standzuhalten. Das neue Forschungsschiff war zudem etwas kleiner: 36,5 Meter lang und 12,3 Meter breit.

»An einem Junitag segelte die Maud aus dem Fjord, breit (…) und selbstsicher, aber als sie aus dem Blickfeld verschwand, war es schwierig, das Gefühl zu unterdrücken, dass sie nicht zurückkehren würde«, schrieb der Schiffsbauer Jensen in seinen Erinnerungen.

Die Expedition in den Norden sollte dramatisch und unberechenbar werden, wie alle Polarreisen jener Epoche. Doch dazu an einer anderen Stelle mehr.

Bei der Ankunft der Crew am 22. August 1925 in Nome, Alaska, warteten keine jubelnden Massen auf sie, sondern Gläubiger. Amundsen war bankrott und musste Maud verkaufen. Die Hudson's Bay Company nutzte sie unter dem Namen Baymaud als Frachter für Holz und Ölfässer. In den kommenden Jahren war sie eine Radiostation und ein Lager an der Küste im kanadischen Ort Cambridge Bay, wo sie 1930 halb versank. »Sie kehrte nicht zurück, aber es ist beruhigend zu wissen, dass sie nicht vom arktischen Eis bezwungen wurde«, vermerkte Jensen im November 1933.

Die Maud hatte ihren Bootsbauer und ihren Chef Amundsen nicht enttäuscht. Sie war ein gutes Schiff. Es ist dem Polarreisenden sicherlich schwergefallen, seine treue Weggefährtin veräußern zu müssen. Mit seiner Vorhersage sollte er recht behalten: Maud würde die meiste Zeit im Eis verbringen. Wohl kaum einer ahnte, dass es fast 100 Jahre werden sollten – und dann so weit weg von ihrer Heimat.

Mammutprojekt »Maud returns home«

Doch drei Brüder wollen Maud nach Hause holen. Die Familie Tandberg stammt aus dem Ort Vollen und führt eine Immobilienfirma. Vor einigen Jahren erwarben sie Grundstücke in der kleinen Innenstadt von Asker, wo einst die Werft von Jensen lag. Sie wollten das kulturelle Erbe des Ortes bewahren und so belebten sie die aus Kostengründen auf Eis gelegten Pläne der Kommune, das legendäre Schiff zurückzubringen. Im Frühjahr 2011 kauften sie Maud für einen kanadischen Dollar.

Ein echtes Schnäppchen. Aber wie überführt man ein Schiff, das ein nationales Kulturgut ist, in die Heimat? Wie birgt man es aus dem Meer? Sie beauftragten den Künstler Jan Wanggaard, den sie seit ihrer Jugend kennen.

Jans Leben hat durchaus abenteuerliche Züge. In den Achtzigerjahren war er Weltmeister im Windsurfen. Keiner verstand die Wellen so gut wie der Norweger, er hätte eine große Karriere vor sich gehabt. Stattdessen suchte er lieber nach neuen geistigen Herausforderungen und studierte Kunst und Design in Newcastle upon Tyne. 1989 kam seine persönliche Wende. Jan kaufte auf den Lofoten am Rande des Dorfes Reine ein Holzhaus

Windsurfbrett, Segelschiff oder Ruderboot:
Jan Wanggaard ist auf dem Meer in seinem Element

mit Blick aufs Meer und die schroffen Berge. Seit jeher zieht die Inselgruppe neben Fischern und Touristen auch Künstler an. Sie lieben die Freiheit, das einzigartige Licht und die existenzielle Natur.

Sein Lebensmotto »panta rhei«, alles fließt, ist zugleich der Titel einer Dokumentation, die ihn bei einem seiner vorherigen Projekte begleitete. In einer Szene läuft Jan, Mitte 40, zügigen Schrittes einen steilen Berg hinauf, das letzte Stück rennt er. Oben angekommen blickt er auf das scheinbar endlose Meer und die umliegenden Inseln. »Alle, die sagen, der Weg sei das Ziel, haben nie das Gefühl erlebt, auf dem Gipfel zu sein«, sagt der Künstler und lächelt in die Kamera. Zu der Zeit baute er auf mehreren Inseln der Lofoten das Planetensystem im Maßstab 1:200 Millionen nach. Die Planeten werden dabei durch Steinkugeln dargestellt: Pluto wiegt nur wenige Gramm, während Jupiter mehrere Hundert Kilo schwer ist. Die Steine stehen zwischen den südlichen Inseln Moskenes und Værøy. Sein Haus in Reine war die Erde – der Ausgangspunkt.

Jan Wanggaard hat somit Erfahrung mit überdimensionalen Projekten. Inzwischen ist er Ende 50 und wohnt in Heggedal, einem Ort außerhalb von Oslo. Jan ist immer noch athletisch, unter dem verwaschenen T-Shirt schauen seine Armmuskeln hervor. Die Falten im Gesicht zeugen von langen Ausflügen in der rauen Natur.

Ich besuche ihn in seinem Atelier. Da der Norweger so lange auf den Lofoten gelebt hat, erzähle ich ihm von meinem Angelausflug ein Jahr zuvor, im Frühling 2016, und mache mich über meine Angst lustig. Doch überraschenderweise sagt er, dass so ein Ausflug tatsächlich gefährlich werden könne. Schließlich drücke die tückische Strömung die Boote mit aller Wucht gegen die Lofotenwand. Früher hatten die Fischer keine Motoren, sondern ruderten dann um ihr Leben. Zahlreiche Männer fanden vor dieser Küste ihr Seemannsgrab. Trotzdem zieht es auch den Exwindsurfprofi oft hinaus – sei es auf seinem Brett oder in selbst gebauten Kajaks und Wikingerbooten.

Heggedal liegt wenige Kilometer vom Oslofjord und von Vollen entfernt. Nach 16 Jahren am aufgewühlten Meer ist Jan wieder in seiner Heimatregion. Denn seit 2011 arbeitet er an dem Mammutprojekt »Maud returns home«. An der Wand seines Ateliers in einem einstigen Fabrikgebäude hängen Fotos des Schiffes Maud, von Amundsen und dessen Team.

»Manche glauben, Amundsen wollte nur Rekorde erzielen und unbedingt den Pol erreichen«, sagt Jan, »doch Maud war ein Forschungsschiff. Er hatte mit Harald Ulrik Sverdrup einen erfahrenen Wissenschaftler an Bord.« Der Ozeanograf Sverdrup untersuchte etwa die Gezeiten in der Arktis. Genügend Gelegenheiten hatte er: Nur wenige Wochen nach der Abfahrt kam das Team zehn Meilen östlich von Kap Tscheljuskin, an der nördlichsten Festlandstelle der Erde, zum Stoppen. Die Crew sollte fast ein Jahr dort bleiben. Während der Überwinterung 1918/19 verletzte Amundsen sich gleich mehrmals. »Zuerst stürzte er unglücklich auf seine Schulter, dann wurde er von einem Eisbär angegriffen und dabei am Rücken verletzt«, erzählt Jan, »und im Dezember desselben Jahres vergiftete er sich bei wissenschaftlichen Arbeiten mit Kohlenmonoxid. Man muss sehr willensstark sein, um das auszuhalten.«

Der Künstler schenkt uns Kaffee in Emailletassen ein, wie sie die damaligen Reisenden nutzten. Die Tasse und der Henkel werden so heiß, dass man sie kaum anfassen kann. Für arktische Expeditionen ein perfekter Handwärmer. Eines der Fotos an der Wand zeigt Amundsen lesend im Salon. Der Polarforscher hatte sich für die langen Wartezeiten eine beachtliche Bibliothek eingerichtet, und er schrieb ausführlich Tagebuch, wo er sich durchaus über seine Verletzungen beklagte.

Jan kennt jegliche Details von Mauds Route und er hat ebenso die Tagebucheinträge der Mitreisenden gelesen. Der Polarforscher war wie wohl alle Abenteurer ein eigenwilliger Charakter. So versuchte er im Mai 1920 ein Eisbärjunges, das er Marie nannte, zu zähmen. Irgendwann musste er einsehen, dass es ihm nicht gelang. Also erschoss er Marie, ließ sie später ausstopfen und so steht sie heute in Amundsens Wohnhaus Uranienborg am Bunnefjord.

Auch aktuellere Fotos von Maud hängen an der Atelierwand.

Bei den Winteraufnahmen ragen lediglich einzelne Holzbalken aus der arktischen Eislandschaft, in der kaum etwas wächst. Im kurzen Sommer ist dann das gesamte Wrack sichtbar, das über 80 Jahre lang so im Wasser lag.

Der Künstler wird nie die erste Begegnung mit Maud im kanadischen Cambridge Bay vergessen. An einem Tag im August 2011 schwamm Jan auf das Schiff zu und berührte die Außenwand. »Sie fühlte sich weich und überwältigend an. Als ich hinunterschaute, sah ich ihren enormen Umfang«, sagt er und es rührt ihn immer noch, wenn er davon berichtet. »Dann kletterte ich auf das Schiff, winkte meinem Freund Dag zu und rief ›Es geht Maud gut, aber sie will nach Hause‹.«

Kurz darauf tauchten die beiden Männer hinab und fanden im Inneren neben verrosteten Maschinen und alten Kohlenstücken auch Wachskerzen. Jan geht nach hinten in den Lagerraum und kommt mit einer in rotes Leinentuch eingewickelten weißen Kerze zurück, die er wie einen Schatz in seiner Hand hält. Es kann natürlich sein, dass sie von den nachfolgenden Besitzern stammte, aber dies ist ebenfalls ein Teil von Mauds Geschichte. Zu der gehört auch, dass die einheimische Bevölkerung damals Teile als Brennholz nutzte.

Jan verbrachte ab 2011 jeweils mehrere Monate des Jahres in Cambridge Bay. Im Dorf wohnen knapp 1500 Menschen, die meisten sind Inuit. Der Norweger war neugierig, was die Anwohner mit Maud verbinden. »Einige entschuldigten sich bei uns, dass ihre Vorfahren das Schiff auseinandergenommen hatten«, erzählt Jan. »Doch ich konnte sie beruhigen. Amundsen hätte ihnen vergeben. Er war ein praktisch veranlagter Mann, der die Inuit für ihre Fähigkeit verehrte, in der Arktis zu wohnen.« Und das schließt mit ein, vorhandenes Material zu verwenden.

Während Amundsens vorheriger Reisen durch die Nordwestpassage von 1903 bis 1906 lernte er von Inuit, wie man in den kargen Landstrichen auch mithilfe lokaler Ressourcen überlebt. »Diese Fähigkeiten und Philosophie waren die Basis für seinen späteren Erfolg, etwa bei der Tour zum Südpol«, sagt Jan.

Die Philosophie ihres Projekts »Maud returns home« ähnelt der einer klassischen Polarexpedition: Dazu gehören ein kleines, gut ausgewähltes Team, akribische Vorbereitung und Recherche. Außerdem zogen sie zahlreiche Experten zurate. »Eigentlich hätte Maud längst im Hafen von Vollen liegen sollen, doch es gab einige Verzögerungen«, erzählt Jan und nimmt einen Schluck aus der nun kühleren Kaffeetasse. Ein solches Projekt braucht eben Zeit, wohlwollendes Wetter, eisfreie Gewässer und die richtigen Sponsoren. Zumindest Letzteres war von Anfang an geklärt. Finanziert wird es von der Firma Tandberg Eiendom, die für die Rückführung extra einen Schlepper kaufte. Sie tauften ihn Tandberg Polar.

Nun mussten sie herausfinden, worauf sie Maud transportieren konnten. Durch Zufall entdeckte Jan bei Finn.no, einer Art norwegisches eBay, riesige Pontons. Er verpasste ihnen zu Ehren von Mauds Schiffsbauer die Gravur »Chr. Jensen«, und so segelte das Team mit den Pontons im Schlepptau im Sommer 2014 von Vollen aus nach Cambridge Bay. Es war eine stürmische Überfahrt, die selbst die erfahrenen Seemänner an ihre Grenzen brachte.

Ein erster Bergungsversuch wurde durch das früh eintreffende Eis verhindert. Im Sommer 2016 gelang es schließlich, das Wrack mithilfe von 40 großen Säcken, die sie am Rumpf anbrachten und mit Druckluft füllten, anzuheben. Seitdem thront Maud auf den Pontons und wartet auf die Heimreise. Ein Gutes hat das kalte Klima: Eis und Brackwasser konservierten das Schiff, sodass es nicht wie viele andere Wracks von Würmern befallen war.

Jan zeigt mir auf seinem Laptop einige Fotos von der Bergung. Das rostig braune Schiffswrack mit den verbogenen Stangen und der Flagge, die ihren Namen trägt, hat schon etwas Majestätisches. Passend zur Benennung nach der damaligen norwegischen Königin.

Bei unserem Treffen steckt Jan gerade mitten in der Vorbereitung für den Rücktransport. Im Schlepptau der Tandberg Polar wollen sein Team und er diesen Sommer über den Atlantik bis an die Westküste Grönlands oder bis nach Russland gelangen. Den gesamten Weg nach Norwegen werden sie nicht schaffen. Wie weit sie kommen und welche Route sie segeln, weiß nur der Wind. Noch ist es über ein Jahr, bis sich am 18. Juli die Abreise von Maud zum 100. Mal jährt. Spätestens dann soll sie in Vollen einlaufen. Das Langzeitziel ist, dort ein Museum für das Forschungsschiff zu bauen.

Jan und sein Team haben sich am Anfang des Projekts bewusst bedeckt gehalten, denn sie wussten nicht, ob die Rückkehr tatsächlich gelingen würde. Mittlerweile erscheinen wenige Berichte in den einheimischen Medien, sie zeigen die spektakulären Bilder des Wracks in eisiger Umgebung. Jeder Norweger verbindet etwas anderes mit dem Nationalhelden Amundsen, und jeder hat seine eigene Theorie. »Manche denken, dass mit Maud in gewisser Weise auch Amundsen heimkehrt. Immerhin starb er 1928 bei einem Rettungsflug für den in Not geratenen italienischen Polarforscher Umberto Nobile auf hoher See und wurde nie gefunden.« Das war jedoch Tausende Kilometer entfernt.

Jan überlässt jedem, wie man Maud sieht und ob Amundsen dabei sein wird. Mit den Inuit sprach der Künstler ebenfalls darüber, was Maud für sie symbolisiert. Sie glauben, dass Dinge eine Seele haben können. An einem Tag in Cambridge Bay hatte Jan ein bemerkenswertes Erlebnis. Eine Inuit-Frau fragte ihn, welcher Vogel für ihn den Polarforscher verkörpere. Er nannte den Raben. »Kurz darauf kreiste plötzlich ein Rabe über uns. Er blieb und flog nicht mehr weg.« Der Rabe steht in der nordischen Mythologie für Weisheit, Odin hatte stets zwei auf seiner Schulter. Und manche glauben, der Rabe sei der Geist eines Toten.

Für den Moment verabschieden Jan und ich uns an diesem Tag in Heggedal. Seit ich das Foto von Maud auf dem Eis gesehen habe, möchte ich sie unbedingt kennenlernen. Jan sagt, ich könne ihn und sein Team gerne in Cambridge Bay besuchen und sie bei den Vorbereitungen begleiten. Mit Herzklopfen fahre ich nach Oslo.

Wie wird Maud ihre Heimat wohl erleben? War Norwegen damals noch eine junge und relativ arme Demokratie, ist es mittlerweile eines der reichsten Länder der Welt. Der Wohlfahrtsstaat ermöglicht den Norwegern ein gutes Leben, der Alltag der Frauen ist gleichberechtigter als bei uns in Deutschland und abgesehen von der Königsfamilie gibt es kaum Hierarchien. Harald, der Enkel von Königin Maud, ist der neue Monarch. Der passionierte Segler trat in jungen Jahren sogar für Norwegen bei den Olympischen Spielen an. Jeden Winter steht er bei den Ski-Events am Holmenkollen auf der Tribüne und jubelt den Biathleten oder Skilangläufern zu. Sie sind die neuen Stars. Was sie vereint, ist der absolute Ehrgeiz, ihre kleine Nation an die Spitze zu bringen.

In den folgenden Wochen muss ich einsehen, dass ein Besuch in der entlegenen Region Kanadas doch zu kostspielig wird. Also beschließe ich, das zu machen, was Polarforscher in den langen Wartezeiten tun: Ich erkunde die Umgebung, lerne die Menschen und ihre Kultur kennen. Dabei wandle ich immer wieder zufällig auf den Spuren von Amundsen und Nansen.

Beide Polarreisenden wohnten in der Nähe von Oslo. Die

norwegische Hauptstadt ist ein Jahrhundert später auch mein Basislager. Ob ich jemals so mutig werde wie die Norweger? Zumindest bin ich so neugierig wie ein Abenteurer. Es ist wohl immer eine Frage, wie man Abenteuer definiert.

FAMILIEN

Farmleben mit Bonus-Papa und Peer Gynt, *dugnads* und die Osloer Gemeinschaft

Familie Aanekre erhält immer wieder spontan Besuch. Einmal stand ein Freund sogar mit einem halben Elch vor ihrer Haustür. Der Mann hatte das tote Tier geschenkt bekommen und wollte es auf seinem Pick-up nach Hause ins dreieinhalb Autostunden entfernte Oslo transportieren. Da der Städter nicht wusste, wie man einen Elch fachgerecht zerlegt, fuhr er kurzerhand beim Bauernhof in Gudbrandsdalen vorbei. Die Familie half gerne aus.

Seit Jahrhunderten steht am Berghang umringt von saftigen Weiden Aanekre gård, die Aanekre-Farm. Traditionell liegen die Höfe in dieser Inlandsregion weit voneinander entfernt. »Außer Schussweite«, wie die Norweger zum Spaß sagen. Zum einen brauchen sie ausreichend Fläche für ihre Landwirtschaft, zum anderen genießen sie ihren individuellen Freiraum. Genügend Platz gibt es in dem skandinavischen Land ja. Kleine Dörfer und solche einzelnen Höfe bilden die Gemeinde Sør-Fron mit dem Zuhause der Familie.

»Du kannst uns jederzeit besuchen und so lange bleiben, wie du willst«, sagte Marita Aanekre am Rande einer Party. Damals kannten wir uns knapp eine Stunde. Wir haben zwar einen gemeinsamen Freund, ansonsten war ich für sie eine Fremde. Anfangs war ich mir nicht sicher, ob ich das Angebot wirklich annehmen sollte. Doch unser Freund bestätigte, dass Marita es so meint und sehr gastfreundlich sei. Also beschließe ich, sie im Sommer für eine Woche zu besuchen. Was kann ich mitbringen? Biete ich an, ihr für die Zeit Miete zu zahlen? Der Freund sagte, so funktioniere das auf dem Land nicht. Ich solle guten Wein besorgen. Das reiche.

Ende Juli fahre ich nach Gudbrandsdalen und lasse mich auf das Familienleben in der Provinz ein. Anstatt eines halben Elchs stehe ich mit reichlich Weißwein vor der Tür. Marita umarmt mich zur Begrüßung herzlich. Die temperamentvolle Mittvierzigerin hat lange schwarze Haare und strahlend blaue Augen, sie ist braun gebrannt. An diesem Sommertag trägt sie ein enganliegendes T-Shirt und Shorts, sie läuft barfuß durch die Küche.

In Nordeuropa ist es üblich, beim Betreten einer Wohnung oder eines Hauses die Schuhe auszuziehen. Und so läuft man

In Norwegen werden dem Besucher ständig
verlockend duftende Waffeln angeboten

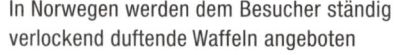

selbst bei festlichen Privatpartys in glitzernden Kleidern und schicken Anzügen, aber auf Socken oder barfuß umher.

Marita übernahm den Hof im Jahr 2003 von ihren Eltern. Ihre drei Brüder hatten weniger Interesse am Farmleben, sie wohnen nun in größeren Städten. Die Familie hält aber weiterhin zusammen und unterstützt sie bei der Erhaltung von Aanekre gård.

Maritas drei Kinder aus erster Ehe backen gerade in der offenen Küche Waffeln. Sie haben so viel Teig gemacht, dass er für die nächsten Tage reichen wird.

Bevor wir die in Norwegen so beliebten und allgegenwärtigen Waffeln essen, macht die Hausherrin für mich eine Tour über das grasbewachsene Hofgelände, zu dem außer ihrem schwarz gestrichenen Haupthaus einige kleinere Nebengebäude gehören – zum Beispiel eine alte Werkstatt und ein *stabbur*. So heißen die einstigen Lebensmittelspeicher, die meist aus Schutz vor Mäusen und anderen Tieren auf Pfosten errichtet wurden. Heute ist das hölzerne Haus ein Lagerraum. Es steht unter Denkmalschutz, ebenso wie das seitliche Gebäude, in dem ihre Großeltern bis ins hohe Alter lebten. Die Einrichtung dort ist gespickt mit rustikalen Sitzbänken, alten Spinnrädern und hölzernen Buttermaschinen.

»Früher haben wir Schweine gehalten, Eier verkauft und Heu gemacht«, erzählt Marita. Die angrenzende Schweinefarm hat sie nach einigen Jahren verkauft, die Landwirtschaft rechnet sich trotz Subventionen erst ab einer bestimmten Größe. Doch das war nicht Maritas Weg. Also hat sie umgesattelt, schließlich ist sie gelernte Pädagogin. »Momentan nutzen wir den Hof vor allem für Bildungszwecke.« Jede Woche kommen erziehungsschwierige Schüler zu ihr, die fernab der modernen Hektik Ruhe finden und eine neue Struktur erlernen sollen. An anderen Tagen besuchen sie Demenzerkrankte aus der Gemeinde, die in den historischen Gebäuden ihre Erinnerung trainieren.

Marita führt Aanekre gård zusammen mit ihrem neuen Partner Eskil Hovland, der der *bonuspappa* ihrer Kinder ist. Eskil arbeitete 20 Jahre als Industriekletterer auf Ölplattformen und wohnte an der Westküste bei Haugesund, bis er 2008 ins Inland zog. Seine Expartnerin und die beiden gemeinsamen Töchter wohnen im nahe gelegenen Gausdal. Er sieht seine Töchter so oft es geht.

Eskil hilft Maritas Kindern bei der Vorbereitung des Nachmittagskaffees und stellt die Teller bereit. Der Küchenblock samt eingelassener Spüle und großzügiger Ablagefläche dient zugleich als Esstisch. Am Ende der Tour sitzen wir dort beisammen und essen die Waffeln samt Sauercreme und Marmelade. Manche garnieren sie mit *brunost*, dem karamellisierten Braunkäse, der insbesondere in Gudbrandsdalen produziert und auch international verkauft wird.

Eskil schaut nebenbei auf den Plan für die nächsten Tage. Er möchte mir einige besondere Orte der Region zeigen. Es sind Sommerferien, deshalb hat die Familie theoretisch viel Zeit.

Würden sie sich nicht ehrenamtlich beim zehntägigen Peer-Gynt-Festival engagieren.

Peer Gynt: mehr als ein Mythos

Die kauzige Figur Peer Gynt ist den Norwegern bis heute so vertraut wie ein Nachbar. Sie geht auf einen Bauernsohn namens Per (mit einem »e«) zurück, der im 17. Jahrhundert in Gudbrandsdalen lebte. Die Storys über ihn wurden von Generation zu Generation weitergetragen und Mitte des 19. Jahrhunderts zuerst von Peter Christen Asbjørnsen in einem Märchen beschrieben. Vor rund 150 Jahren inspirierte Henrik Ibsen das abenteuerliche Leben Pers sowie die Natur zu seinem berühmten Theaterstück.

Peer Gynt ist ein Eigenbrötler, der versucht, durch Lügengeschichten der Realität zu entfliehen. Auf seinen Reisen begegnet er Trollen und Dämonen, er lebt in Nordafrika, wird durch den Sklavenhandel reich, verliert später alles und kehrt im Alter verarmt zurück nach Hause. Er vergleicht sich mit einer Zwiebel, die viele Hüllen, aber keinen Kern besitze. Am Ende rettet ihn seine Jugendliebe Solveig, die ein Leben lang auf ihn gewartet hat.

Seit 1989 wird das Theaterstück jeden August am »Originalschauplatz« in Gålå aufgeführt – das Festival ist eines der wichtigsten Kulturereignisse Norwegens. Die professionellen Hauptdarsteller wechseln alle zwei Jahre, manche Laiendarsteller bleiben über Jahrzehnte. Marita ist seit 2003 dabei, anfangs half sie hinter den Kulissen aus, nun steht sie ebenfalls auf der Bühne. Ihre Teenagertöchter Oda und Nora sowie ihr elfjähriger Sohn, der wie ihr neuer Partner Eskil heißt, spielen seit sieben Jahren mit. Ihre Rollen verändern sich je nach Alter.

Es macht den Kindern Spaß, in die Theaterwelt einzutauchen. Eine Berufsperspektive ist es für die drei nach derzeitigem Stand trotzdem nicht: Eskil ist begeisterter Snowboarder, Nora möchte Polizistin werden und die Älteste, Oda, Krankenschwester. Und wer weiß, vielleicht übernimmt doch eines der Kinder den Hof. Marita würde es freuen.

Nach der Kaffeepause fährt sie mit ihnen zu den Proben ins 15 Autominuten entfernte Gålå. Da der Bonus-Papa in diesem Jahr für die Pyrotechnik zuständig ist, muss er nicht jedes Mal mitkommen.

Vier Wochen ihrer Ferien widmet die Familie dem Stück, das vor einer dramatischen Kulisse am See aufgeführt wird. Bei jeder Inszenierung bindet der Regisseur die umliegende Natur neu und spektakulär in die Handlung ein. Auf der Freilichtbühne spielen die Aanekres vor jeweils rund 1000 Zuschauern.

Das Festival ist nicht nur ein Kulturhighlight, sondern auch ein riesiges *dugnad*. Man kann *dugnad* als ehrenamtliches Engagement, Gemeinschaftsarbeit oder Nachbarschaftshilfe übersetzen, doch für die Norweger, so sagen sie, bedeutet es viel mehr. Im Falle des Peer-Gynt-Festivals mag es vergleichbar sein mit Theaterfestspielen in anderen Ländern, die ebenfalls ohne die unbezahlte Unterstützung durch Laienkräfte undenkbar wären.

Doch in Norwegen ist freiwillige Arbeit auch im Alltag ein wichtiger Teil der Freizeitgestaltung und ein Grund, warum diese straff durchstrukturiert ist. Es finden regelmäßig *dugnads* statt – im Fußballverein, im Skiclub, man sammelt für das Schulorchester und hilft natürlich Freunden auf benachbarten Farmen. Die Gemeinschaft hält zusammen, das gilt auf dem Land ebenso wie in der Stadt.

Bevor die Aanekres zur Probe aufbrechen, frage ich Marita, wie ich im Haushalt helfen kann. Sie schaut für einen Moment ernst und weist mich dann auf die wichtigste Aufgabe für die kommenden Tage hin: »So viele Fliegen wie möglich töten«, sagt sie, lächelt und übergibt mir eine blutverschmierte Fliegenklatsche. Die nahe Schweinefarm lockt die summenden Zweiflügler an. Ich gebe mein Bestes und werde zur Massenmörderin, obwohl Maritas Kinder eindeutig talentierter sind.

Mit der Plastikklatsche bewaffnet schaue ich mir in Ruhe das Haupthaus an, in dem die Familie auf zwei Etagen lebt. Das Interieur des Hofes könnte problemlos in einer ›Schöner Wohnen‹-Story gezeigt werden. Zwischen Küche und offenem Ess- und Wohnzimmer steht ein Kamin, davor stapelt sich Feuerholz. Die Familie kombiniert Historisches mit Modernem: Ledercouches, Schaukelstühle samt Schafsfellen, gestickte Bilder, alte Holztruhen, Kronleuchter und eingerahmte Fotos des Nachwuchses. Neben dem Klavier hängen an der Wand zwei Gitarren. *Hyggelig* oder *koselig* nennt man gemütliche Orte wie diese.

Marita hat sich in der Einsamkeit von Gudbrandsdalen ihr kleines Paradies geschaffen, 2011 ist Eskil dazugekommen. Am frühen Abend sitzen Eskil und ich auf der mit Girlanden geschmückten Terrasse und trinken Wein. Von dort aus blicken wir hinunter auf die grünen Felder und den Fluss, der sich durch das Tal schlängelt.

Ohne das Peer-Gynt-Festival wären Eskil und Marita vermutlich kein Paar geworden. Sie betreute damals die Freizeitangebote für Festivalbesucher, wozu eine Seilrutsche gehörte. »Ein Freund von mir, der wusste, dass ich professioneller Kletterer bin, bat mich darum, bei der Sicherung der Zipline zu helfen«, erzählt der athletisch gebaute Mittvierziger. »Marita und ich haben uns sofort ineinander verliebt.« Es brauchte aber einige Zeit, bis sie ein Paar wurden. Dann zog er zu ihr. »Da ich auf einem Bauernhof aufgewachsen bin, kenne ich das Farmleben gut«, sagt er und nippt am Weinglas.

Der ehemalige Industriekletterer arbeitete auf verschiedenen Ölplattformen und verdiente gutes Geld. Sein Job war es unter anderem, in schwindelerregender Höhe Inspektionen durchzuführen und neue Kletterer anzulernen.

Ich hole eine Landkarte heraus und Eskil zeigt mir die Orte seines vorherigen Lebens: die Westküste bei Haugesund und seine Heimat am tiefsten und längsten Fjord Europas – dem Sognefjord.

Am nächsten Tag schwirren die Kinder schon durch das Haus, alle haben ihren eigenen Rhythmus und ihre Verabredungen außerhalb des Festivals. So machen Oda, Nora und der elfjährige Eskil sich das Frühstück selbst. Zwischendurch kommt die Fliegenklatsche zum Einsatz, obwohl der Bedarf in diesem Sommer relativ groß ist, haben sie nur eine einzige.

Der Bonus-Papa trinkt Kaffee und packt auf sein Brot Kaviar aus der Tube, den beliebten Aufstrich.

Eskil zeigt mir nun seine Wahlheimat. Einer der ersten Stopps ist Ringebu. Das Zentrum der Kleinstadt ziert ein vier Meter hoher Käsehobel, er ist ein Denkmal für das von der norwegischen Firma Bjørklund erfundene Küchengerät. Außerdem führt die Dänin Anni in dem Ort eine nach ihr benannte Metzgerei, sie macht angeblich die besten Würste des Landes, darunter eine »Bratwürst«. (Nein, das ist kein Tippfehler.)

Später besuchen wir die Freilichtbühne in Gålå und schauen bei den Proben zu. Ich spreche erst mit dem Regisseur und dann mit dem Peer-Gynt-Darsteller Mads Ousdal, die Marita und ihre quirligen Kinder bereits aus dem Vorjahr kennen. Auch ihr eigener Nachwuchs spielt mit. Das Team wirkt wie eine eingeschworene Gemeinschaft, in den Pausen toben die Jüngsten in Kostüm am Seeufer. Andere kämmen die Perücken der Trolle oder backen frische Waffeln, wer mag, kann sich bedienen.

»Die Festivalzeit ist sehr wichtig für unsere Familie«, sagt Marita, nun in einem bäuerlichen Kostüm. »Ich bin so glücklich, dass wir sie zusammen erleben. Meine Kinder lernen dabei auch, über das Leben und sich selbst nachzudenken und Teil von etwas Größerem zu sein.«

Kurz vor der Premiere, zwei Tage danach, fährt Eskil mit mir auf die Farm von Øystein Rudi, der in seiner Jugend ein landesweit bekannter Fiedler war. Inzwischen tritt er nur noch zum Spaß auf, meist im Begleitprogramm von Events. Wie Marita hat er mit seinem Familienhof Rudi gård einen neuen Weg eingeschlagen. In der ehemaligen Scheune finden regelmäßig Konzerte statt, an diesem Abend spielt Bjørn Eidsvåg.

Der Folksänger und Komponist um die 60 ist in Norwegen eine Legende, eine Art Mischung aus Reinhard Mey und Johnny Cash. Hunderte Menschen kommen zum Konzert. Unter das Publikum mischt sich am Abend die Peer-Gynt-Crew – darunter sind Marita, ihre Kinder, der Regisseur und die Hauptdar-

Familienbande: Oda, Eskil, Nora und ihre
Mutter Marita im Kostüm am See von Gålå

steller sowie deren Familien. Im Anschluss plaudert Eidsvåg noch
kurz, danach läuft der Musiker zu einem bereitstehenden Helikopter, setzt sich neben den Piloten und wenige Minuten später
blicken die Besucher erstaunt gen Himmel, wie der Sänger über
sie hinweg fliegt.

»Manchmal helfen wir bei Rudis Festen ehrenamtlich aus«,
erzählt Marita. »Es ist wichtig, dass wir in der Gemeinde zusam-

menhalten.« Sie ist zudem im regionalen Bauernverband, in der Kirche und in weiteren Organisationen tätig. »Manchmal übermannt einen die freiwillige Arbeit, vor allem, weil ich nie Nein sagen kann. Andererseits finde ich es auch wichtig, Dinge gemeinsam aufzubauen.« Jetzt ist sie etwas müde von den Proben.

Am nächsten Vormittag hat Marita frei und so fahren wir zu einer Sommerweide in den Bergen, wo befreundete Bauern ihre rund 30 Kühe wie zu alten Zeiten halten. Sie verwenden lediglich einfache Melkmaschinen. Selbstverständlich packen Marita und Eskil gleich mit an: »Yte før du kan nyte« – sinngemäß: Man muss sich die Entspannung erst verdienen. Da sind sie sehr protestantisch.

Zur Brotzeit in der Hütte, bei der unter anderem Kaviar in der Tube und *brunost* gereicht werden, servieren die Bauern frische Milch. Ein Truck kommt über den schmalen Weg zur Farm und pumpt die Milch für den Verkauf ab. Die Menge wird automatisch berechnet.

Marita und Eskil wollen ihre Sommerhütte, die unweit von Gålå liegt, und ein Nebenhaus von Aanekre gård demnächst an Touristen vermieten. In ländlichen Regionen muss man sich eben immer wieder neu erfinden, um langfristig gute Einnahmequellen zu haben. »Unser Ziel ist es, dass die Häuser der Farm mit Menschen, Tieren und Aktivitäten gefüllt sind«, sagt Marita. Und als wäre es abgesprochen, wirft die Katze während meiner Zeit in Gudbrandsdalen mehrere Junge und es tauchen spontan Freunde von Eskil auf. Das Ehepaar ist auf der Durchreise, eigentlich wollten sie nur für einen Kaffee bleiben. Dann übernachten sie doch in einer winzigen Hütte mit Grasdach, in der man kaum aufrecht stehen kann und die beiden Betten den Innenraum fast ausfüllen.

Abends sitzen wir am langen Esstisch, Oda singt ein Lied am Klavier, das Notenbuch enthält unter anderem Songs von Bjørn

Eidsvåg. Wir applaudieren. Anfang August stehen sie, ihre Ge-
schwister und ihre Mutter dann auf der Freilichtbühne des
Peer-Gynt-Festivals. Für internationale Besucher fasst ein Mitarbeiter vorher die Story zusammen und händigt Texte auf Eng-
lisch und Deutsch aus. Im Hintergrund lässt Eskil die Pyrotechnik knallen.

Marita würde gerne mal die Rolle des Peer Gynt spielen.
»Und so den Rebell in mir ausleben. In unserem Alltag gibt es so
viele Regeln, und für Menschen wie mich kann es frustrierend
sein, so kontrolliert und ›normal‹ zu leben«, sagt sie. Es wäre bestimmt fantastisch, diese Figur zu analysieren. »Denn Peer Gynt
wurde gemobbt, er war ein Außenseiter. Man kann sicherlich
viel von seinen Erlebnissen lernen.«

Hätte Marita auch gerne den echten Norweger Per, auf dem die

Norwegische Idylle: die Aussicht
von Maritas Farm auf das Tal

Rolle beruht, getroffen? »Auf jeden Fall. Und mit meinem pädagogischen Hintergrund hätte ich sicherlich versucht, ihm zu helfen, bessere Lebensentscheidungen zu treffen«, sagt sie lachend.

Die Hauptstadt-Farm

Nach den Sommerferien kehrt auch in Oslo wieder der Alltag ein. Dort wohne ich in einem Häuserblock mit dörflich anmutendem Namen: Tysklandgården, die »deutsche Farm«. Im ehemaligen Arbeiterviertel Torshov stehen einige Häuserblöcke, in denen sich jeweils rund 100 Parteien einen grün bewachsenen Hof teilen. Schräg gegenüber von der deutschen Farm liegt Frankreich beziehungsweise Frankrikegården, dahinter ist Italien. Meine Nachbarn erzählten mir, dass der französische und der italienische Block einst so benannt wurden, weil in den Eckwohnungen Diplomaten aus den jeweiligen Ländern residierten. In Tysklandgården sei das zwar nicht so gewesen, aber oberhalb von Italien und Frankreich liege schließlich Deutschland.

Unser Häuserblock ist wie ein Dorf inmitten der Hauptstadt. Hier wohnen junge Paare, die sich ihr erstes 30-Quadratmeter-Apartment leisten können, Singles auf 50 Quadratmetern, Familien mit drei Kindern auf zwei Etagen und ältere Ehepaare, die schon in Torshov lebten, lange bevor es wie das angrenzende Szeneviertel Grünerløkka gentrifiziert wurde.

Der Zufall hat mich nach Tysklandgården gebracht. Während meiner ersten journalistischen Reise in Norwegen lernte ich auf einer Privatparty zum 17. Mai, dem Nationalfeiertag, die Schauspielerin Elisabet Topp kennen. Bald darauf tauschten wir für zwei Wochen Wohnungen und lernten so gegenseitig unsere Städte Oslo und Berlin besser kennen.

Das war 2015. Da Elisabet häufig auf Tour ist, ergab sich danach immer wieder die Gelegenheit, ihr Apartment für kürzere Zeit günstig zu mieten. Als sie einen Job in einer anderen Stadt annahm, wurde Tysklandgården zu meinem Osloer Zuhause.

Elisabets Liebe zur Berliner Theaterszene zeigt sich an einem Bertolt-Brecht-Plakat und einem Volksbühnen-Poster, das Oscar Wilde zitiert: »Everything is going to be fine in the end. If it's not fine it's not the end.«

Das hoffe ich auch stets, wenn die Nachbarskinder bis in schwindelerregende Höhe auf dem Baum vor meinem Fenster herumklettern. Manchmal hüpfen gleich vier Jungen und Mädchen in der circa sieben Meter hohen Vogelkirsche auf den immer schmaler werdenden Ästen herum.

In einer regulären Arbeitswoche bringen die Eltern ihre Kinder morgens früh in den nahen Kindergarten, die Schüler laufen oder radeln zur Schule, die Erwachsenen fahren mit dem Fahrrad oder der Tram zum Job. Die älteren Trams sind ausrangierte Waggons aus Düsseldorf, wie eine Plakette an der Innentür verrät. Die Bahnen bringen die Torshover in 15 Minuten durch Grünerløkka bis ins Zentrum.

Vormittags gehört der Innenhof den Vögeln und einigen Katzen, die über das weitläufige Gelände streunen. Gelegentlich fegt eine etwa Siebzigjährige vor ihrem Hauseingang und zupft Unkraut im Blumenbeet. Wenn ich zu Hause arbeite, öffne ich oft das Fenster zum Hof. Das Vogelgezwitscher hat etwas Beruhigendes. An einem Vormittag pickt eine Kohlmeise auf das Fensterbrett, als wollte sie bei mir anklopfen. Ich erschrecke mich so, dass sie wegfliegt. Die Meise versteckt sich in der Vogelkirsche, schaut hoch, macht erneut einen Anlauf. Doch sie traut mir nicht.

Ab nachmittags übernehmen die Kinder wieder das Regiment im Hof und auf dem Baum. Die Eltern können die Abenteuer ihres Nachwuchses aus den dreistöckigen Gebäuden gut im Auge behalten, und die Akustik erlaubt es, selbst im letzten Winkel ihr Treiben zu hören. Ab 17 Uhr rufen sie nach ihnen – das *middag*, Abendessen, beginnt in Norwegen recht früh. Die Mahlzeit ist warm, nachdem es mittags meist nur Kaltes wie Sandwiches, Tomaten und Gurkenstücke gab. Im Anschluss gehen die Kinder und Eltern ihren zahlreichen Hobbys nach.

Oft sieht es auf dem Hof aus, als hätte ein Tornado die Spielzeugautos, Plastikbagger und Schaufeln durcheinandergewirbelt. Die Dreiräder werden nicht abgeschlossen, man vertraut einander. Zwar haben beide Hofeingänge Gatter, doch sie sind nie verriegelt und so kann theoretisch jeder ins Dorf kommen. In Berlin wären die Dreiräder schon lange weg.

Wie sehr ich von 20 Jahren Berlin geprägt bin, wo in jede Wohnung unseres Hauses im Prenzlauer Berg eingebrochen wurde,

Auch im Winter ist es in Tysklandgården gemütlich

merke ich bei meiner Geburtstagsfeier mit Freunden. Wir sitzen im Hof an einer Tafel direkt neben meinem Eingang. Neun Parteien leben in dem Hausabschnitt, ein Drittel der Bewohner kenne ich. Wenn einer meiner Gäste etwas aus meinem Apartment in der ersten Etage holen oder zur Toilette will, hole ich jeweils den Schlüssel aus meiner Tasche. Nachdem das bereits einige Male so gegangen ist, kommt ein Freund wieder runter und sagt: »Ich weigere mich, deine Wohnungstür abzuschließen. Hier passiert nichts und wir sitzen direkt neben dem Hauseingang. Entspann dich, Alva!« Die Freunde grinsen. Ich spiele in meinem Kopf durch, wie theoretisch jeder meinen Laptop und mein Portemonnaie klauen kann, und merke schnell, wie albern es ist. In manchen Stadtteilen Oslos schließen die Norweger sogar die Haustür nicht ab.

Wir bleiben bis zum späten Maiabend draußen und meine Freunde singen mir den klassischen Geburtstagssong, bei dem sie, wie der Text es besagt, unter anderem aufspringen, sich verbeugen und um die eigene Achse drehen. Das Lied endet mit einem lauten »Gratulere«. Sicherlich hat es bei der Akustik der ganze Hof mitbekommen. Über das Jahr hinweg feiern so manche ihre Geburtstage im Freien. Wer eine größere Anzahl an Gästen erwartet, warnt die Nachbarn über die Facebook-Seite der Wohnungsgemeinschaft vor.

Dort wurde auch auf das Fußballspiel hingewiesen, bei dem unser Häuserblock gegen einen Block aus der Nachbarschaft antritt. Das Match »Tysklandgården vs. Lirekassa FC« findet an einem Wochentag nachmittags auf dem nahe gelegenen Bolzplatz statt. Meine Nachbarn haben für das Freundschaftsspiel extra T-Shirts drucken lassen, auf denen eine deutsche Flagge abgebildet sein soll, allerdings wurde die Reihenfolge der Streifen vertauscht. Ich traue mich nicht, es zu erwähnen, das schiene mir typisch deutsch. Ein Junge zupft seine Mutter am Ärmel:

»Hää, die Flagge sieht aber komisch aus.« Als sie mich fragen, bestätige ich den Fehler, und wir lachen darüber. Das gegnerische Team ist blau-weiß gekleidet. Ein Vater hat offenbar sein altes Maradona-T-Shirt hervorgekramt, es liegt sehr eng an. Vor dem Anpfiff erklärt ein Kommentator übers Mikrofon die Regeln. Ein Team setzt sich aus zwei Erwachsenen und drei Kindern zusammen, es wird alle fünf Minuten ausgewechselt, sodass möglichst viele spielen können.

Wer nicht auf dem Platz steht, feuert die Teams mit lauten Rufen an: »Heia, Tyskland!« und »Heia, Lirekassa!«, schallt es über den Bolzplatz. Meine Aufgabe ist es, die Zeit zu stoppen, damit unser Team rechtzeitig auswechselt. Das Spiel soll in erster Linie Spaß machen, beim Sport entwickeln die Norweger aber schnell Ehrgeiz und so kämpfen sie um jeden Ballbesitz. Wie Nachbarin Lisbet, die mit ihrem Mann und den drei Söhnen seit 2005 in Tysklandgården wohnt. Sie schießt ein Tor.

Lirekassa FC gewinnt 4:3, am Ende posieren beide Mannschaften fürs Foto, das am Abend auf Facebook gepostet wird. Beim Nachhauseweg spazieren wir an einem Dutzend Holzkisten mit Minibeeten vorbei, die an der Außenseite unseres Hausblocks stehen. Jede Box trägt einen Namen. Bei »Oscar & Vilde« muss ich an den irischen Schriftsteller denken, sage ich zu Lisbet. »Stimmt, darüber habe ich nie nachgedacht. Vilde ist bei uns ein gewöhnlicher weiblicher Vorname.«

Glück, Gleichheit, Familiensinn

Die Gemeinschaft in Tysklandgården ist besonders, zugleich ist sie charakteristisch für das freundliche und vertrauensvolle Miteinander im Wohlfahrtsstaat. Kurz nachdem Norwegen zum »glücklichsten Land der Welt« gekürt wurde, geben Kronprinz

Haakon und seine bürgerliche Frau, Kronprinzessin Mette-Marit, CNN eines ihrer seltenen Interviews. Eigentlich geht es um das Technologie-Event »Oslo Innovation Week«, bei dem der Kronprinz als Schirmherr auftritt. Die Tech-Reporterin interessiert jedoch auch die Gefühlslage. Sie habe in Oslo bisher nur fröhliche Leute getroffen, sagt sie. Seien die Norweger denn ständig glücklich?

Die Kronprinzessin lächelt. »Ich glaube schon, dass die Norweger ziemlich glücklich sind. Das hat aber andere Gründe, als die Leute denken. Natürlich hilft eine stabile Wirtschaft, die Tatsache, dass Schulen kostenlos sind, man bei Bedarf Zugang zu medizinischer Versorgung hat und wir über ein soziales System verfügen, das sich um die Bürger kümmert, wenn sie krank werden.« Wichtig sei insbesondere folgender Aspekt: »Die Menschen müssen sich sicher fühlen. Wenn sie nicht sicher sind, sind sie nicht glücklich oder können ihren Familien nicht genügend Zeit widmen.«

Dem zukünftigen König ist es wichtig, das Bild abzurunden. »Wir stehen ebenfalls vor Herausforderungen und Problemen, mit denen wir kämpfen. Auch hier ist nicht alles perfekt. Es ist also noch viel zu tun, doch wir haben Glück.« Die CNN-Reporterin will wissen, ob es ein Geheimnis der Zufriedenheit gebe. »Es macht uns sehr glücklich, draußen in der Natur zu sein«, erklärt die Kronprinzessin. »Sonntags müssen wir (…) raus in die Natur, eine *søndagstur* machen, wie wir es nennen.«

Das »müssen« klingt sehr streng, doch so ist es tatsächlich. Am Wochenende ist es in Tysklandgården erstaunlich still, die meisten Familien sind dann auf Tour. Die einen fahren gleich das gesamte Wochenende über weg, andere unternehmen ausgiebige Ausflüge. In Norwegen ist die Natur selbst in der Hauptstadt direkt um die Ecke – seien es der Oslofjord mit seinen vielen Inseln, die umliegenden Wälder oder Seen. Die Natur erdet die Norweger. Wer sonntags nicht unterwegs ist, hat zumindest ein leicht schlechtes Gewissen: »Yte før du kan nyte!« eben.

Sicherlich ist in anderen Ländern der Alltag ebenfalls strukturiert. Und doch ist es erstaunlich, wie konform viele Norweger leben. Es erinnert mich an eine Loipe, in der man auf dem vorgebahnten Weg leicht dahingleitet. Als ich dem Autor Morten A. Strøksnes, mit dem ich zuvor auf Bootstour vor den Lofoten war, von diesem Vergleich erzähle, bestätigt er meinen Eindruck. »Und trotzdem fühlen sich die meisten wie Amundsen oder Nansen.« Also wie Abenteurer, die fernab der klassischen Pfade wandeln. Während sie in der Natur sind, mag das sogar stimmen, im Alltag weniger.

Ein Aspekt, der hier mit reinspielt und die Gesellschaft definiert, ist das *janteloven*. Das »Gesetz von Jante« geht auf einen Roman zurück, in dem ein Kodex beschrieben wird, der in Skandinavien präsent ist. Er besagt unter anderem, dass niemand denken soll, er sei besser als der andere.

Den Hang zur Gleichheit erlebt der Designer T-Michael täglich in seinem Geschäft Norwegian Rain. Mit einem Kollegen entwirft der Maßschneider in Bergen schlichte, aber raffinierte Regenmäntel. Da es in der Metropole an der Westküste gut 250 Tage im Jahr regnet, ist es ein durchaus nützliches Kleidungsstück. Oft fragen die Kunden T-Michael, welches das beliebteste Modell sei. Anstatt dann ein anderes zu wählen, entscheiden sie sich genau für dieses. Bloß nicht auffallen, lieber Teil der Gemeinschaft sein. Es hat schon fast sozialistische Züge.

Die Gleichheit hat natürlich viel Positives. Es ist normal, dass man sich auf die Familie konzentriert und so eine bessere Work-Life-Balance herrscht. Bei der zwölfmonatigen Elternzeit sind zehn Wochen den Vätern vorbehalten, die verfallen, wenn diese sie nicht nehmen. So werden die Männer von Anfang an in die Erziehung einbezogen. Es ist selbst für Firmenchefs normal, pünktlich das Büro zu verlassen, um den Sohn zum Fußballtraining zu fahren. Als die Frau von Verkehrsminister Ketil Solvik-Olsen im Sommer 2018 ein interessantes Jobangebot in den USA bekommt, um dort ein Jahr lang als Ärztin zu arbeiten, legt er sein Amt nieder. Seine Frau habe oft wegen seiner politischen Karriere zurückstecken müssen, nun sei sie dran. Außerdem sei der Auslandsaufenthalt für die beiden gemeinsamen Kinder eine gute Erfahrung. Nun muss man bei Politikern ja immer ein bisschen vorsichtig sein, was Kalkül oder internen Konflikten geschuldet ist, die Schlagwörter auf seiner Website bestätigen Solvik-Olsens Prioritäten: »Familienvater, Radfahrer, Autonarr, Politiker«. Solvik-Olsens Rücktritt ist zwei Tage in den Nachrichten, danach kümmert sich das Land um andere Dinge.

Wer am Freitag nach 15 Uhr im Büro sitzt, ist in Norwegen kein vorbildlicher Arbeiter, sondern vernachlässigt die Familie. Sofern nicht gerade ein Sportturnier oder Fest ansteht, bleibt die Kernfamilie am Wochenende meist unter sich. Viele zieht es dann in ihre einsam gelegenen Hütten. Je größer der Abstand zur Außenwelt, desto besser. Vermutlich erholen sie sich dort von der Routine, dem Gemeinschaftssinn und werden zu Eigenbrötlern wie Peer Gynt – ohne dafür Lügengeschichten erfinden zu müssen.

An einem Ort jedoch kann man täglich Hunderte norwegische Familien hautnah erleben: im Dyreparken in Kristiansand. Seit 1966 ist in der südlichen Küstenstadt diese Mischung aus Zoo und Entertainment-Park zu finden.

Als ich Freunden erzähle, dass ich ihn besuchen werde, hat jeder eine Anekdote parat. Die einen schwärmen von Kaptein Sabeltann (Käpt'n Säbelzahn), einem legendären Piraten, der mit Pinky und Sunniva gruselige Abenteuer erlebt und diese bei einer im wahrsten Sinne des Wortes explosiven Abendshow vorführt. Andere schwärmen von Julius. In den Achtzigerjahren begleitete der Nationalsender NRK ein Schimpansenbaby, das seine Artgenossen verstoßen hatten und nun bei der Familie des Zoodirektors lebte. Die junge Generation schaut sich die alten Folgen in der Mediathek an. Dort sieht man, wie Julius das Haus von Edvard Moseid aufmischt und seine Kinder mit dem Schimpansen spielen.

Im Dyreparken-Hotel liegt ein riesiger Schimpanse auf dem Boden. Er trägt, wie der einstige TV-Star, eine rot-weiß gestreifte Unterhose, dazu ein Shirt mit der Aufschrift »Julius« und lächelt, selbst als sich mehrere Kinder auf ihn stürzen. Mit einem Plüschtier kann man es ja machen. Der echte Schimpanse sei mittlerweile launisch geworden, deuten die Hotelangestellten an. Ich will ihn später bei der Tierpräsentation im Außengehege besuchen.

Zunächst erkunde ich das Gelände. Ich sehe Flamingos, Giraffen und Zebras und laufe durch diverse Themenparks, die neben Käpt'n Säbelzahn noch weitere beliebte Welten aus norwegischen Kinderromanen lebendig machen. Fünfjährige laufen in Piratenkostümen mit goldglänzenden Säbeln vorbei. Zwischen den einzelnen Entertainment-Welten erstreckt sich, wie sollte es in Norwegen anders sein, reichlich Natur, in der mit Gras bedeckte Holzhütten stehen.

Am Spielplatz in waldiger Umgebung treffe ich Frank Husevåg. Zwei seiner Töchter klettern gerade auf den Holzgerüsten, während seine Frau Norunn mit der Jüngsten unterwegs ist. »Unsere Kinder haben verschiedene Interessen, da müssen wir uns aufteilen«, sagt der Mittvierziger. Die Familie kommt aus der Nähe von Ålesund und bleibt für drei Tage, sie übernachten im Piratenhotel Abra Havn.

Um 13 Uhr steht die Familie, nun vereint, bei Julius. Norunn Røsvik hat den Schimpansen als Kind gesehen, jetzt will sie das Erlebnis mit ihren Töchtern teilen. Rund 100 Kinder und Erwachsene schauen zur hügeligen Insel, auf der neun Schimpansen im offenen Gehege hocken. »Julius, Juuulius«, rufen die Kinder, als erwarteten sie einen Popstar. Er ist fast 40 Jahre alt und der Anführer, was er durch laute Rufe und kleine Rangeleien klarmacht.

Immerhin ist er heute guter Stimmung. Tierpflegerin Tanya bestätigt nach der Präsentation seine Launenhaftigkeit. »Er hatte vorher noch Sex«, sagt sie und lächelt. Manchmal unterhält ihn auch ein iPad. Einige Kinder kommen auf die Tierpflegerin zugelaufen und fragen, woran man den TV-Star von den anderen Artgenossen unterscheiden kann. »Er hat weiße Flecken um die Nase«, sagt Tanya.

In gewisser Weise ist Julius für Norweger eine Art Familienmitglied. »Manche können sich daran erinnern, wie der junge Schimpanse an der Hand des Zoodirektors durch den Park spazierte«, erzählt die Dyreparken-Angestellte. Mittlerweile ist er wohl eher der verrückte Onkel, den man trotz seines gelegentlich rüpelhaften Verhaltens mag. Vor einigen Jahren kam sogar eine Biografie über den Schimpansen heraus.

Die Familie aus Ålesund sucht nach drei Tagen umringt von Fabelwesen, Tieren und Hunderten Menschen wieder die Einsamkeit. Im Anschluss fahren sie zu ihrem abgelegenen Ferienhaus an der Westküste. »Wir haben dort kein Fernsehen, kein Internet und zum nächsten Supermarkt fahren wir mit dem Boot«, sagt Frank. »Die Mädchen spielen draußen oder schwimmen und wir können uns entspannen.«

Ein bisschen beneide ich die Norweger um ihre Feriendomizile – auf 5,3 Millionen Einwohner kommen laut Statistisk sentralbyrå (SSB), dem norwegischen Statistikamt, 460 000 Hütten oder Ferienhäuser –, die langen Urlaube und Wochenenden in der Natur. Wer viel Freizeit hat, muss diese gut füllen. Manchmal scheint es mir, als sei diese Zeit wie ein zweiter Job: mehrmals die Woche die Kinder zum Sport bringen bzw. abholen, designierter Trainer oder Fahrer bei Turnieren sein, Familienfeste vorbereiten, die obligatorische Sonntagstour inklusive imposantem Fotobeweis für Social Media – und dann natürlich die zahlreichen *dugnads*.

In Tysklandgården organisiert die *dugnads* der Vorstand der Wohnungsbaugenossenschaft, in der alle Eigentümer sich zusammengeschlossen haben. Landesweit besitzen über 77 Prozent der Bürger ihre Apartments. Terje Falch vom Vorstand kündigt den Event per Zettelaushang und via Facebook an. Sein motivierender Slogan: »We can do it!« Terje lebt mit seiner Frau Ingvild Bø und den drei Kindern im Nebenhaus. Von der Küche im Hochparterre aus überblicken sie den Hof. Die Kinder- und Schlafzimmer liegen im Souterrain, wo ihre beiden Töchter und ihr Sohn an diesem Sonntagvormittag gerade lesen und am Computer spielen.

Die *dugnads* bestehen darin, den Hof für den Sommer vorzubereiten beziehungsweise für die langen, dunklen Tage winterfest zu machen. Im Frühling werden die Gartenmöbel aufgestellt, Hecken geschnitten und der Hof gefegt. Zur Belohnung servieren sie anschließend gegrillte Würstchen und Limonade.

So sehr die Norweger ihre Tradition hochhalten, meist taucht nur ein Drittel der Anwohner auf. »Als wir jünger waren, haben wir auch nicht teilgenommen«, sagt Terje verständnisvoll. Für Neuankömmlinge wie mich ist es sehr nett, weil man so einige Nachbarn besser kennenlernt.

Terje und Ingvild kamen vor fünf Jahren nach Torshov. Viele ziehen in die Vororte, sobald sie mehrere Kinder haben. Bei ihnen war es genau umgekehrt. Die Familie wohnte in einem schönen Holzhaus samt Garten am Rande Oslos. »Es war alles so weit weg, wir mussten die Kinder herumfahren und wenn wir mal ins Theater wollten, dauerte es ewig«, sagt Ingvild. »Nun ist das meiste um die Ecke und die Kinder können alleine losziehen.«

Die beiden Töchter und der Sohn gehen in die Nordpolen skole. Dort erkennt man die Gentrifizierung an der Klassenzusammensetzung. Während ihr 13-jähriger Sohn Mitschüler aus mehreren Kulturkreisen hat und etliche der Familien nicht unbedingt wohlhabend sind, stammen bei der neunjährigen Tochter die exotischsten Klassenkameraden aus den USA oder aus Deutschland.

Die Familie hat ihre Wohnung gemütlich eingerichtet. Dazu gehören die obligatorischen Obstschalen von Arne Clausen, die sich auf dem Fensterbrett in verschiedenen Farben stapeln, sowie zahlreiche Kerzenständer. Sie sind eine klassische Familie, die am Sonntag gerne Ausflüge unternimmt. »Dieses Wochenende waren wir am Samstag auf Tour«, sagt Ingvild. Deshalb »dürfen« sie zu Hause bleiben und gehen nur mit ihrem Hund Gassi. Die pure Rebellion.

Eine von Terjes Lieblingsaufgaben im Rahmen der Vorstandstätigkeit ist es, die norwegische Flagge an der zehn Meter hohen Fahnenstange zu hissen. Pflicht ist es an Feiertagen und wenn ein Mitglied der Königsfamilie Geburtstag hat. Und sonst? »Sie kann zu besonderen Anlässen gehisst werden«, sagt er, »zum Beispiel an einem Geburtstag.« Wollte er dabei sämtliche Bewohner des Blocks berücksichtigen, könnte sie wohl fast ständig oben bleiben.

Auch beim Sommerfest weht die Flagge im Wind. Der Vorstand besorgt stets ein Lamm, das ein Grillexperte aus der Gemeinschaft zubereitet. Ansonsten kann jeder das kochen oder mitbringen, was er möchte. Da ich das System noch nicht ganz verstehe, kaufe ich eine Marzipantorte. Das passt immer.

Rund 60 Anwohner sitzen am Abend beisammen und lauschen der Partyband, die vorher kaum proben konnte, weil der

Schlagzeuger und seine Familie vor Kurzem nach Kristiansand gezogen sind. Ebenso charmant wie beim Fußballturnier die Flaggenfarben verwechselt wurden, vertauscht die Hobbysängerin einige Töne. Das tut ihrer Leidenschaft keinen Abbruch: »I feel like dancing«, singt sie und einige Mütter machen genau das mit ihren Kindern, andere wippen zur Melodie. Am Ende des Konzerts jubeln die Gäste begeistert. Im Anschluss veranstalten sie ein Quiz, bei dem das Wissen über Tysklandgården abgefragt wird. Was mich am meisten interessiert, kommt nicht vor: Warum heißt der Block so? Merja, die über dreißig Jahre hier lebt, weiß es. »Man hat im Hof deutsche Münzen entdeckt.«

Am späten Abend erzählt der Schlagzeuger aus Kristiansand, wie schwer es sei, dort Anschluss zu finden. »Die meisten in unserem neuen Umfeld kennen sich seit ihrer Kindheit. Die Osloer sind da offener«, sagt er. Zuvor hatten mir norwegische Freunde wiederum gesagt, dass sie es speziell in Oslo schwierig fänden. Sicher kommt es auf die individuelle Situation an – das Alter, ob man studiert oder fest angestellt arbeitet, ob man mit Familie umzieht oder alleine neu anfängt.

Als Journalistin habe ich den Vorteil, dass ich viele Menschen aus unterschiedlichen Branchen kennenlerne. Erst nach anderthalb Jahren realisiere ich, dass ich meine Freunde am Wochenende selten treffe. Ein Spanier sagte mir mal, wenn er nicht mit seinem norwegischen Lebenspartner nach Oslo gezogen wäre und dadurch familiären Anschluss gehabt hätte, hätte er es in Norwegen nicht ausgehalten. Auch meine internationalen Kollegen aus dem Korrespondentnetzwerk sind fast ausschließlich wegen eines einheimischen Partners ins Land gekommen.

Und so bin ich dankbar, dass der Zufall mich nach Tysklandgården geführt hat und ich so gut von der Gemeinschaft hier und von meinen neuen Freunden aufgenommen wurde, selbst wenn ich viele an den Wochenenden kaum sehe.

WIRTSCHAFT

Wie werde ich ein Millionär?, die Öl-Story, Politikertreffen und der Schiffsbau der Zukunft

Wie werde ich Millionär/in? Die Norweger müssen sich diese Frage nicht mehr stellen, statistisch gesehen ist jeder ein Kronen-Millionär. Das Öl hat das Land wohlhabend gemacht und die Gesellschaft verändert. Manche Landsleute bezeichnen den Nachwuchs spöttisch als Diva-Generation, so hoch seien deren Ansprüche. Doch wenn man reich aufwächst und alles möglich scheint, ist es vielleicht unvermeidlich, dass man vieles als selbstverständlich erachtet, was für andere Nationen der schiere Luxus wäre.

Und für die Norweger ist weiter gut vorgesorgt, der Staat bildet gigantische Rücklagen, um auch künftige Generationen abzusichern. Ein Großteil der Einnahmen aus dem Öl- und Gasgeschäft wird direkt in den staatlichen Pensionsfonds eingezahlt – er ist mit über 900 Milliarden Euro der größte Staatsfonds der Welt.

Die Norweger investieren das Vermögen im Ausland zu zwei Dritteln in Aktien, den Rest in Anleihen und Wertpapiere sowie einen kleinen Anteil in Immobilien. Alleine in Deutschland halten die Norweger Beteiligungen an 195 Unternehmen im Wert von rund 27,5 Milliarden Euro. Mit dabei sind Firmen wie Adidas, Deutsche Post AG, Siemens, Telekom und Volkswagen.

Würde die Regierung den staatlichen Fonds auflösen und an ihre Bürger auszahlen, hätte jeder plötzlich 1,7 Millionen Kronen, also rund 175 000 Euro auf seinem Konto, ohne etwas dafür getan zu haben.

Der Reichtum kommt aus der Tiefe vor der langen Küste. Nachdem Mitte der Sechzigerjahre erste Bohrungen auf dem Kontinentalschelf erfolglos waren, wollte die US-amerikanische Firma Phillips Petroleum, die eine der wenigen Bohrlizenzen besaß, eigentlich schon aufgeben. Doch dann, Ende 1969, stießen sie in der Tiefe auf das schwarze Gold.

Heute stehen Hunderte Öl- und Gasförderplattformen von der Nordsee über das Europäische Nordmeer bis hoch zur Barentssee. Die größte Bohrinsel der Erde liegt rund 100 Kilometer außerhalb von Bergen an der Westküste. Sie ist 472 Meter hoch und würde somit den Eiffelturm noch um 148 Meter überragen. Die Konstruktion wiegt 656 000 Tonnen und muss auf der rauen Nordsee so manchen meterhohen Wellen und Stürmen standhalten. Seit 1996 ist Sea Troll auf dem Kontinentalsockel in Betrieb und soll bis 2066 Erdgas fördern. Der Staat besteuert die Einnahmen mit 78 Prozent, der Rest geht an die meist internationalen Unternehmen.

Auf der Karte des norwegischen Öl- und Gasverbands bilden die lizenzierten Felder entlang der Küste einen bunten Flickenteppich, lediglich die Region der Lofoten ist unberührt. Wenn es nach der konservativen Regierung geht, sollen auch dort in Zukunft – zum Unmut der Umweltschützer – Schätze aus der Tiefe gefördert werden. Sie hat weitere Erkundungslizenzen an Ölfirmen vergeben. Etliche der Plattformen und Felder sind nach Fabelwesen benannt: Abgesehen von Sea Troll befindet sich im Meer zum Beispiel das Ölfeld Valhall. Walhalla ist in der nordischen Mythologie der Ruheort für tapfere, in der Schlacht gefallene Kämpfer. Im Norden liegt bei Hammerfest das Gasfeld

Snøhvit, Schneewittchen, außerdem gibt es Fram und Gjøa, benannt nach den Schiffen, mit denen Amundsen auf abenteuerliche Reisen ging.

Anfangs dachte ich, dass ich mal für einen Nachmittag eine Ölplattform besuchen könnte. Doch Eskil Hovland, der ehemalige Industriekletterer, der nun mit Marita in Gudbrandsdalen lebt, meinte, so einfach sei das nicht. In den wenigen Helikoptern, die die Mitarbeiter auf die Bohrinseln bringen, sind die Plätze begrenzt. Der Vorschrift zufolge darf nur an Bord, wer ein mehrtägiges Sicherheitstraining absolviert hat. Dazu gehört unter anderem die Simulation in einem Becken, wie man sich unter Wasser aus einem Helikopter befreit.

Kurz nachdem ich mehr dazu recherchiere, stürzt vor Bergen eine Maschine mit fünf Mitarbeitern ab, die von einer Plattform nach Hause fliegen wollten. Niemand überlebt.

Danach cancele ich meine Idee und nähere mich dem Thema anders. Durch Eskils einstigen Arbeitgeber komme ich in Kontakt mit Svein Magne Liknes.

Da er wegen schlechten Wetters noch auf einer Plattform in der Nordsee festsitzt, telefonieren wir. Online findet man Fotos des kräftigen Norwegers mit dem langen roten Bart. Er sieht ein bisschen aus, wie man sich einen Wikinger vorstellt. Und wer weiß, vielleicht ist er sogar ein Nachfahr. Er lebt auf der Insel Karmøy unweit von Haugesund, dort lag zu Wikingerzeiten der Königssitz. Die Häuptlinge kontrollierten die Schifffahrt entlang der norwegischen Küste. Heute erzählt ein Museum von ihnen und diesen wagemutigen Männern, die sich mit einfachen Langbooten aufs wilde Meer hinauswagten und sogar 500 Jahre vor Kolumbus den amerikanischen Kontinent erreichten.

Svein Magne hat der Helikopterabsturz sehr mitgenommen. Zum Glück wurden danach alle Maschinen dieses Modells aussortiert, denn es war ein technischer Fehler, der zur Tragödie führte. Auch Svein Magne kann seinen Arbeitsplatz nur mit dem Helikopter erreichen. Seit über 25 Jahren ist er als Sachverständiger für Schweißarbeiten auf den stählernen Inseln tätig. »Die Bohrplattform ist einer der sichersten Orte im Land«, sagt er. Und meint dies wirklich ernst. »Wie schnell kann etwas im Straßenverkehr passieren.«

Bei seinen Offshore-Einsätzen überprüft er die gesamte Technik – zum Beispiel die rund 70 Meter hohen Bohrtürme, einzelne Kräne und Hebezüge. Manchmal bleibt er bis zu zwei Wochen auf hoher See. Früher, als es nur ein Telefon gab, spielten die Angestellten nach ihrer zwölfstündigen Schicht Billard oder quatschten miteinander. Heute sitzen sie eher in ihren Kabinen, sprechen mit den Familien und schauen DVDs. Denn der Internetempfang ist nicht perfekt.

Auf kleineren Bohrinseln wohnen etwa 100 Menschen, darunter nur wenige Frauen. »Aber das ändert sich langsam.« Da sein Arbeitgeber für verschiedene Firmen tätig ist, fliegt Svein Magne immer wieder an neue Einsatzorte.

In den Siebzigerjahren sah er die ersten Plattformen im Meer vor der Insel Karmøy. Neben festen Bohrinseln gibt es zahlreiche mobile Modelle. »Sie werden vor allem dafür eingesetzt, neues Öl oder Erdgas zu suchen«, sagt der Mittvierziger. Diese Versuchsbohrungen können einige Monate dauern.

Durch die zwischendurch stark gesunkenen Ölpreise haben einige in der Branche ihren Job verloren, deshalb sind zurzeit nicht alle Plattformen offshore. Sie warten bei Haugesund und Karmøy auf ihren nächsten Einsatz.

Nach dem Tief 2014 erholt sich der Ölpreis langsam wieder, doch die Fördermengen sind insgesamt geringer. Laut Angaben des norwegischen Statistikamts SSB wurde erst die Hälfte der Öl- und Gasfunde verarbeitet. Svein Magne sollte also noch bis zu seiner Rente genügend Aufträge haben, er schätzt seinen abwechslungsreichen und gut bezahlten Job. Nach einem Einsatz hat er meist zwei Wochen frei und somit genug Zeit für die Familie, die an Land auf ihn wartet.

Ölhauptstadt im Wandel

Stavanger ist die Ölhauptstadt Norwegens. Jeder, der hier lebt, hat entweder selbst schon in der Industrie gearbeitet oder kennt jemanden, der damit sein Geld verdient. Auf den ersten Blick unterscheidet sich die Stadt an der Westküste nicht von anderen der Region. Die schmalen Gassen säumen weiß gestrichene Holzhäuser samt blühenden Rosen im Vorgarten.

In Stavanger begann der Boom. »Als ich klein war, haben wir jeden Tag in der Zeitung den Erdölpreis und den Dollarkurs gecheckt«, sagt der 1973 geborene Aslak Sira Myhre. Sein Vater arbeitete anfangs als Schweißtechniker auf Bohrinseln und war in der Gewerkschaft tätig. Ein hoher Ölpreis bedeutete, dass in den Werften neue Kolosse gebaut und neue Felder angezapft würden und somit die Bewohner von Stavanger für die folgenden Jahre genug Arbeit hätten.

In der Schule malten sie im Kunstunterricht Bilder von Bohrinseln und sangen auf dem Pausenhof Lieder wie ›Vierzehn Tage auf der Plattform‹. »Erst später merkte ich, dass wir in Stavanger in einer Symbiose mit der Wirtschaft lebten, die für meine Freunde in der Hauptstadt sehr fremd war«, erzählt Aslak Sira, der das Buch ›Herskap og tjenere‹, Herrschaft und Diener, über die Ölgeschichte geschrieben hat. Mittlerweile ist er Direktor der Nationalbibliothek und wohnt in Oslo. »Die Plattformen sind *das* Symbol der Ölförderung. Sie sind die Pyramiden Norwegens.«

Noch immer fährt er regelmäßig in seine Heimatstadt. Die Westküste wird auch der »Bible Belt«, Bibelgürtel, genannt, weil dort seit Jahrhunderten mehr denn in anderen Teilen des Landes die Maxime galt, dass man hart schuften müsse, ob man nun arm oder reich sei. »Nichts war beschämender als von Geldmitteln zu leben, die andere erwirtschaftet hatten.« Auch das sei ein Grund, glaubt Aslak, der zeitweise ein linker Politiker war, warum es in Norwegen weniger Hierarchien gibt. Die soziale Distanz zwischen einem Arbeiter, Bauern und Kapitalisten war geringer im Vergleich zu anderen Ländern. »Die Sozialdemokratie und die Ideale der Gleichberechtigung garantierten, dass es bis in die Achtzigerjahre so blieb.« Doch das habe sich nun geändert. »Wir sind im wahrsten Sinne des Wortes Kapitalisten geworden. Wir arbeiten nicht mehr, um zu leben, sondern leben von den Erträgen unseren Kapitals.«

Viele seiner Osloer Freunde stehen der umweltbelastenden Industrie inzwischen kritisch gegenüber. Er kann jedoch verstehen, dass Gemeinden in den Lofoten oder in Finnmark neue Ölfelder anzapfen möchten. »Denn am Rande der Zivilisation sehnen sie sich nach Feiern, wie ich sie in der Kindheit erlebte, wenn ›wir‹ einen Deal erzielten.«

Selbst wenn die Industrie kaum mehr wie zu Aslak Siras Jugend am Hafen in Erscheinung tritt, ist Stavanger weiterhin das Zentrum der Branche. Der halb staatliche Betrieb Equinor, der bis Sommer 2018 Statoil (»Staatsöl«) hieß, hat dort sein Hauptquartier. Die Namensänderung zielt zugleich auf einen Imagewechsel ab. Das Unternehmen sagt, der Name setze sich aus »equi«, dem Anfang von Wörtern wie »equal«, »equality« und »equilibrium« zusammen sowie der Silbe »nor« aus »Norge«, was mit Stolz auf den norwegischen Ursprung hinweisen soll.

Nach 50 Jahren müssen Firmen immer weiter draußen und

tiefer bohren, um die gewinnbringenden Rohstoffe zu fördern und sie anschließend über Rohre zum Endkunden zu transportieren. Eines Tages werden die Naturreserven aufgebraucht sein.

Seit einigen Jahren wird deshalb immer wieder über eine Frage diskutiert: Was ist das neue Öl? Mal ist es der Tourismus, dann der Fischfang, ein anderes Mal die Aquakulturen oder die Elektroindustrie. Die staatliche Organisation Innovation Norway soll dabei helfen, dass die *omstilling*, die Umstellung, gelingt. Die Regierung will der Wirtschaftsbranche helfen, sich neu zu erfinden und zugleich hoffnungsvolle Start-ups unterstützen. Marita und Eskil aus Gudbrandsdalen etwa erhielten Fördergelder, um ihre touristische Idee auszubauen. Und Zulieferer für Rohre auf Bohrplattformen wollen ihr Know-how in Zukunft für die Produktion von medizinischen Geräten verwenden. Durch Investments wie diese soll Norwegen wettbewerbsfähig bleiben.

»Doch keine dieser Branchen wird alleine dieselbe Wirtschaftskraft wie das Öl und Gas haben«, glaubt Gunhild Vevik, die PR-Chefin für Tourismus in der Region Stavanger. Wir fahren an diesem Samstagnachmittag im November zum Industriegelände außerhalb der Stadt. Dort haben einige Versorgungsschiffe angedockt, hinter abgezäunten Grundstücken stapeln sich riesige Rohrstücke und meterhohe Kabeltrommeln. Kameras filmen uns. Die mobilen Plattformen liegen offshore – außer Sichtweite.

Wem es nicht genügt, sich im Ölmuseum von Stavanger zu informieren, das von den Anfängen, Entwicklungen und technischen Details erzählt, aber zugleich Aspekte wie die Umweltverschmutzung oder den Einfluss des Reichtums auf die Gesellschaft beleuchtet, der kann an einer Bohrinsel-Kreuzfahrt teilnehmen. Eine Firma, die ansonsten Offshore-Unterkünfte für

Arbeiter bereitstellt, organisiert viertägige Reisen von Plattform zu Plattform. Zu den gigantischen Bohrinseln selbst erhalten die Touristen zwar keinen Zutritt, aber sie können die Kolosse zumindest aus unmittelbarer Nähe sehen. Auch das ist eine Form der *omstilling*. Ebenso wie die lokale Küche.

»Die Boomjahre haben uns eine ausgezeichnete Gastronomie beschert«, sagt Gunhild.

Zwei Sterne-Restaurants gibt es in der Stadt mit den 130 000 Einwohnern. Eines davon ist das japanische Sushi-Restaurant Omakase, was sinngemäß »Ich vertraue dir« bedeutet. Der Inhaber Roger Asakil Joya stellt an vier Tagen in der Woche für jeweils zehn Gäste ein exzellentes Menü zusammen. Wer einen der begehrten Plätze im minimalistisch eingerichteten Restaurant erhält, kann Roger dreieinhalb Stunden lang am Tresen sitzend zusehen, wie er die ausgefeilten Gänge akribisch zubereitet. Nebenbei erklärt der Philippine, woher der Lachs und Kaviar stammen, wie er den Reis zubereitet, und man erfährt einiges aus seinem Leben. Der Abend ist ein Gesamtkunstwerk, und das Sushi ein Traum. Ich hatte Glück, dass an jenem Tag durch Zufall noch ein Platz frei war und Gunhild einen guten Draht zu Roger hat.

Normalerweise beträgt die Warteliste mindestens sechs Monate, selbst für Stars wie US-Comedian Chris Rock macht der Koch keine Ausnahme. Da ist er ganz norwegisch gepolt. Er könnte jeden Tag öffnen, doch er will ausreichend Zeit mit seiner Familie verbringen.

Für den Sternekoch hat der sinkende Ölpreis, durch den Tausende zumeist aus dem Ausland angeheuerte Fachkräfte ihre Jobs verloren, keine Auswirkungen. Andere Restaurants merken es durchaus. Während der Champagner auf den Businesspartys früher nur so sprudelte und Statoil-Mitarbeiter die Rechnungen ungeprüft unterschrieben, wird mittlerweile genauer nachgerechnet und manchmal Prosecco serviert, erzählt Karl Erik Pallesen. Seit seiner Jugend arbeitet er in der Gastronomie und betreibt heute das Fisketorget, in Stavanger eine Institution. Zum einen ist es ein Fischladen und zum anderen ein kleines Restaurant an der Hafenpromenade. Die Einheimischen und benachbarte Restaurants, darunter auch Roger vom Omakase, besorgen in seinem Geschäft ihren frischen Kabeljau, Lachs oder Hering.

Karl Erik serviert seinen Gästen wechselnde Meeresmenüs, ein Klassiker ist die schmackhafte, cremige Fischsuppe. In der Ecke des Restaurants hat er einen Servicewagen mit Dutzenden Aquavit-Sorten aufgestellt. »Ich finde es gut, dass die Zeiten des Rausches vorbei sind und es etwas ruhiger wird«, sagt er. Nun kommen mehr Touristen als Ölmanager.

Der Tourismus in Norwegen verzeichnet seit Jahren Rekordzahlen und an manchen Sommertagen knubbeln sich die Ausflügler etwa auf dem Gipfel des Berges Preikestolen, von dem man den Lysefjord überblicken kann. Deshalb promotet PR-Chefin Gunhild mit Vorliebe bisher unentdeckte Ziele in ihrer Region – zum Beispiel ein charmantes Kulturhotel im Dorf Sogndalstrand, wo die herzliche Gastgeberin Elli ihre Gäste betüddelt, oder einen stillgelegten Tunnelabschnitt beim Jøssingfjord, wo man in den Sommermonaten gegen eine kleine Gebühr in einer Hängematte schwingend übernachten kann.

Wirtschaftlicher Motor Bergen

Nach meiner Zeit in und um Stavanger reise ich mit dem *kystbussen*, dem Küstenbus, weiter entlang der Fjorde gen Norden. An einigen Streckenabschnitten verbinden Brücken die Inseln, andernorts kommt der Bus mit einer Fähre zum nächsten Ort.

Vom Schiff aus sieht man gelegentlich überdimensional große Ringe. Sie gehören zu den Fischfarmen, in denen vor allem Lachse gezüchtet werden, die manchmal bis an die Wasseroberfläche springen. Nach fünf Stunden Busfahrt erreiche ich die historische Hansestadt Bergen. Sie ist mit knapp 280 000 Einwohnern die zweitgrößte Stadt Norwegens.

Für zwei Wochen miete ich eine Wohnung in der Innenstadt, um ein Gespür für das Lebensgefühl der Metropole zu entwickeln. Es heißt, wenn die Bergenser von ihrer Werft aufs Meer hinausschauen, sehen sie die vorgelagerten Inseln, dann Großbritannien, Schottland, den Atlantischen Ozean, die USA und danach Oslo. Wie zu Hansezeiten blickt man eben eher in die Ferne. Immer wieder höre ich den Spruch, dass sie hier im Westen das Geld verdienen, das die Osloer ausgeben.

Bürgermeisterin Marte Mjøs Persen schmunzelt, als ich sie darauf anspreche. »Es ist ja klar, dass die Hauptstadt mit ihrer Verwaltung einen hohen Kostenbedarf hat«, sagt sie und bestätigt zumindest die kosmopolitische Orientierung der Bergenser. Ihr Büro im Rathaus liegt in einer der oberen Etagen des klobigen, fast sozialistisch anmutenden Steingebäudes. Von den Fensterfronten aus sieht man am wolkenverhangenen Tag auf einen besiedelten Hügel, wo auch das Haus liegt, in dem ich wohne.

Nach Persens Wahl im Oktober 2015 zum Gemeindeoberhaupt, titelte die Presse: »Mutter von Drillingen in Flaktveit [in diesem Randbezirk Bergens lebt sie] wird neue Bürgermeisterin der Stadt«. Die Drillinge waren damals noch klein, zudem hat sie einen älteren Sohn aus einer früheren Beziehung. »Ich verstehe natürlich, dass die Leute Drillinge sehr interessant finden. Aber es sagt auch etwas über unsere Gesellschaft aus, dass sogar im gleichberechtigten Norwegen meine Kinder und mein Familienleben immer noch ein wichtigeres Thema sind, als sie es bei einem Mann in derselben Position wären.« Wenn sie mal wieder gefragt wird, wie sie das alles schaffe, antwortet Persen, niemand habe mehr als 24 Stunden am Tag und man müsse seine Aufgaben nur mit der Zeit in Übereinstimmung bringen. Sie weiß Prioritäten zu setzen, und ihr Mann hilft ebenfalls.

Die Politikerin in ihren Vierzigern war früher ein Punk, später studierte sie Soziologie und Literatur. Ihre politische Karriere im Stadtrat begann bei der Partei Rød Valgallianse, Rote Wahlallianz, die den demokratischen Sozialismus fördern wollte. 2008 wechselte sie zur Arbeiderpartiet, den Sozialdemokraten. Obwohl sie Bürgermeisterin ist, steht Persen mit Adresse und Nummer im Telefonbuch und nimmt morgens den Bus zur Arbeit. »Ich bin ein ganz normales Mädchen aus dem Bezirk Sandvika, das nun in Flaktveit wohnt.«

Wie alle Bergenser ist Persen stolz auf ihre Heimatstadt. »Man sagt uns nach, dass wir sehr offen und tolerant sind. Ich glaube, es liegt auch daran, dass wir seit der Hansezeit mit Menschen aus anderen Ländern gehandelt haben und viel gereist sind.« Bergen ist durch den Fisch, das Öl und Gas sowie die vielseitige Natur, die Touristen aus aller Welt anzieht, ein wichtiger wirtschaftlicher Motor Norwegens.

Was ist ihrer Meinung nach das neue Öl, wie steht es mit Fisch und Aquakulturen? »In Zukunft werden wir noch mehr Fisch essen, er wird die wachsende Bevölkerung ernähren«, glaubt Persen. »Einige sprechen davon, den Weltraum zu erobern. Doch es gibt noch so viel in den Tiefen des Ozeans zu entdecken. Viele Antworten für die Zukunft werden im Meer liegen.«

Das glaubt auch Ministerpräsidentin Erna Solberg von der konservativen Partei Høyre. Sie ist in Bergen aufgewachsen und kommt ein halbes Jahr vor meinem Gespräch mit Persen im Rahmen einer zweitägigen Konferenz des Nordischen Ministerrates in ihre Heimatstadt. Solberg lanciert mit ihren Amtskollegen aus den vier anderen nordischen Ländern die Initiative »Nordic Solutions to Global Challenges« und preist sie als »wirksames Instrument«, um die in der Agenda 2030 festgelegten globalen Nachhaltigkeitsziele der Vereinten Nationen zu erreichen. Sie betont bei einer Ansprache den Zusammenhalt mit den Nachbarstaaten, den sie als weltweit einmalig ansieht. Ihre gemeinsame Initiative umfasst Vorzeigeprojekte zu Themen wie Ernährung, Gleichstellung der Geschlechter und Wohlfahrt.

Die norwegische Regierungschefin zeigt den Amtskollegen und deren Entourage Bergen sowie die vorgelagerten Inseln. Ich bin Teil des internationalen Pressepools, der die Politiker begleitet. Mit einem Passagierboot fahren wir von Location zu Location.

Ministerpräsidentin Erna Solberg mit ihrem finnischen (links) und ihrem dänischen Amtskollegen auf Tour

Auch bei diesem Trip merkt man das Vertrauen in die Gesellschaft: Zwar wurden wir Journalisten im Vorfeld durch das Außenministerium überprüft und unsere Taschen am ersten Tag beim Betreten des Bootes von Hunden beschnüffelt, ansonsten ist der Umgang trotz Security entspannt. Wir sitzen nur wenige Meter von den Regierungschefs entfernt und können ihren Gesprächen zuhören. Die Handtasche von Solberg liegt eine Weile unbeachtet auf dem Sitz.

Nebenbei rede ich kurz mit dem isländischen Ministerpräsidenten, bevor die Politiker auf der Insel Holmen beim Mittagessen ein Gespräch hinter verschlossenen Türen haben. Der Restaurantinhaber Alf Roald Sætre wird manchmal »Cowboy der Meere« genannt, weil er stets einen Cowboyhut trägt. Er ist Prominenz gewöhnt, insofern bleibt er gelassen. Nach dem Meeting posieren die fünf Regierungschefs für die Presse vor dem Restaurant mit der Schärenküste als Hintergrundkulisse und halten gemeinsam einen Fußball, auf dem die 17 Ziele für nachhaltige Entwicklung aufgeführt sind.

Am zweiten Tag betreten wir das Boot ohne Kontrolle. Während der Fahrt nach Austevoll zum Havforskningsinstituttet, dem staatlichen Meeresforschungsinstitut, führe ich an Deck ein Interview mit Solberg. Die Frage ist unter anderem, wie sich die weitere Förderung von neuen Feldern in der Nordsee mit den Nachhaltigkeitszielen vereinbaren lässt. »Selbst wenn wir uns zunehmend auf nachhaltige Energie konzentrieren, wird es auch in der Zukunft einen Bedarf an Öl und Gas geben«, sagt die Regierungschefin. »Das Gas ist eine mittelfristige Antwort für Europa. Denn man kann Boote auch mit Biogas antreiben und so die CO_2-Emission erheblich reduzieren.«

Öl und Gas seien Teil des europäischen Handels. Rund ein Drittel des in Deutschland verbrauchten Erdgases wird aus Norwegen importiert. »Die norwegisch-deutschen Beziehungen sind sehr wichtig und sie werden immer wichtiger. Wir wollen zudem unsere politische und militärische Kooperation steigern«, sagt sie. »Wir kaufen U-Boote aus Deutschland und arbeiten in Verteidigungsfragen zusammen.«

Ein Exempel aus der Wirtschaft ist die 2017 eröffnete Automobillinie von Hydro im rheinischen Grevenbroich. Solberg und Angela Merkel, die sich gut verstehen sollen, weihten die Fertigungsanlage gemeinsam ein. Die Automobilhersteller verwenden mittlerweile verstärkt Aluminium, weil es die Fahrzeuge leichter macht und dadurch Emissionen reduziert werden. Und so betonte Merkel »die ausgezeichnete Energieeffizienz« und Solberg fügte damals hinzu: »Das hier ist ein gutes Beispiel dafür, wie der Kampf gegen den Klimawandel mit dem Erfolg auf dem globalen Markt Hand in Hand gehen kann.«

An diesem Tag vor den Schären will sie ihren nordischen Kollegen gleich die Arbeit des Instituts präsentieren, das unter anderem die Auswirkungen des Klimawandels auf die maritime Umwelt erforscht. Vom Schiff aus führt ein Steg vorbei an zahlreichen Becken im Meer, in denen sich Fische tummeln. In einer Halle erklären Mitarbeiter die nachhaltigen Züchtungsmethoden für Arten wie den Heilbutt und hieven einige prächtige Exemplare aus einem Becken.

Nach der Tour servieren sie den Staatsgästen in einem beheizten Zelt Snacks: Neben Jakobsmuscheln liegen dort mit essbaren Blumen dekorierte frittierte Mehlwürmer. Die Minister kichern beim Anblick und probieren dann begleitet vom Klicken der Fotokameras. Mehrere geladene Experten sprechen über ihre Visionen für eine faire, gesunde und nachhaltige globale Ernährung. »Die nordischen Länder könnten das Silicon Valley für das Essen der Zukunft sein«, sagt etwa Gunhild Stordalen, Gründerin der gemeinnützigen EAT Foundation. »Wir haben die Expertise und die innovativen Ansätze, die es braucht, um nachhaltige Ernährungslösungen zu finden.« Die Ministerpräsidenten stimmen ihr zu und essen weiter.

Achtzig Prozent der norwegischen Bevölkerung lebt am Meer – und aus der Tiefe gewinnen sie ihr Einkommen. Seien es die Fischerei, die Aquakulturen oder die Öl- und Gaswirtschaft. Wenn auf den Lofoten der Stockfisch am Trockengestell hängt, sagen sie, es rieche nach Geld. Ihre Bindung zum nassen Element spiegelt sich auch in den neu designten Banknoten wider. Vom 50-Kronen- bis zum 1000-Kronen-Schein zeigen die Rückseiten stilisierte Wellen. Mit steigendem Wert nimmt der Seegang zu. Auf den Vorderseiten ist mal ein Leuchtturm, mal ein legendäres Wikingerschiff, ein Kabeljau, ein Rettungsschoner und bei der höchsten Banknote, die im Herbst 2019 eingeführt wird, eine tosende Welle zu sehen.

Leben vom und am rauen Meer –
der Leuchtturm in Kråkenes an der Westküste

Die Reedereien und der Seeverkehr entlang der Küste sind ein wichtiger Wirtschaftssektor.

Das spürt man besonders in Bergen. Als ich die Bürgermeisterin Ende November treffe, ist der Betrieb nicht so rege wie im Sommer, wenn neben Transport-, Versorgungs- und Kreuzfahrtschiffen auch private Segler in der Region schippern. »In diesen Tagen ist es ruhig«, sagt Persen. »Wenn es kalt und windstill ist, haben wir jedoch Probleme mit der Luftverschmutzung. Die Abgase ziehen dann nicht ab, sondern bleiben in den Bergen hängen.« Das spürt man tatsächlich im Zentrum. Durch das Verbrennen von Öl entsteht ein Mix aus Kohlendioxid, Schwefel und Rußpartikeln.

Natürlich ist es nicht vergleichbar mit der Luftverschmutzung in chinesischen Metropolen, von denen man die berüchtigten Smogbilder kennt. Und doch stehen Bürgermeister weltweit in Städten vor denselben Herausforderungen, wie Persen immer wieder bei Treffen mit ihren internationalen Kollegen feststellt. Es ist der Politikerin sehr wichtig, den öffentlichen Nahverkehr auszubauen, um so die Umwelt zu schonen und neuen Wohnraum zu schaffen, sodass die Bürger kürzere Anfahrtswege zur Arbeit haben.

Die Elektrizität ist in Bergen und in Norwegen allgemein zumindest klimaneutral – sie wird fast ausschließlich aus der Wasserkraft gewonnen. Die schädlichen Abgase der Schiffe sollen demnächst erheblich reduziert werden. Ein Meeresschutzabkommen besagt, dass ab 2021 nur noch Schiffe, die ihre Emissionen deutlich verringern, eine Konzession für den norwegischen Küstenverkehr erhalten. Bis 2026 müssen die Reedereien ihre Flotte mit Flüssigerdgas, flüssigem Biogas oder Hybridkraft ausrüsten – ansonsten dürfen die Passagierschiffe nicht in beliebte Fjorde hineinfahren, die teilweise zum UNESCO-Weltnaturerbe gehören.

Deshalb rüsten derzeit etliche Passagierschiffe um, zumal der Kreuzfahrttourismus eine bedeutende Rolle spielt. In Bergen beginnen und enden seit der Gründung im Jahre 1893 die Touren von Hurtigruten, der schnellen Route. In sieben Tagen reist man entlang der ehemaligen Postschiffroute bis in den Norden nach Kirkenes.

Vor einem Jahr begann die norwegische Reederei in Bergen die Landstrom-Initiative. Ihr Schiff MS Spitsbergen war das erste der Flotte, das an Landstrom angeschlossen wurde. Sobald sie im Hafen ankern, verwenden sie nun erneuerbare Energien wie Wasserkraft.

Die Schiffsbauer

Die nächste Generation wird derzeit in Ulsteinvik gefertigt. Die Kleinstadt weiter nordwärts an der Westküste hat eine lange Schiffsbautradition. Gleich drei Werften gibt es in dem Ort mit seinen rund 6000 Einwohnern. In der Kleven-Werft werden gerade die weltweit ersten hybridbetriebenen Expeditionsschiffe gefertigt: die MS Roald Amundsen und die MS Fridtjof Nansen. Anders als im Leben der Namensgeber wird Amundsen früher in See stechen. Das neue Expeditionsschiff geht Mitte Mai 2019 auf seine Jungfernfahrt, Nansen folgt 2020.

Kurz vor Weihnachten wurde eine Gruppe von Journalisten eingeladen, sich die noch im Bau befindlichen Schiffe anzusehen. Mit unseren neonorange leuchtenden Westen und Sicherheitshelmen fallen wir auf, denn die Arbeiter tragen dunkle Overalls. Nur wenige von ihnen sind Norweger, viele stammen aus Polen und Litauen, es sind ihre letzten Arbeitstage des Jahres, bevor sie zu ihren Familien nach Hause fliegen.

Von außen sieht die schwarz lackierte MS Roald Amundsen

mit dem breiten roten Steifen relativ komplett aus. Doch sobald wir näher kommen, fallen die riesigen Planen über den Fensterfronten auf und ein lautes Hämmern, Sägen und Quietschen beschallt das Gelände. In Begleitung von Angestellten machen wir eine Tour über die Werft, mit dabei ist auch Kapitän Kai Albrigtsen.

Seit über 35 Jahren arbeitet er für Hurtigruten, mit 17 jobbte er als Assistent in der Bordküche und seit 2006 ist er Kapitän. Demnächst führt er das Kommando auf der MS Roald Amundsen. »Es ist eine große Ehre und Verantwortung, den Befehl über so ein einzigartiges Schiff zu übernehmen«, sagt der schlanke Norweger und rückt seine Brille zurecht. Ab 2003 fuhr er bereits an Bord von Hurtigruten bis ans südliche Ende der Welt. »Wir nannten uns die Pioniere der Antarktis«, erzählt er beim Gang durch die Baustelle. Kai hat alle Bücher von Amundsen gelesen. »Seine Errungenschaften begeistern mich, besonders wenn man bedenkt, dass er vor über 100 Jahren in diesen Gewässern unterwegs war.«

Kai ist nun auch ein echter Pionier mit der Leitung dieses innovativen Expeditionsschiffs. In Kombination mit einer modernen Rumpfkonstruktion und der effizienten Nutzung des Bordstroms, soll die Hybridtechnologie den Kraftstoffverbrauch und die CO_2-Emissionen um 20 Prozent senken. Außerdem gleitet die MS Roald Amundsen demnächst im elektrischen Betrieb lautlos durch die Meere.

Drinnen ist das Schiff noch ein Rohbau – ein Gerippe aus Stangen, provisorischen Treppen und einem Kabelsalat. Das Herzstück zeigen sie uns zuerst: die Batterien. »Sie sehen nicht wie Autobatterien aus, sondern vielmehr wie quadratische Boxen«, sagt der Experte. Und tatsächlich, der Batterieraum erinnert eher an eine Bank mit 100 weißen Schließfächern. Neue Technik muss eben nicht immer spektakulär aussehen.

Kai freut sich schon auf die Route. Die Jungfernfahrt geht von Lissabon nach Hamburg, danach segeln sie weiter nach Norwegen auf der klassischen Route der Postschifflinie. Der Kapitän kommt mir irgendwie bekannt vor. Ich habe ein recht gutes Gedächtnis für Gesichter, leider gilt das nicht für Namen. Vielleicht sind es ja auch die Dämpfe der Baustelle, die mich ein bisschen benebeln?

Zurück an der frischen Luft gehen wir in die offene Fabrikhalle, wo zuvor schon auf einer Leinwand schnittige Videos gezeigt wurden, die eine animierte MS Roald Amundsen durch die Fjorde und Eiswelten schippern ließ. Interessant klingt das Science Center, ein Forschungszentrum mit moderner Ausrüstung, das zum einen den Gästen ein tieferes Verständnis für die Gebiete, die sie erkunden, geben soll und zugleich Wissenschaft-

Die MS Roald Amundsen bei ihrem Stapellauf –
anders als Maud wurde das Schiff nicht mit Eis getauft

ler von verschiedenen Universitäten bei ihrer Arbeit unterstützen wird. Auch auf früheren Touren war Hurtigruten etwa für die Uni in Spitzbergen tätig – sie sammelten Phytoplanktonproben, um herauszufinden, wie viel Nahrung im Wasser vorhanden ist.

Ich trinke an diesem Dezembertag in eine dicke Winterjacke gehüllt zum Aufwärmen einen Kaffee. Die rote Emailletasse mit der Aufschrift MS Roald Amundsen informiert über die Eckdaten. Werft: Kværner Kleven (NOR), Kapazität der Passagiere: 530, Geschwindigkeit: 15 Knoten, Länge: 140 Meter.

Zum neuen Schiff gehören etliche Restaurants. Eines wurde nach Adolf Lindstrøm benannt, Amundsens Koch auf der Fram und Maud. Der kräftige Mann soll so manchen düsteren Wintertag durch seinen Humor erhellt haben. Amundsen schrieb am 5. April 1911, als er mit seiner Crew zum Südpol unterwegs war, in sein Tagebuch: »Kein Mann hat so viel zur Polarexpedition beigetragen wie er.«

»Unsere Gäste können sich selbst in den edlen Restaurants so kleiden, wie sie wollen«, erzählt Daniel Skjeldam, der Geschäftsführer von Hurtigruten. Er hält einen Dresscode bei einer Expedition für unnötig. Vor wenigen Tagen traf er sich mit den Hurtigruten-Vorstandsmitgliedern im ehemaligen Esszimmer des Polarschiffes Fram. Das Osloer Museum, in dem das historische Schiff steht, vermietet die Räumlichkeiten gelegentlich. »Man sitzt dort und denkt, hier hat Amundsen mit seiner Crew Pause gemacht. Ich bewundere die Männer sehr«, sagt der Geschäftsführer. Er bezeichnet sich selbst als einen »Polar-Verrückten« und strahlt. Seit seiner Kindheit ist er von den norwegischen Entdeckungsreisen fasziniert, die zeitgleich mit der Gründung von Hurtigruten stattfanden.

»Hurtigruten ist mit Nansen und Amundsen groß geworden. Nansen brach 1893 zu seiner ersten Fram-Expedition auf. Als sein Kapitän Otto Sverdrup zurückkam, wurde er der erste Kapitän auf unserem Dampfschiff Lofoten.« Einige von Amundsens Crewmitgliedern heuerten ebenfalls bei der Postschifflinie an. Skjeldam ist stolz, dass die neuen Schiffe nun die Namen der berühmten Polarreisenden tragen. »Wir durchqueren auf unseren späteren Touren die Nordwestpassage, besuchen Gjøahavn, fahren nach Cambridge Bay, wo Maud lag, und wir werden die Antarktis sehen. Also im Wesentlichen folgen wir den Spuren Amundsens.«

Was schätzt er an seinem Landsmann? »Amundsen hat moderne Führungstechniken eingesetzt, zum Beispiel, dass er gemeinsam mit seiner Crew aß. Und er lernte von den Inuit, wie man sich in dem harschen Klima kleidet, ernährt und gegenseitig in der Gemeinschaft unterstützt.« Der Brite Scott hingegen wählte eher das »Top-down-Prinzip«, so der Geschäftsführer.

Die Nähe zur Natur und Anpassungsfähigkeit sind bis heute Stärken der Norweger – Hierarchien spielen auch in der Arbeitswelt eine geringere Rolle. Im Allgemeinen haben die Mitarbeiter in norwegischen Unternehmen mehr Entscheidungsbefugnis. Das Vertrauen in die Mitarbeiter sei ein Grund, warum sie so effizient arbeiten, erzählen mir meine norwegischen Freunde immer wieder.

Auf den Notizblöcken der Kleven-Werft steht der 1944 verfasste Slogan des Firmengründers Marius Kleven: »Vi skal gjere godt arbeid, og vere til å stole på.« Das bedeutet: »Wir werden gute Arbeit leisten und Vertrauen haben.« Das Vertrauen kann man in mehrfacher Hinsicht verstehen. Vertrauen in die Mitarbeiter und das eigene Können.

Das 1939 gegründete Unternehmen war anfangs eine Schmiede, die Fischereischiffe reparierte und modernisierte. Erst später bauten sie eigene. Inzwischen laufen aus dieser Werft auch Versorgungsschiffe und Personenfähren aus. Kleven und die beiden anderen Werften in Ulsteinvik sind zwar Konkurrenten, dennoch arbeiten sie im sogenannten Cluster zusammen. Ihre Devise: Wir kooperieren, wenn wir können, und konkurrieren, wenn wir müssen. Nach finanziellen Schwierigkeiten wurde Kleven teilweise von Hurtigruten übernommen und wird auch das dritte, noch namenlose Hybridschiff für die Reederei bauen.

Die ebenfalls in Ulsteinvik liegende Werft der Ulstein Group entwickelte 2005 einen rund geformten Bug, den X Bow, durch den Schwankungen auf den rauen Meeren erheblich vermindert werden. Ulstein ließ sich die Erfindung patentieren und verkauft sie erfolgreich an andere Hersteller. Welche Bedeutung die Innovation für die Seefahrt hat, zeigt sich unter anderem daran, dass bei den neuen norwegischen Geldscheinen auf der 100-Kronen-Note die Silhouette eines solchen Bugs hinter dem berühmten Wikingerschiff zu erkennen ist.

Erst auf dem Rückflug fällt es mir ein, wo ich den Kapitän schon mal gesehen habe. Zwei Jahre zuvor ging ich mit einer Gruppe älterer Herren in Nordnorwegen für einen Kaffee an Bord der MS Midnatsol. In kleinen Gemeinden sind die Hurtigruten-Schiffe wie schwimmende Cafés. Und ebenjene Gruppe tauschte mit Kai bei einer Tasse Kaffee den neuesten Tratsch aus. Damals bestätigte er, dass die Männer 365 Tage im Jahr an Bord kommen – sogar an Heiligabend.

NATUR

Ein bisschen Ski schadet nie, Slow-TV-Rentierwanderung und Musik in den Bergen

Stille. Absolute Stille. Ich stehe bei minus zehn Grad Celsius auf dem zugefrorenen See Fefor. Außer meinem Atem ist nichts zu hören. In Gudbrandsdalen scheint die norwegische Natur jetzt, Mitte Januar, im Winterschlaf zu liegen. Die Wälder sind ganz in Weiß gehüllt, der zentimeterdicke Schnee drückt die Zweige der Birken herunter.

Auch Fridtjof Nansen war Anfang des 20. Jahrhunderts immer wieder an diesem Ort. Jener Mann, der Grönland 1888 von Ost nach West auf Skiern durchquerte, obwohl ihm das kaum einer zugetraut hatte. Gemeinsam mit fünf anderen Männern bezwang er die eisige Wüste. Der existenzielle Kampf in der Natur machte die Männer zu nationalen Helden. Und Nansen wurde nach weiteren Expeditionen, bei denen seine Ski ebenfalls eine wichtige Rolle spielten, in seiner Heimat verehrt wie ein König.

»Das Schneeschuhlaufen ist der nationalste allen nordischen Sports«, schreibt Nansen in seinem Buch über die Grönlandreise. Und propagierte damit jene Freizeitaktivität auf den zwei Brettern, die den Norwegern bis heute die Welt bedeuten.

Um die Jahrhundertwende engagierte sich der Polarforscher zunehmend politisch, er war ein vehementer Verfechter für das

Ende der seit 1814 bestehenden schwedisch-norwegischen Personalunion. Das Volk strebte schon seit Langem nach Unabhängigkeit, und die Regierung wollte endlich eigene Diplomaten ins Ausland senden.

Nachdem der schwedische König 1905 ein eigenständiges Konsularwesen für Norwegen abgelehnt hatte, trat die Regierung aus Protest zurück. Das norwegische Parlament Stortinget erklärte daraufhin die Personalunion am 7. Juni für nichtig. Abgesehen von einigen Turbulenzen verlief die Trennung von Schweden friedlich und die Bürger sprachen sich in einer Volksabstimmung für eine konstitutionelle Monarchie aus.

Die neue Regierung schickte Nansen in geheimer Mission nach Kopenhagen, um den Prinzen Carl von Dänemark zu fragen, ob er der erste unabhängige norwegische König werden wolle. Dessen Frau war die britische Prinzessin Maud, jene Dame, die später die Namensgeberin von Amundsens Schiff werden sollte. In einer weiteren Volksabstimmung wurde der Prinz von den Norwegern bestätigt und hieß fortan König Haakon VII.

Doch wie schafft man es, dass das Volk ein dänisch-britisches Königspaar richtig akzeptiert? Um die Herzen der Norweger zu gewinnen, müsst ihr Skifahren können, soll Nansen ihnen geraten haben. Und so reisten die Royals mit ihrem knapp dreijährigen Sohn Olav ins Berghotel Fefor, unweit jenes Sees, auf dem ich über 110 Jahre später stehe.

Unterrichtet wurde die Königsfamilie von einem einheimischen Skilehrer, Nansen war Teil der Entourage. Als das Fefor Høifjellshotell im Jahr 1891 eröffnete, war es das erste Hotel für Wintertouristen. Davor übernachteten Gäste auf umliegenden Farmen.

Passend zur aufkeimenden Nationalromantik wurde das rot gestrichene Haus im Drachenstil gebaut. Wie bei einem Wikingerschiff thronen auf den Giebelspitzen Drachenköpfe und begrüßen die Besucher. Wer das Gebäude betritt, wird in die damalige Zeit zurückversetzt. Im holzvertäfelten Salon hängen an den Wänden historische Gemälde und eingerahmte Schwarz-Weiß-Fotos von Haakon VII., Kronprinz Olav und der zierlichen Maud mit ihrer eng geschnürten Taille. Sie posieren auf Skiern und arbeiten daran, echte Norweger zu werden.

Wo sich einst die Königsfamilie und Nansen nach ihren Ausflügen am Kamin aufwärmten, sitzt nun Bergsvein Wongraven. Der Mittsechziger sieht mit seinem langen weißen Bart und der Mütze ein bisschen aus wie der Weihnachtsmann. Er will mir an diesem Tag das Skilaufen beibringen. Ich stand zwar schon einmal auf Langlaufskiern, doch das ist lange her. Das Ziel: eine Tour um den See. Gemeinsam mit seiner Freundin Randi starten wir die zehn Kilometer lange Runde.

Früher zog der erste Skiläufer des Tages die Spur, mittlerweile wird die Loipe jeden Morgen mit einer Maschine angelegt. Die Loipe führt teilweise über den See, und wir gleiten bei Sonnenschein durch die ansonsten unberührte Natur. In der Ferne erhebt sich das Jotunheimen-Gebirge. Die weiße Landschaft hat etwas Unschuldiges und Beruhigendes.

Ein bisschen Ski schadet nie

Nachdem ich schon so oft von der Leidenschaft der Norweger für ihre Natur gehört habe, tauche ich jetzt richtig ein. Schließlich ist das *friluftsliv*, das Leben im Freien, Teil ihrer Identität. Die scheinbar ewig währenden Winter bieten ausreichend Gelegenheit, Ski zu fahren. Sei es nun Abfahrt oder Langlauf. Scherzhaft erzählen sie, dass sie mit Skiern an den Füßen geboren werden. Natürlich sind nicht alle Norweger gleich, aber es fällt mir immer wieder auf, wie wichtig es für die Skandinavier ist, in der Natur in Bewegung zu sein. Es ist, wie Kronprinzessin Mette-Marit im CNN-Interview sagte, ein Baustein ihrer Glücksformel. Bereits in den ersten Wochen in Oslo wurde ich mehrfach gefragt, ob ich Ski besäße. Da war es Sommer!

Für Norwegen-Neulinge kann es im Winter schon riskant sein, sich nur auf die Straße zu begeben. Denn wenn der Schnee zu hartem Eis gefriert, helfen selbst Profile unter den Schuhen oder Spikes nicht. Dann muss man noch mal neu laufen lernen – am besten wie ein Pinguin, heißt es in Artikeln und anschaulichen Videos. Man solle den Schwerpunkt weiter nach vorne legen und die Arme leicht ausbreiten. Und vor allem solle man bitte schön keine Angst vor einem Sturz haben, denn dann falle man erst recht. »Spikes tragen nur die Alten und Auslän-

In der Spur: die Loipe am
Rande des Sees in Fefor

der«, sagen manche Osloer abfällig, und in der Tat tänzeln erstaunlich viele mit Turnschuhen über die eisigen Bürgersteige. Ist Neuschnee gefallen, fahren manche selbst in der Hauptstadt mit Skiern zur Arbeit oder ins nahe gelegene Café.

Unsere kleine Rundtour in Gudbrandsdalen klappt bisher erstaunlich gut. Nur in Abschnitten, in denen es steil bergab geht, ist die Loipe ungewohnt und einengend. Was ist, wenn ich falle? Bergsvein beruhigt mich mit sanfter Stimme und findet, dass ich das bisher gut meistere und mich entspannen kann. Zu meiner Überraschung setze ich mich erst auf den Boden, als wir eine kurze Pause unter einem hohen Baum einlegen. »Sei froh, dass wir nicht im Sommer hier sind. Denn dann tummeln sich in dieser Gegend große Braunbären«, sagt Bergsvein und verzieht keine Miene. Und was macht man dann? Auf einen Baum klettern? »Ach, keine Sorge. Wenn er dich einmal erwischt hat, brauchst du nichts mehr tun. Dann ist es eh zu spät.«

Wenn er nicht gerade Besuchern die Gegend zeigt und sie mit Schauergeschichten unterhält, kümmert Bergsvein sich um seine Huskys, die er trainiert. Wie ich später erfahre, ist sein Sohn Sigurd Mitglied einer Black-Metal-Band und seit einigen Jahren Winzer. Den Riesling baut er allerdings nicht in seiner Heimat an, sondern in der Pfalz. Ein deutscher Händler beschreibt die Begegnung mit dem Norweger auf seiner Website so: »Sigurd Wongraven gibt sich auf der Bühne gerne als Berserker. Privat ist er ein sensibler, feinfühliger Mensch, der sich mit viel Zeit und Leidenschaft seinem Lieblingsthema Wein widmet.«

Am Flussufer unweit der Loipe sitzt gerade eine Familie auf Holzstämmen und macht Rast. Ihre Kinder essen *kvikk lunsj*. Das »schnelle Mittagessen« ist ein Schokokeksriegel, den die Norweger seit Generationen zusammen mit Orangen auf ihre

Ski- und Wandertouren mitnehmen. Im Inneren der Schoko-riegel-Verpackung hat der norwegische Verein Den Norske Turistforening (DNT) ausgewählte Wander- und Skitouren auf-geführt. DNT ist die größte Natur- und Freizeitorganisation des Landes. Selbst beim Sündigen wird man also zum Sport animiert.

Am Ende unserer Langlauftour geht es dann steil hoch zum Hotel. Meine Knie zittern. Genau in jener Umgebung testete Robert Falcon Scott 1910 seinen neu entwickelten Motorschlit-ten. Er kam ebenfalls auf Empfehlung von Nansen nach Fefor. Zu diesem Zeitpunkt ahnte der Brite noch nicht, dass er sich nur ein Jahr später mit Amundsen einen Wettlauf zum Südpol liefern würde. Bei seinen Tests lockte er die einheimische Be-völkerung an. Fotos im Hotelflur zeigen den Polarreisenden mit der klobigen Maschine und am Rande zahlreiche Anwohner. Seine Frau soll damals begeistert gewesen sein, dass der Motor-schlitten den unebenen Weg bewältigte. »Für 3000 Pfund kann man auch erwarten, dass er es bringt«, soll Scott darauf geant-wortet haben.

Kurz bevor wir das Hotel erreichen, falle ich dann doch hin, was vor allem meinen wackeligen Knien geschuldet ist. Ich bin eben leider nicht mit Skiern an den Füßen geboren. Wir ziehen uns um und schauen uns anschließend das Treiben auf der Eis-bahn vor dem Hotel an. An diesem Wochenende gibt es einen Curling-Wettbewerb. Manche Teilnehmer haben bis zu diesem Tag noch nie gespielt, der Ehrgeiz bei dem einst in Schottland erfundenen und in Norwegen beliebten Sport packt sie trotz-dem. Die einzelnen Teams sind als Wikinger, Schotten oder Fantasiefiguren verkleidet – und so schrubben sie dann kräftig den Besen, um die Curlingsteine auf der spiegelglatten Eisfläche näher in die Mitte des Zielkreises zu spielen als die Konkur-renten.

Am Morgen führte Hotelchefin Anne Grethe Horten neben

einem Dudelsackspieler mit einer riesigen norwegischen Flagge die Parade vom Hotel zur kleinen Sportarena an, nun steht sie am Spielfeldrand und feuert die Teams an. Ihr Vater war früher erfolgreicher Eisschnellläufer, sie selbst besaß ein Fitnessstudio, bevor sie von ihren Eltern das Hotel übernahm.

Am Abend tritt im Hotel eine Johnny-Cash-Revival-Band auf. Die Musiker sind in ihren Zwanzigern und waren vermutlich noch in der Grundschule, als der Country-König starb. Aber sie treffen den Sound gut und so gleiten nun einige Norweger über das Parkett. Bergsvein und seine Freundin Randi schauen lieber zu. Auch ich habe mich an diesem Tag ausreichend bewegt.

In der Hotellobby mit dem weinroten Teppich und den gemütlichen Sofagarnituren bewerben Flyer und Plakate schon die nächsten Veranstaltungen. An diesem abgelegenen Ort muss Anne Grethe sich ständig etwas einfallen lassen, um noch mehr Besucher anzulocken. Während des Peer-Gynt-Festivals im Sommer etwa bieten sie spezielle Menüs an und bringen ihre Gäste zum nur wenige Kilometer entfernten See von Gålå. Im Winter gibt es neben dem Curling, was als Schach auf dem Eis bezeichnet wird, pseudosportliche Events wie einen Strickmarathon oder ebenfalls auf der Kampfbahn vor dem Hotel den »World's Strongest Viking«-Wettbewerb, bei dem Profis aus mehreren Ländern riesige Natursteine schleppen oder ein Wikingerboot hinter sich herziehen.

Die Norweger und ihre Slow-TV-Abenteuer

Die unternehmungslustigen Norweger suchen ständig nach neuen Herausforderungen. Und so bringt mich Mitte April ein außergewöhnliches Projekt in den Norden des Landes, nach

Finnmark. In der weiten und schneebedeckten Tundra wohnen nur wenige Menschen auf verstreut liegenden Höfen oder in kleinen Gemeinden.

Während in Oslo zu der Zeit längst der Frühling eingezogen ist, stapft man 300 Kilometer nördlich des Polarkreises im Winteroutfit durch den Schnee. In Karasjok, wo das Projekt beginnt, wurde einst mit −51,4 Grad Celsius die kälteste Temperatur des Festlandes gemessen. Bei meiner Ankunft ist es 20 Grad unter null, also verhältnismäßig warm.

Und doch sorgt die Kälte in diesen Tagen für Probleme. Denn eigentlich wollte der öffentlich-rechtliche Sender NRK seit gestern für eine Woche eine Rentierwanderung begleiten – und zwar 24 Stunden am Tag. Doch genau so wenig wie sich das Meer vor den Lofoten um unsere Beschreibungen und Ängste schert, interessiert es die Natur in Finnmark, was sich ein paar Redakteure überlegt haben.

Die Rentiere gehören den Sámi. Das Heimatgebiet der indigenen Bevölkerung, Sápmi, erstreckt sich über den gesamten Norden Norwegens, Schwedens, Finnlands und über Teile Russlands. Zwischen 75 000 und 90 000 Sámi sollen dort leben. Die Zahl variiert je nach Definition, wer als Sámi angesehen wird. In Norwegen sind es circa 40 000, im benachbarten Finnland nur knapp 9000.

Während in Stavanger fast alle Anwohner eine persönliche Verbindung zur Ölindustrie haben, hat in der Kleinstadt Karasjok vermutlich jeder Familienmitglieder oder zumindest Freunde, die Rentierhirten sind. Es ist eine kräftezehrende Arbeit, die den Sámi seit Jahrhunderten das Überleben in dieser kargen Natur erlaubt. Nur wenige Norweger im Süden wissen, wie die Sámi leben. »Wir wollen mit unserem Projekt das Land zusammenbringen, indem wir die Menschen vor Ort ihre Geschichten erzählen lassen«, sagt Thomas Hellum vom NRK. Ich sitze mit ihm in der Hotellobby, wo das gesamte Team untergebracht wurde, das aus Oslo und Bergen angereist ist.

Das Format »Sakte-TV«, Slow-TV, beschert dem Sender seit 2009 regelmäßig Traumquoten. Die Geburtsstunde war das 100-jährige Jubiläum der Bergenbahn, damals sendete NRK eine siebenstündige Übertragung der Bahnfahrt von Oslo nach Bergen. Es folgten Liveshows übers Holzhacken und Strickmarathons, ein anderes Mal begleiteten sie 134 Stunden lang die Hurtigruten-Schiffe. Bei dem in diesem Fall gemütlichen Abenteuer kann der Zuschauer, auf dem Sofa liegend, langsam der Hektik des Alltags entfliehen.

»Wir wollen immer einen ›Ha‹-Effekt, also einen Überraschungsmoment, schaffen, bei dem der Zuschauer denkt: Das ist doch nicht möglich«, sagt Thomas. Der Redakteur aus Bergen hat das Slow-TV-Format gemeinsam mit Kollegen entwickelt. Wie einst Nansen und Amundsen müssen sie dafür oft Ausdauer beweisen. In Absprache mit der örtlichen NRK-Sápmi-Redaktion prüft das Team alle paar Stunden die Wettervorhersage.

Früher lebte die indigene Bevölkerung Nordeuropas vor allem als Nomaden. Mittlerweile sind sie sesshaft, im Frühling jedoch ziehen Rentierfarmer wie Aslak Ante Sara von Kautokeino aus zu den 260 Kilometer entfernten Sommerweiden auf die Insel Kvaløya. Ihre Rentierwanderung will NRK für die Livesendung ›Reinflytting: minutt for minutt‹ fünf bis sieben Tage lang begleiten. Wenn die Tiere denn mal losgehen.

Ich nutze die Wartezeit, um die Büros von NRK Sápmi zu besuchen. In einem offenen Aufenthaltsraum zwischen den Studios und Redaktionsräumen schaut ein ausgestopfter Bär den Angestellten beim Kaffeetrinken auf der Couchlandschaft zu. Die lokalen Fernsehmitarbeiter bleiben trotz der Verzögerung gelassen. So ist das halt im Norden. Sie entscheiden, am Abend eine kleine Party zu veranstalten. Rune Kjær Valberg, ein Kameramann, der während des Projekts für einige Wochen vor Ort aushilft, schlägt vor, zusammen dorthin zu laufen. Dick eingemummelt gehen wir am frühen Abend im Dunkeln los und überqueren die Brücke, die Karasjok teilt. »Hier gibt es oft spontane Feiern«, sagt Rune, der im Alltag in Trondheim wohnt. Weil er NRK Sápmi von früheren Aufenthalten gut kennt, haben sie ihn eingebunden.

Nach einer halben Stunde kommen wir bei unseren Gastgebern an. Das Pärchen sitzt jedoch nicht im Haus, sondern am Rande des Gartens mit anderen um ein Lagerfeuer. Auf dem Weg versinken wir knietief im Schnee. In Decken eingewickelt und mit Blick auf die tanzenden Flammen grillen wir Würstchen, hören Musik und diskutieren darüber, worauf beim Slow-TV-Projekt mit den Rentieren zu achten ist. Denk an die Sonnenbrille und schmier dir die Brote zu Hause, denn das Nutella friert bei der Kälte ein, sind nur einige der Tipps.

Momentan wärmt der Alkohol uns von innen. In der Nacht kommt ein Kollege dazu, der offensichtlich mit anderen schon vorgeglüht hat. »Ach, der ›Spiegel‹ ist da«, sagt er und schaut mich an. Es hat sich herumgesprochen, dass eine deutsche Journalistin, die für ›Spiegel Online‹ schreibt, das TV-Happening begleiten will. »Weißt du, dass die Deutschen bei uns im Zweiten Weltkrieg ziemlich viel zerstört haben?« Ja, antworte ich, und versuche klarzumachen, dass auch wir Kriegsenkelkinder uns der kollektiven Schuld bewusst sind und weiterhin die Nazivergangenheit aufarbeiten. Der Mann will weiter ausholen, doch der Gastgeber möchte lieber das Thema wechseln und sucht als Ablenkungsmanöver verbindende Musik. Zunächst kommt Modern Talking zum Einsatz, was für Lacher sorgt, weil wir die Band absurd finden. Danach setzt er die Allzweckwaffe ein: Nena. Und so sitzen wir unter freiem Sternenhimmel bei minus

20 Grad um ein Lagerfeuer und hören ›99 Luftballons‹, die meisten können den Text mitsingen. Danach ist der norwegisch-deutsche Frieden wiederhergestellt.

Auf dem Nachhauseweg sagt Rune, dass Sámi und Nordnorweger generell gerne den Humor ihrer Besucher testen und einen provozieren. Ich merke es mir für die Zukunft, aber beim Thema Zweiter Weltkrieg muss man als Deutsche meiner Meinung nach übervorsichtig sein. Wenn manche mir sagen, es sei doch so lange her und ich persönlich könne nichts dafür, antworte ich meist: »Wir Deutsche wollen eben perfekt sein, selbst darin, uns schuldig zu fühlen.«

Mein Hotel ist schon in Sichtweite, da überredet Rune mich, auf einen letzten Drink mit in die nahe gelegene Bar RoRi zu kommen. In der Dunkelheit leuchten die Buchstaben in blaugelbem Schriftzug. Anstatt einen Platz an der Theke zu suchen, will Rune mir das *lavvu* zeigen. So heißen die spitzen Zelte mit Stangen aus Birkenstämmen. Früher bestanden die Planen aus Fellen, mittlerweile verwenden die Sámi leichtere Materialien. Dieses *lavvu* ist relativ groß und natürlich lodert darin ein Feuer. Außer uns sitzen noch zwei Norweger da, denn »Finnland hat schon zu«, wie sie sagen. Die Finnen sind aufgrund ihrer Zeitzone eine Stunde voraus. Plötzlich tauchen einige Mitarbeiter vom Slow-TV-Team auf. Um drei Uhr morgens gehe ich ins Bett. Die anderen feiern weiter, denn wer weiß schon, ob die Livesendung am nächsten Tag wirklich startet.

Mittlerweile habe ich viele Orte in Karasjok, beziehungsweise Kárášjohka, wie es auf Nordsamisch heißt, besucht – das Sámi-Parlament, ein Museum und die Ausstellungseröffnung einer reizenden Künstlerin, deren Mann wie sie Sámi ist, aber bei feierlichen Anlässen lieber einen Kilt trägt. Die schottische Kultur hat es ihm so angetan, dass er immer wieder Highland Games veranstaltet. Gleichgesinnte aus weiten Teilen Europas besuchen dann das Paar am einsamen Snefjord, wo sie in der ehemaligen Schule leben. Die unerwarteten Begegnungen verkürzen die Wartezeit. In Vergessenheit geraten die Rentiere nie. In der Hotellobby hängt ein ausgestopfter Kopf, auf dem Frühstücksbuffet liegt Rentiersalami und im Hotelzimmer schauen einem vom Vorhang zwei lebensgroße Tiere beim Schlafen zu.

Die Rentierwanderung scheint sich zu einem unrealisierbaren Projekt zu entwickeln, denn die rund 1500 Rentiere, denen sie auf den letzten 100 Kilometern bis zur Küste folgen wollen, ziehen nicht weiter. NRK hätte inzwischen seit drei Tagen live senden sollen und zeigt nun Wiederholungen anderer Programme. »Die Herde findet nicht genügend Futter unter dem Schnee«, sagt Thomas. Er steht dick eingepackt in Winterjacke und mit Fellmütze vor einer Hütte bei Šuoššjávri, die als Basislager für das NRK-Team dient.

Momentan grasen die Tiere bei minus 18 Grad im Freien. Sie haben keine Ahnung, dass die Fernsehwelt auf sie wartet. Rentierhirte Aslak Ante Sara und sein Bruder bringen gerade mit Schneemobilen weiteres Futter zu ihrer Herde. Seine Mutter wartet vor der Hütte. »Die Rentiere bestimmen das Tempo und sie entscheiden, wann sie loslaufen. Nicht wir«, sagt Kirsten Ravna Sara. Seit über 70 Jahren begleitet sie die Wanderungen. Auch dieses Mal wird die ganze Familie dabei sein, momentan passt Kirsten Ravna auf ihren neunmonatigen Enkel auf, der eine Mini-Sonnenbrille zum Schutz vor der Schneeblindheit trägt.

Thomas und die Kollegen der regionalen Sendeanstalt NRK Sápmi testen derweil das Equipment. Innerhalb der nächsten Stunden steigen die Temperaturen, das lässt hoffen.

Am späten Nachmittag ist es endlich so weit. Das Team bringt sich in Šuoššjávri in Stellung, die Techniker haben ein raffiniertes Übertragungssystem mit Spiegeln entwickelt, das die Satellitensignale selbst in den abgelegenen Bereichen des Hochlands garantieren soll. Und so bahnt sich nun eine Raupe aus drei Wagen mit reichlich Mikrofonen, Spiegeln und Generatoren ihren Weg durch die Schneelandschaft, in der vereinzelte kahle Birken jedem Wind und Wetter standhalten.

Am 24. April um 19.45 Uhr geht es los. Zwei Moderatoren begrüßen die Zuschauer auf Norwegisch und Nordsamisch, in der Ferne tapsen die ersten Rentiere durch den Schnee, begleitet von Aslak Ante auf seinem laut knatternden Scooter. Wir stehen inmitten der Natur, während die Sonne langsam untergeht, und die Welt kann uns dabei zusehen. Parallel verfolge ich zeitweise auf meinem Smartphone das Liveprogramm. Die Bilder der Kameradrohnen lassen die Weite erahnen, die Rentiere und wir werden zu winzigen Punkten.

Übertragungswagen des Slow-TV-Projektes: Wann laufen die Rentiere denn endlich los?

Rentierhirte Jon Mikkel Eira nimmt mich auf seinem Schneemobil mit, so können wir dem Geschehen in klirrender Kälte aus unmittelbarer Nähe folgen. Einige seiner Tiere sind Teil der Herde, die nun zu TV-Stars werden. Obwohl er an diesem Tag nicht arbeiten muss, hat er wie die anderen Sámi sein Lasso um die Brust gewickelt und trägt einen traditionellen Ledergürtel samt Messer. Man weiß nie, ob man nicht spontan gebraucht wird, sagt er.

Zu später Stunde brettern wir zurück zum Basislager in Šuoššjávri, wo Kirsten Ravna und einige Verwandte in einer Holzhütte sitzen und auf den Fernseher schauen. Sie trinken Kaffee. Ich warte dort, weil Jon Mikkel noch etwas mit einem Kollegen besprechen muss – nach Mitternacht geht es für uns zurück nach Karasjok.

Eigentlich wollte ich vier Tage mit den Sámi weiterziehen, durch die Verzögerung wurde daraus nur einer. Immerhin. Am kommenden Morgen geht es für mich mit dem Bus zum Flughafen nach Alta. Die fünfstündige Fahrt entlang der Tundra, in der man nur vereinzelt grasende Rentiere sieht, ist ebenfalls ein Slow-Event.

Die folgenden Tage erlebe ich wie die anderen Zuschauer den Alltag der Sámi-Familie in ihren mobilen Hütten und Zelten, sehe, was Kirsten Ravna unterwegs kocht, wohin die Rentiere wandern, lausche den Sámi-Melodien, erfahre noch mehr über ihre Kultur und ihren Rhythmus. Diese Art des Fernsehens hat etwas Meditatives.

An einem Tag wird es sogar romantisch. Aslak Ante streut das Futter für die Rentiere in Herzform und so fängt die Drohne eine überdimensionale Liebeserklärung an seine Frau ein. Die Sámi wissen trotz ihres Traditionsbewusstseins die moderne Technologie für sich zu nutzen.

Während der Sendung gibt es immer wieder kurze technische

Aussetzer. »Es steht 1:0 für die Natur«, erzählt NRK-Projektleiter Thomas bei einem späteren Telefonat. Das nächste Event findet im Sommer statt, mal sehen, wie es dann ausgeht. Ein speziell umgebauter Sommerzug wird acht Wochen lang durch das Land reisen.

Rockkonzert in der Einsamkeit

Die wilde Natur Norwegens faszinierte schon viele Reisende. Einer der ersten deutschen Wanderer, der dies schriftlich festhielt, ist Carl Friedrich Naumann. Der Geologe lief in den Sommern 1821 und 1822 unter anderem durch die Hochebene Hardangervidda. Naumann notierte gleich in zwei Bänden auf insgesamt 800 Seiten seine ›Beiträge zur Kenntnis Norwegens‹. Dabei stellt der akribische Deutsche im Vorwort des ersten Bandes fest, dass er nur einen Bruchteil aufgezeichnet habe. Neben Naturbeschreibungen lässt er sich über die eigenwillige Bevölkerung aus, die auf dem Land so anders sei als in der Hauptstadt Kristiania. Erwähnenswert erscheint ihm der »Hang zum Trunk«.

Naumann fällt auf, dass viele Gebirge keinen Namen tragen. Das wird sich im Laufe des 19. Jahrhunderts ändern. Jotunheimen, Heim der Riesen, taufte der Dichter Aasmund Olavsson Vinje 1862 das höchste Gebirge Norwegens, inspiriert von der nordischen Mythologie. Riesig ragt die bergige Landschaft über Eidsbugarden auf, einem kleinen Ort am Rande des Jotunheimen-Nationalparks. Als er die Region durchwanderte, wohnte niemand am Rande des türkisfarbenen Bygdin-Sees. Eidsbugarden war Vinjes Ort der Stille.

Heute ist das Gebiet durch eine schmale Straße an die Außenwelt angeschlossen. Unweit des Seeufers liegen ein Hotel sowie die DNT-Hütte Fondsbu, die Platz für 100 Gäste hat. DNT verwaltet über 500 Hütten im Land und pflegt Wanderrouten, die durch kleine Steinpyramiden und rote Markierungen gekennzeichnet sind.

Normalerweise findet in Eidsbugarden selbst im Sommer jeder Wanderer seine Ruhe. An vier Tagen im Juli jedoch herrscht Ausnahmezustand. Denn dann beschallt das Musikfestival Vinjerock die Umgebung. Die 3000 Tickets sind stets innerhalb weniger Minuten ausverkauft, manche behaupten nach wenigen Sekunden.

Wer ein Ticket ergattert hat, kann zum Beispiel mit Sonderbussen von Oslo ins fünf Stunden entfernte Hochland fahren, wo die Schotterwege schließlich am Bygdin-See enden. Dort steht eine anderthalb Meter große Granitbüste von Vinje, das Konter-

Der Regen beim Aurora-Konzert hält die naturverbundenen Norweger nicht ab

fei sieht man auch auf den Plakaten. Ein berühmter Spruch des Dichters liefert den Festivalslogan – und ist zugleich ein populäres Lebensmotto der Norweger. »Det er saa viktig aa kosa seg!« Also: »Es ist wichtig, sich zu vergnügen!«

Die meisten Besucher zelten an den Berghängen entlang der plätschernden Bäche und verwandeln so die grüne Weite in einen bunten Flickenteppich. Die Organisatoren könnten das Festival locker vergrößern, doch sie wollen die Teilnehmerzahl bewusst beschränken. Selbst wer kein Ticket erhält, darf überall zelten und kann aus relativer Nähe das Geschehen mitverfolgen.

Sicherlich ist es schön, eins mit der Natur zu werden und zu campen, doch da ich in diesem Juli mehrere Wochen auf Tour sein werde und einen schweren Koffer samt Laptop bei mir habe, bin ich froh, in Fondsbu noch ein Zimmer mit den klassischen Stockbetten zu erwischen. So kann ich auch dem vorhergesagten Regen gelassen entgegensehen. Vor dem ersten Konzert sitze ich gemeinsam mit zwölf anderen Hüttengästen an einem langen Tisch. Das Abendessen wird wie bei einer Familie aus Töpfen serviert. Dadurch kommen selbst Fremde schnell miteinander ins Gespräch. »In Oslo würden wir uns nie kennenlernen«, sagt Marianne und reicht mir die Suppenschüssel. »Da würde jeder an seinem eigenen Tisch hocken.«

Doch in der Natur öffnen die Norweger sich. Die anderen gehen ebenfalls am Abend und an den nächsten Tagen zu den Konzerten der überwiegend einheimischen Bands. Ich erhalte aus der Runde viele Tipps, welche Musiker ich mir unbedingt anschauen soll – am Ende sind es fast alle auf der Liste.

Dazu gehören die Metal-Band Kvelertak, deren Name »Würgegriff« bedeutet, die fröhliche Indie-Popband Kakkmaddafakka, die die Festivalbesucher zum Tanzen bringt, das Popsternchen Aurora, die mit gerade mal 19 Jahren ihr Debütalbum ›All My

Demons Are Greeting Me as a Friend‹ veröffentlichte. Die junge Norwegerin hat eine starke Stimme, zugleich wirbelt sie wie ein Mädchen mit fuchtelnden Händen über die Bühne.

Als Rahmenprogramm zu den Konzerten bieten die Vinjerock-Organisatoren tagsüber zahlreiche Lesungen, Wanderungen und sogenannte »Multisporten«-Events an, bei denen sich Zweierteams in Wettbewerben miteinander messen. Sie paddeln über einen Teich, klettern einen Turm aus Kisten hoch und lösen Quizfragen, die natürlich auch immer wieder mit dem Namensgeber des Festivals zu tun haben.

Einen Nachmittag spielt Bjørn Eidsvåg, den ich während meiner Sommertage mit Marita und Eskil in der Scheune in Gudbrandsdalen erlebte. Die Norweger sitzen auf dem Boden vor der Bühne und singen seine beliebten Folksongs mit. Auch dieses Mal entschwindet der kräftige Mann nach dem Konzert in einem Helikopter. Einige winken ihm zu, andere schauen etwas verdutzt. Einige Monate später lerne ich seinen Sohn Einar kennen, der mir erzählt, dass sein Vater Mitinhaber einer Helikopterfirma ist, deshalb sei es für ihn praktischer zu fliegen.

Irgendwann kommt er dann: der angekündigte Regen. Es strömt, doch die Norweger sind für jedes Wetter gewappnet. Als aber der Strom im gesamten Tal ausfällt, findet die Show vorzeitig ein Ende. Und so feiern sie in den Zelten weiter oder im Aufenthaltsraum von Fondsbu, wo Hüttenwirtin Solbjørg Kvålshaugen einige Lieder singt. Seit 2002 arbeitet die Norwegerin hier in den Bergen. Solbjørg ist genau, wie man sich eine Hüttenwirtin vorstellt: resolut, zupackend und herzlich zu ihren Gästen. In der Hochsaison bekommt sie kaum Schlaf.

Einer ihrer Lieblingsorte in der Region ist Vinjebue, die Hütte des Dichters, der auch als Journalist arbeitete und zeitweise eine kritische und ironische Zeitung herausgab. Der ausgebildete Lehrer und Jurist, der aus armen Verhältnissen stammte, war Teil der nationalromantischen Bewegung und ein eigenwilliger, streitlustiger Charakter. Vinje sprach »Landsmål«, was später zur Schriftsprache Nynorsk wurde.

Nur Solbjørg hat einen Schlüssel zur historischen Hütte, die etwas abgesetzt vom Festivalgelände auf einem kleinen Hügel thront. Wir spazieren gemeinsam dorthin und setzen uns drinnen an einen alten Holztisch, die Norwegerin zündet eine Kerze an. Es ist für sie ein Moment des Innehaltens.

Solbjørg kennt alle Details aus dem Leben jenes Mannes, der für seine Naturlyrik berühmt ist. Vinje war kreativ, aber mit Geld konnte er nicht gut umgehen. Sobald er etwas verdient hatte, war es wieder weg. »Er lieh sich Geld, um diese Hütte bauen lassen zu können«, erzählt sie. 1868 gab es bei einer Ruderfahrt über den Bygdin-See ein Unwetter. »Man mag es kaum glauben, aber er ist an manchen Stellen 215 Meter tief und die Wellen können bis zu vier Meter hochschlagen.« Vinje und seine Freunde waren beinahe mit dem Boot gekentert und konnten sich in letzter Sekunde retten.

»Eine Hütte in Eidsbugarden war damals so exotisch wie Patagonien oder der Südpol«, sagt sie. Nachdem das Feriendomizil fertig war, kam endlich auch das private Glück. Vinje war stets unsicher wegen seines Äußeren, denn die Spätfolge einer Kinderkrankheit war, dass eine Gesichtshälfte leicht gelähmt blieb, was auf Porträts von ihm zu sehen ist. Er fand in einer selbstbewussten geschiedenen Frau seine große Liebe. »Im Sommer 1869 verbrachten sie in dieser Hütte ihre Flitterwochen und seine Frau wurde schwanger«, sagt Solbjørg. Doch dann kam die dramatische Wende. Seine Frau starb bei der Geburt des Kindes, kurz darauf erkrankte Vinje an Krebs und wurde ebenfalls zu Grabe getragen. Immerhin hatte er in diesen Räumen eine schöne Zeit.

Solbjørg spricht so liebevoll vom Dichter, dass man glatt denken könnte, sie sei in Vinje verliebt. Sie nickt und strahlt. »Ich wäre sehr glücklich mit ihm. Ich teile seine Gedanken und Ideen, er ist irgendwie bei mir«, sagt sie und fügt hinzu: »Diese Natur macht etwas mit einem.« Die Gastwirtin von Fondsbu muss zurück zur Arbeit. Ich darf noch ein paar Stunden in der Hütte bleiben. Bei Kerzenschein schreibe ich meine Gedanken auf.

Nachdem ich den Schlüssel abgegeben habe, erkunde ich die Umgebung und wandere einen der Berge hinauf. Die Hardrock-Band, die gerade spielt, hat die Nebelmaschine angeworfen, ihre Wolken schweben über dem Festivalgelände und werden vom Wind weitergetrieben. Selbst von oben bekommt man erstaunlich viel vom Konzert mit. Außer mir ist niemand hier. Ich

Nicht ohne meine Hütte: das historische
Feriendomizil des berühmten Dichters Vinje

bleibe eine Weile auf einem Stein sitzen, schaue ins Tal und auf den türkisblauen See. Diese Natur macht einen wirklich glücklich. Kein Wunder, dass die Norweger immer wieder rausfahren.

Vor 150 Jahren war Vinjes kleines Holzhaus mit dem Grasdach das einzige Gebäude weit und breit. Es bestand aus einem schmalen Eingangsbereich und dem dunklen Hauptraum, bei dem nur ein Fenster für etwas Tageslicht sorgt. Mittlerweile stehen in Eidsbugarden weit verstreut rund 100 private Ferienhütten.

Viele norwegische Familien besitzen eine eigene *hytte* irgendwo im Land. Wer es sich leisten kann, hat eine in den Bergen und eine am Meer. Früher waren die Hütten ohne fließend Wasser und Elektrizität, heute bauen sich einige hölzerne Paläste mit großen Glasfronten.

Philosophischer Winterspaziergang mit Jostein Gaarder

Auch Jostein Gaarder liebt die Zeit im Freien. »In der Natur zu sein, ist für mich überlebenswichtig«, sagt der Mittsechziger. Er ist einer der erfolgreichsten Schriftsteller Norwegens. Weltberühmt wurde er Anfang der Neunzigerjahre mit dem Jugendroman ›Sofies Welt‹, in dem er die Geschichte der Philosophie auf lebendige Art erzählt. Das Buch hat sich bis heute 45 Millionen Mal verkauft und wurde in 64 Sprachen übersetzt, seitdem schrieb er zahlreiche weitere Romane. Die griechischen Philosophen wandelten einst in der Agora, wir laufen an einem Wochentag im Februar durch einen winterlichen Wald am Rande Oslos. Treffpunkt ist der Parkplatz in Midtstuen auf 233 Metern Höhe. Die Temperatur: minus 12 Grad Celsius. »Wenn es geht, spaziere ich jeden Tag von hier aus durch die angrenzenden Wälder der Nordmarka«, sagt Gaarder, der nicht weit entfernt mit seiner Familie lebt. »Ich kann meine Gedanken nicht ohne meinen Körper bewegen. Deshalb gehe ich auch sehr lange, bevor ich zu schreiben beginne.« Schon als Schüler ist er auf diesem Weg mit seinen Büchern hochgelaufen und hat den halben Tag in einer der Skistuben gesessen und gelesen.

Seine Protagonistin Sofie heißt mit Nachnamen Amundsen, doch das sei eher ein Zufall, sagt er. Er wollte seiner Heldin einen gewöhnlichen norwegischen Nachnamen geben. »Aber es stimmt schon, Sofie ist auch eine Entdeckerin der Philosophie. Wir alle sind von Geburt aus neugierig.« Bis heute erhält er Briefe und Mails von jungen Lesern, die ihm schreiben, sie dachten, sie seien anders oder seltsam, aber jetzt wüssten, dass sie einfach Philosophie praktizierten.

2003 reiste der Schriftsteller, begleitet von einem NRK-Fernsehteam, in die Antarktis. Der damalige Umweltminister und er besuchten die Forschungsstation Troll. »Wir machten vor Ort eine Sendung, in der wir über den Klimawandel und die globale Erwärmung sprachen.« Einen Tag gingen sie auf eine lange Wanderung im Königin-Maud-Land. Dieser Teil der Antarktis wird von den Norwegern beansprucht. »Als wir einen der Berge erklommen hatten, wurde der Minister plötzlich sehr förmlich und sagte zu meiner Überraschung in die Kamera: Diese Bergspitze soll fortan Sofietoppen, also Sofies Gipfel, heißen. Da war ich kurz sprachlos.«

Wie seine Landsleute besitzt auch Gaarder eine Familienhütte. »Unsere *hytte* liegt nahe des wunderschönen Berges Reineskarvet, zwischen den Gebirgen Jotunheimen und Hardangervidda.« Früher weideten dort oben die Kühe, die Bauern fuhren mit einem Pferdewagen zu ihrer Sennhütte. Im Winter müssen sie die letzten vier Kilometer laufen.

Gaarder bleibt kurz stehen, er holt sein Smartphone aus der Tasche und zeigt Bilder. Er ist, wie sollte es bei einem Schriftsteller auch anders sein, ein lebhafter und ausschweifender Erzähler. »Wenn wir oben ankommen, ist es manchmal drinnen wie draußen 20 Grad unter null. Wir haben keine Elektrizität, nur einen Ofen und einen Kamin. Es dauert Stunden, den Raum mit dem Feuerholz aufzuheizen.« Manchmal wärmt sie der mitgebrachte Aquavit. »Für jedes Grad Celsius einen Kümmelschnaps«, sagt er zum Spaß und zwinkert mir zu.

Er könnte seine Hütte natürlich zu einem Luxushaus umbauen, doch sie wollen es lieber klassisch halten. Seit einigen Jahren haben sie Solarzellen auf dem Dach, sodass sie mit der gewonnenen Energie die Smartphones laden können und Leselicht haben. Mehr aber auch nicht.

Gaarder schlägt vor, im Café Frognerseteren einzukehren.

Winterlicher Spaziergang mit Jostein Gaarder

Von dort aus habe man einen magischen Blick auf den Wald Nordmarka und die Stadt Oslo. Frognerseteren ist eine der Skistuben, in der er seit Jugendtagen liest. Die Beziehung zur Frogner-Alm, wie sie übersetzt heißt, beginnt aber noch früher. »Seit ich ein Kind war, starteten wir von dort aus unsere Touren oder kehrten am Ende ein – sommers wie winters.« Direkt hinter dem Haus sind täglich frisch präparierte Loipen. »Vor 46 Jahren hatte ich in Frognerseteren auch meine Verlobungsfeier.«

Das rustikale Café und Restaurant im Drachenstil liegt auf rund 500 Metern Höhe. Auch Nansen war hier zu Gast und lernte bei einem Ausflug seine Frau kennen. An diesem Mittag ist es ungewöhnlich belebt, weil in der oberen Etage eine Hochzeitsfeier stattfindet. Wir sitzen auf einer Eckbank in dem holzvertäfelten Raum, nebenan knistert der Kamin. Die Norweger an den Nebentischen schauen verstohlen in unsere Richtung. Jeder erkennt Gaarder, sie scheinen ein bisschen zu lauschen.

Als der Schriftsteller aufwuchs, war Norwegen keine reiche Nation. Hat sich seine Heimat seitdem sehr verändert? »Die Entdeckung des Öls war ohne Frage bedeutsam und positiv für unser Land. Es hat unseren Lebensstandard erhöht. Trotzdem hielt ich in meiner Jugend Norwegen nie für ein armes Land.« Es sei eine philosophische Frage: Wenn man diese Grenze überschreitet, ist man dann glücklicher? »Unsere Lebensumstände verbesserten sich bereits nach dem Ende des Zweiten Weltkriegs dramatisch. Wir sollten dankbar für den Zufall sein, dass vor unseren Küsten Öl und Gas gefunden wurde. Heute wissen wir jedoch auch, wie schädlich die Bohrungen für die Umwelt und das weltweite Klima sind.« Und er fügt hinzu: »Seit den Ölfunden wurden wir Norweger verwöhnt, dabei verloren wir einen Teil unserer Unschuld und Bescheidenheit.«

Gaarder engagiert sich seit vielen Jahren aktiv in der Umweltbewegung. Wissenschaftlern zufolge würde unsere Zivilisation es nicht überleben, wenn all das Öl, Gas und die gesamte Kohle, die wir noch finden, gefördert und somit in die Atmosphäre entlassen würden. »Dennoch will keine Nation darauf verzichten, ihre Schätze zu bergen. Ich denke, wir als reichstes Land der Welt sollten damit anfangen. Es wäre ein großartiges Symbol für den Klimaschutz.« Dann erzählt er von der früher ungeschriebenen Regel, dass ein Bauer seinen Hof in einem besseren Zustand vererben soll, als er ihn bekommen hat. Oder zumindest in keinem schlechteren. »So sollte es mit unserem gesamten Planeten sein. Wir hinterlassen ihn allerdings erstmals in einem schlechteren Zustand.« In Jugendromanen wie ›2084 – Noras Welt‹ möchte der ehemalige Lehrer die nächsten Generationen für das Thema Klimaschutz und Artensterben sensibilisieren.

Auch im Alltag versucht er, seinen Beitrag zu leisten. Seit über zehn Jahren fährt er ein Elektroauto, er verzichtet wenn möglich darauf, innerhalb von Norwegen zu fliegen und reist stattdessen mit dem Zug. Doch es gehe vor allem darum, dass sich etwas auf politischer Ebene verändere. Immerhin sollen in Norwegen ab dem Jahr 2025 keine neuen Benzin- und Dieselfahrzeuge mehr zugelassen werden.

Er ist Fürsprecher verschiedener Umweltinitiativen und stand im November 2017 auch zum Auftakt des Klimaprozesses vor dem Osloer Gericht. Greenpeace und zwei andere Umweltorganisationen verklagten den Staat, weil dieser neue Ölbohrungen in der Barentssee genehmigte, obwohl das nach Ansicht der Umweltschützer ein Verstoß gegen § 112 des norwegischen Grundgesetzes ist, der künftigen Generationen eine sichere und gesunde Umwelt garantieren soll. Zudem verletzten die Aktivitäten in der Arktis das Klimaschutzabkommen von Paris.

Am ersten Prozesstag bin ich im vollbesetzten Gerichtssaal, die Sitzung wird live im Internet ausgestrahlt. Der Staatsanwalt kritisiert in seinem Eröffnungsplädoyer die Methoden der Umweltschützer, die in Schulen Flyer zu den in jenen Tagen parallel stattfindenden Abendveranstaltungen verteilt haben. Auf einem Event spricht auch Jostein Gaarder, bei anderen diskutieren Experten oder performen Musiker, die sich mit dem *klimasøksmål*, der Klimastrafanzeige, solidarisieren.

Im Januar 2018 wird die Klage der Umweltschützer abgewiesen. Das Gericht begründet es damit, dass Norwegen nur für die CO_2-Emissionen im eigenen Land verantwortlich sei. Die Umweltaktivisten wollen in Berufung gehen.

Regelmäßig machen die norwegischen Greenpeace-Mitarbeiter auf das Paradox aufmerksam, dass in ihrer Heimat die Energie zwar fast ausschließlich aus erneuerbaren Energien wie Wasserkraft gewonnen wird, sie aber andererseits das umweltschädigende Öl verkaufen. Die Rechtfertigung der Regierung: Sie fördern es umweltfreundlicher als andere Nationen und leisten mit dem Wohlstand der Gemeinschaft gute Dienste. »Norwegen ist kein Land, wir sind eine Ölfirma«, sagt Martin Norman von Greenpeace. »Wir sind der weltweit siebtgrößte Exporteur von Emissionen.«

Ich besuche den Klima- und Energieexperten im Osloer Büro, das im Viertel Torshov in einem alten Industriegebäude liegt. Vor dem Eingang in der obersten Etage stapeln sich je nach Tag bis zu 20 Paar Schuhe. Man muss sie – wie ansonsten nur in Privathaushalten – ausziehen, bevor man das Büro betritt. Die Mitarbeiter haben ihre eigenen Hausschuhe dabei, Gäste laufen auf Socken oder Strumpfhosen umher. An der Garderobe im Eingangsbereich hängt auf dem Bügel ein wollenes Eisbärkostüm, das sie bei Events verwenden.

Trotz des Prozesses und etlicher Protestaktionen setzen die

norwegischen Greenpeace-Mitarbeiter vor allem auf eine konstruktive Kommunikation mit Ölkonzernen und mit der konservativen Regierung. »Wir wollen ein dauerhaftes Umdenken der Industrie erreichen und sie davon überzeugen, ihre klimaneutralen Aktivitäten zu verstärken«, sagt Martin. Halbstaatliche Konzerne wie Equinor und Ministerpräsidentin. Erna Solberg würden Schritte in die richtige Richtung gehen, aber es reiche nicht. Denn die Arktis erwärmt sich schneller als befürchtet, dazu tragen die Emissionen erheblich bei.

Positiv findet Martin Initiativen wie die von Hurtigruten mit ihren neuen Hybridschiffen sowie den zukünftigen Einsatz von Biogas, nicht nur im Passagier-, sondern auch im Frachtverkehr vor den Küsten.

In Torshov stehen vor den Häuserblöcken etliche Elektroautos, die man daran erkennt, dass sie durch Kabel mit den Ladestationen verbunden sind und so über Nacht ihre Energie zapfen. Norweger haben gemessen an der Bevölkerungszahl die höchste Dichte an Elektroautos. Die E-Mobilität wird vom Staat gefördert. Bei Elektroautos entfällt zum Beispiel die Mehrwertsteuer von 25 Prozent, sie können kostenlos parken und auf manchen Straßen eigene Spuren nutzen oder die der Busse mitverwenden.

Martin erzählt, dass er vor über 20 Jahren eines der ersten Elektroautos besaß. Es wurde von der einheimischen Firma mit dem international klingenden Namen Think Global hergestellt, später kaufte Ford das Unternehmen auf. Damals gab es noch nicht so viele Ladestationen, deshalb grassierte bei Fahrern wie ihm die *rekkeviddeangst*, also die Angst, wie lange die Batterie hält. »Ich musste einige Male bangen, ob ich ans Ziel komme, und auf die Schnelle herausfinden, wo ich Energie abzapfen kann«, sagt er und schmunzelt.

Der Greenpeace-Mitarbeiter versucht durch seine Arbeit daran zu erinnern, dass das Land mehr machen kann, als sich nur auf die klimaschädigenden Stoffe zu konzentrieren.

Wie wäre Norwegen wohl ohne Öl? »Wie Schweden oder Finnland. Also auch nicht so schlecht.«

KULTUR

Im Wald mit Munch und Knausgård, überraschende Kunst am Ende der Welt und Literaturmomente

In Oslo treffen zwei Stars ihrer Zeit aufeinander. Der eine ist der wohl berühmteste Künstler Norwegens, dessen Gemälde ›Der Schrei‹ auch nach über einem Jahrhundert noch allgegenwärtig ist. Edvard Munchs schmerzerfüllte Figur schreit uns entgegen von T-Shirts, Kaffeetassen, Postern und Smartphone-Hüllen – es gibt sogar ein entsprechendes Emoji.

Der andere ist Karl Ove Knausgård, er gilt als einer der radikalsten Schriftsteller der Gegenwart. In seiner sechsteiligen autobiografischen Romanreihe erzählt er auf über 4600 Seiten wortgewaltig von seinem Kampf mit dem Alltag und insbesondere mit sich selbst. Er beschreibt detailreich seine Jahre als zu früh ejakulierender Teenager, als angehender Schriftsteller und später Windeln wechselnder Familienvater. Dabei verschont er auch seine bipolare Ehefrau, seine Verwandten und Freunde nicht. Einige drohten mit Klagen, manche kündigten ihm die Freundschaft, andere genossen es, plötzlich Teil eines weltweit gefeierten Projektes zu sein.

Das Werk heißt auf Norwegisch ›Min kamp‹, Mein Kampf, bei uns tragen die Bände aus nachvollziehbaren Gründen andere Titel wie ›Lieben‹, ›Träumen‹ oder ›Kämpfen‹. Zu den Lesungen in Deutschland kamen jeweils über 1000 Zuschauer, das Publi-

111

kum feierte Knausgård wie einen Rockstar. Hunderte Fans standen für ein signiertes Buch Schlange. In seiner Heimat lag der Zyklus bereits 2011 vollständig vor, seitdem schreibt er neue Romane und publiziert als Verleger des Pelikanen Forlag die Werke anderer.

Mittlerweile kann er sich auch noch Kurator nennen. Der Schriftsteller wurde vom Munch-Museum in Oslo gebeten, eine Ausstellung zu konzipieren. Spontan sagte er zu, denn schon als junger Mann faszinierte Knausgård die Kraft des Künstlers. Edvard Munch (1863–1944) war wie der Schriftsteller bereits zu Lebzeiten berühmt und verstörte einige mit seiner schonungslosen Art, Emotionen zu ergründen.

1100 Gemälde, fast 18 200 Drucke, 6800 Zeichnungen und zahlreiche Fotos hinterließ der kinderlose Künstler seiner Heimatstadt Oslo. Die meisten Arbeiten befinden sich im Archiv des Munch-Museums, in dessen Kosmos Knausgård eintauchen durfte. »Munch ist in Norwegen eine nationale Figur, ein nationales Symbol«, sagt der Schriftsteller Anfang Mai 2017 im Museum. Berühmt ist der Maler vor allem für Werke wie ›Der Schrei‹, ›Madonna‹ und ›Eifersucht‹. Es sind Bilder, die in den 1890ern und somit der düsteren Phase seiner Malerei entstanden. »Ich wollte Munch außerhalb dieser ikonischen Welt zeigen.«

Mit Knausgård und Munch in den Wald

Knausgård führt ein paar Kollegen und mich an diesem Nachmittag persönlich durch seine Ausstellung ›Zum Wald‹. Ein bisschen komisch sei es schon, gibt er zu, plötzlich Guide zu sein. Er fährt sich mehrfach durch sein ergrautes Haar. Den Anfang macht ›Die Sonne‹, ein Gemälde, das es wie viele von

Munchs Werken in mehreren Ausführungen gibt. Sie entstanden zwischen 1910 und 1913. Eine Fassung schmückt bis heute die Aula der Osloer Universität. Als Kulisse diente der idyllische Küstenort Kragerø, in dem Munch einige Jahre wohnte, rund drei Autostunden von der norwegischen Hauptstadt entfernt. Der Maler glaubte an die Leben spendende Kraft des Lichts.

Der farbintensive Sonnenaufgang ist zudem Symbol eines Neuanfangs. Der Künstler hatte nach Alkoholexzessen, paranoiden Phasen und einem Zusammenbruch ab Herbst 1908 über acht Monate in einer Privatklinik verbracht.

›Die Sonne‹ ist das einzige ikonische Gemälde der Ausstellung, die wie eine Reise von der Helligkeit und Harmonie in die Dunkelheit und das Chaos und wieder zurück in eine kontrollier-

Knausgård und die Sonne von Munch – persönliche Führung durch seine Ausstellung

bare Wirklichkeit führt. Knausgård wählte überwiegend Arbeiten aus, die zuvor noch nie oder seit mehreren Jahrzehnten nicht mehr gezeigt wurden. Sie sind nicht chronologisch sortiert, keine Schilder lenken ab und so kann man sich unbeeinflusst auf die rund 150 Werke einlassen.

Die Ausstellung gewährt einen intuitiven und neuen Einblick in das Leben des Malers – und zugleich in das des Schriftstellers. Denn auch Knausgård steht an einem Wendepunkt. Der zu dieser Zeit 48-Jährige ist im selben Alter wie Munch, als dieser den Sonnenaufgang malte. Er wurde in seiner Heimat zu einer Ikone, seine Ehe scheiterte vor Kurzem und so geht er in mehreren Bereichen andere Wege. Bei diesem Projekt befasste er sich intensiv mit dem Leben eines anderen: Knausgård konzipierte nicht nur die Ausstellung, er schrieb die Texte für den Katalog, sprach den norwegischen Audioguide ein und verfasste ein Buch über Munch und die Kunst im Allgemeinen.

60 Jahre lang schuf Munch neue Arbeiten. Eines seiner späten Werke ist ›Maler an der Wand‹ aus dem Jahr 1942. Das Bild zeigt einen Handwerker, der auf einer Leiter steht und die Hauswand streicht. »Es wurde noch nie ausgestellt, wir gehören also zu den Ersten, die es sehen«, sagt Knausgård, der neben Literatur- auch Kunstgeschichte studierte. Eine beiläufige Szene im Garten, eine zweite Ebene sehe er hier nicht, sagt der Kurator und weist auf den leichten Pinselduktus sowie den humorvollen Bezug hin: Der Maler zeichnet einen Maler.

Vom Licht spaziert der Besucher nun in den ›Wald‹, in einen Raum mit spätsommerlichen Motiven wie Frauen, die im Garten Äpfel pflücken, aber ebenso mit dunklen Waldszenen, bei denen einige Bäume wie schmerzverzerrte Körper wirken. ›Schneelandschaft, Thuringia‹, das ein verschneites Feld zeigt, rührte Knausgård schon in Teenagerjahren zu Tränen, weil es für ihn eine existenzielle Einsamkeit ausdrückt.

Und so führt dann der nächste Raum ›Chaos und Energie‹ in das Innenleben. Die teils skizzenhaften Werke hängen an einer schwarzen Wand, mit dabei sind die Holzschnitte ›Zum Wald‹, in denen ein Mann und eine nackte Frau einander stützen und in eine ungewisse Zukunft laufen. »Mich erstaunt immer wieder Munchs Fähigkeit, auf einer kleinen Fläche so viel auszudrücken. Als Schriftsteller habe ich 2000 Seiten, er hatte nur seine Leinwand«, sagt Knausgård. »Für mich sind Worte Hindernisse, die ich durchbrechen muss, um die Emotionen zu erreichen, an denen ich interessiert bin. Ich beneide Munch darum, dass er ohne Worte dorthin gelangt.«

An diesem Nachmittag laufen wir mit dem Schriftsteller weiter durch den Ausstellungswald, der im letzten Raum unter dem Motto ›Die anderen‹ wieder in die Außenwelt zurückkehrt. Die Porträts zeigen Personen wie seine Schwester Inger und die Schwester von Friedrich Nietzsche. Munch wollte das Wesen der Menschen einfangen, wie er sie wahrgenommen hat.

Danach wird der Besucher in das heutige Oslo entlassen, und Knausgård raucht nach unserer Tour draußen eine Zigarette. Zwei Tage später ist die offizielle Eröffnung, zu der die Königsfamilie und die Kulturelite kommen. Das Interesse ist groß, vor dem Museum im Viertel Tøyen bildet sich eine lange Schlange. Anders als in Deutschland stehen die Norweger nicht an, um Autogramme zu erhalten. Sie lassen ihn, nachdem er den offiziellen Teil der Vernissage absolviert hat, in Ruhe vor dem Museum qualmen. Zwischendurch redet er mit Freunden und dem Museumsdirektor.

So sehr Munch und Knausgård mit ihrer bis zur Schmerzgrenze gehenden Kunst die Aufmerksamkeit suchen, so wichtig war beziehungsweise ist ihnen im Alltag die Abgeschiedenheit. Der Schriftsteller lebt in einem kleinen Dorf an der schwedischen Südküste, und Munch konnte sich, nachdem er die Aula der Uni gestaltete, 1916 am Rande der Hauptstadt ein 45 000 Quadratmeter großes Anwesen namens Ekely leisten.

Neben einer Villa umfasste es mehrere Ateliers, einen Garten mit Apfelbäumen und weite Felder. Sein Zuhause und der umliegende Wald waren seine Inspirationsquelle, fast täglich malte Munch. Zu Lebzeiten stapelten sich seine Werke in der Wohnung und in den Ateliers – manche waren eingerahmt, andere lagen eingerollt auf dem Boden. Tagelang standen monumentale Leinwände draußen, waren Wind und Regen ausgesetzt. Dies war sein Alltag, bis er am 23. Januar 1944 friedlich einschlief.

In Ekely gibt es zwar nur noch sein Winteratelier und einen Teil des Gartens samt Apfelbäumen zu besichtigen, dennoch kann man an diesem Ort Munchs Welt näherkommen. Es ist inzwischen eine Künstlerkolonie mit über 40 Häusern entstanden, und im Winter können Maler sein altes Studio anmieten.

Konservieren, ohne zu intervenieren

Munchs Arbeitsweise stellt die Restauratoren vor einige Herausforderungen. »Gegen Ende des 19. Jahrhunderts malten viele Künstler draußen – *en plein air*«, erzählt Pedro Miguel da Costa Gaspar. Der Portugiese leitet die Konservierungsabteilung im Munch-Museum. »Die Erfindung von Farbtuben machte es leichter, das Studio ins Freie zu verlegen. Auch Munch wollte das natürliche Licht in der Natur einfangen.«

Es gibt ein berühmtes Foto des Künstlers am Strand von Warnemünde. 18 Monate lang lebte der Maler in dem Seebad und arbeitete dort unter anderem an der Bilderreihe ›Badende Männer‹. Auf dem Foto trägt Munch eine knappe Badehose und steht mit Farbpalette und Pinsel vor seiner Leinwand, im Hintergrund posiert sein nacktes Modell. Das war um 1908. Munchs

Ziel war es, männliche Akte darzustellen, was damals unüblich war, deshalb sorgte die Szene am Strand für Aufruhr. Sein Modell, der Bade- und Kurmeister von Warnemünde, wurde kurz darauf gefeuert. Munch nervte die Spießigkeit der Deutschen, obwohl er seine Zeit an der Ostsee anfangs genossen hatte. Warnemünde lag dank einer neuen Fährverbindung auf halber Strecke zwischen Oslo und den für ihn wichtigen Metropolen Berlin und Paris. Heute könnte der Künstler in Warnemünde problemlos agieren, inzwischen gibt es dort einen FKK-Strand.

Die in freier Natur entstandenen Gemälde sind meist von Witterungsspuren und manchmal von Vogeldreck gezeichnet. Munch hat dies bewusst in Kauf genommen. Wie geht man damit um? Ist es Kunst oder sollte man das Bild reinigen? »Jedes Museum muss sich die Frage stellen, was der Originalzustand ist. Wir haben uns dafür entschieden, dass das Werk, als es von Munch an die Stadt übergeben wurde, dem Zustand entsprach, den der Künstler wollte«, sagt Pedro bei unserer Tour durch den Anbau des Munch-Museums. Nachdem ich schon gemeinsam mit Knausgård seine Ausstellung erlebt habe, zeigt mir Pedro nun das Museum hinter den Kulissen. Dazu gehören neben dem Archiv, den Büroräumen und einer Bibliothek ebenfalls die Arbeitsräume der Restauratoren. Die Gänge sind wenig glamourös, es ist ein typischer Funktionsbau aus den Sechzigerjahren.

Im Labor beugt sich eine Kollegin gerade über ein Gemälde, das für die nächste Ausstellung vorbereitet wird. Mit einer Lupe begutachtet sie jeden Abschnitt einzeln. In ihrem weißen Kittel sieht sie wie eine Ärztin aus. »Der Künstler experimentierte ständig mit verschiedenen Farben und Maltechniken«, sagt Pedro. Und daher hat jedes Werk andere Anforderungen: poröse Unterlagen, Verfärbungen oder eine sich vom Malgrund ablösende Farbschicht.

Das Prinzip der Restauratoren ist die »Minimalintervention«. Sie wollen die Kunstwerke bewahren und behandeln sie derart, dass die Konservierungsarbeiten so weit wie möglich reversibel sind. Jedes Jahr leiht das Museum zahlreiche Bilder an andere Häuser aus. Bei jedem Transport muss akribisch darauf geachtet werden, dass die Kunstschätze nicht weiter in Mitleidenschaft gezogen werden.

Der wichtigste Transport steht erst noch an. »Wir bereiten schon jetzt den Umzug ins neue Munch-Museum vor«, sagt Pedro. Der Rohbau am Fjord, der 2020 fertig werden soll, ist bereits fertig und wer genau hinsieht, kann an einer Seite in der Mitte der Fassade einen Schlitz von 18 Metern entdecken. »Durch den wird unser größtes Exponat mit einem Kran eingeführt, es würde durch keine Tür passen.«

Ein weiteres Mammutprojekt des Museums ist die Digitalisierung der gesamten Sammlung, sodass die Öffentlichkeit zukünftig Zugang auf alle Bilder und Schriften hat. Die Tagebücher, Skizzen und Briefe sind dabei ähnlich umfangreich wie seine Malerei.

In der Schreibstube

Die von Knausgård kuratierte Munch-Ausstellung, die ab Herbst 2019 für einige Monate nach Düsseldorf kommt, ist sozusagen ein Treffen der Radikalen. Als weiterer Ort außergewöhnlicher Begegnungen gilt das Litteraturhuset. Im unabhängigen Literaturhaus am Rande des Schlossparks finden auf vier Etagen jährlich über 1700 Veranstaltungen statt: An einem Tag erzählt die weißrussische Literaturnobelpreisträgerin Swetlana Alexijewitsch aus ihrem Leben, am nächsten Abend tragen lokale Debütautoren nervös ihre Texte vor. Mal diskutiert Greenpeace über die Zukunft des Landes, mal stellt ein Ölkonzern sein neues Konzept vor.

Das Café und der Buchladen liegen im Erdgeschoss. Etliche der dort verkauften Bücher entstanden unter dem Dach des Hauses im *skriveloftet*, dem Schreibloft. Auf dieser Etage können Schriftsteller, Übersetzer und Journalisten arbeiten und sich austauschen. Und so regnen ihre kreativen Schöpfungen hinab in die Veranstaltungsräume, wo daraus vorgetragen wird, und sammeln sich im Buchladen in gedruckter Form zum Mitnehmen.

Im ersten Jahr, wo ich zwischen meinen Reisen durch das Land noch in verschiedenen Apartments wohne, ist das Schreibloft mein einziger Fixpunkt, eine Art Zuhause. Die Antragstellung verläuft recht unkompliziert. Die Verwaltung braucht, nachdem ich mich schriftlich beworben habe und angenommen werde, nur meinen Namen, meine Adresse und eine Mobilnummer. Gegen eine Gebühr von rund 20 Euro erhalte ich eine Schlüsselkarte und kann seitdem jederzeit dort schreiben. Die Nutzung ist kostenlos.

Im weitläufigen Eingangsbereich des Lofts stehen ein gebrauchtes Blümchensofa, durchgesessene Sitzgarnituren samt Tisch im Stile der Achtzigerjahre und mit Büchern gefüllte Regale. An zwei Seiten gehen Räume ab: Links werden Einzelplätze bereitgestellt, die diverse Schriftstellerverbände vergeben, rechts liegt ein Raum mit rund 40 Schreibtischen. Dort kann man wie in der Bibliothek seinen Platz frei wählen und still arbeiten.

Im Eingangsbereich, wo zudem eine Küchenzeile und der Drucker stehen, darf gesprochen werden. Dort telefonieren die Kollegen oder trinken gemeinsam einen Kaffee, bevor die nächste Deadline bedrohlich näher rückt. Ich hoffe, dass ich mich unauffällig integrieren kann, schließlich berichte ich zu dem Zeitpunkt bereits seit zwölf Jahren über und aus Nordeuropa. Ich weiß, dass man einander in der Regel duzt, in Privatwohnungen am Eingang stets die Schuhe auszieht und das Wasser überall sorglos aus der Leitung trinken kann. Und doch leiste ich mir gleich am ersten Tag im Literaturhaus einen Fauxpas.

Ein Mann dreht in der Küchenzeile den Wasserhahn auf und geht zurück ins Büro. Als er nach etwa anderthalb Minuten nicht zurückkehrt, drehe ich den Hahn ab. In diesem Moment steht der Norweger hinter mir und schaut mich irritiert an. »Oh, ich dachte, du hättest es vergessen«, sage ich. Wir stellen uns vor und so merkt er, dass ich Deutsche bin: »Nein, nein, wir lassen das Wasser erst eine Weile laufen, damit es richtig kalt und frisch ist«, erklärt er und ergänzt: »Ich hatte mal eine deutsche Freundin, die war so wie du gestrickt. Außerdem hat sie beim Verlassen des Raums sofort das Licht ausgeschaltet.« Ich fühle mich ertappt. Und trotzdem macht es für mich bis heute keinen Sinn, dass in vielen norwegischen Hausfluren sommers wie winters 24 Stunden lang das Licht brennt. Egal, ob der Strom nun aus erneuerbaren Energien gewonnen wird oder nicht.

Kleine Unterschiede wie diese mögen nicht weiter auffallen und sind doch charakteristisch. Jeder handelt eben selbstverständlich aus seiner eigenen Kultur heraus.

Rund 500 Kreative besitzen einen Kartenschlüssel zur Schreibstube, wie ich sie nenne. Denn bei einem Loft stellt man sich beeindruckende Fenster mit Blick über die Stadt vor, doch die Etage ist im ansonsten eher schicken Oslo ein erfrischend bescheidener Ort. Kleine Fenster bringen ein wenig Licht, beim Sessel, auf dem ein Kollege gerne sein Nickerchen macht, ist das Leder an der Lehne aufgeplatzt.

Meist sind dieselben 50 Leute dort und so lernt man sich in diesem geschützten Umfeld recht schnell kennen. Die Krankenschwester, die für ›Ärzte ohne Grenzen‹ arbeitet und gerade ihren Debütroman schreibt. Den Musikkritiker mit Vorliebe für die Wiener Klassiker, den Filmemacher, der in den Pausen wie Hugo Aasjord, mit dem ich vor den Lofoten auf Angeltour ging, eine Folge ›Derrick‹ schaut. Einige Mitglieder der Schreibstube haben einen Bezug zur deutschen Sprache: Ute ist in Berlin geboren und lebt seit ihrer Kindheit in Norwegen, sie übersetzt Autoren wie Jenny Erpenbeck ins Norwegische; die Journalistin Astrid hat ein Buch über die DDR-Zeit geschrieben und der österreichische Philosoph Michael Noah Weiss lebt seit zehn Jahren mit seiner norwegischen Frau in Oslo, die beiden haben Zwillinge im Kindergartenalter.

Regelmäßig diskutieren insbesondere Michael und ich über die unterschiedliche Mentalität in unserer jeweiligen Heimat im Vergleich zu Nordeuropa. Wir bevorzugen zum Beispiel unsere Gesundheitssysteme, wo man wesentlich leichter einen Termin beim Facharzt bekommt. In manchen Bereichen ist Michael komplett eingenordet: »Hast du dir schon Ski gekauft?«, fragt er mich bei einer unserer ersten Begegnungen, was ich verneine. Mein Argument, dass ich nur vorübergehend in einer Wohnung untergekommen bin, lässt er nicht gelten: »Dafür findet sich immer irgendwo Platz.«

Da viele der frei arbeitenden Kollegen in der Schreibstube selbst schon im Ausland gelebt haben, wissen sie, wie es ist, neu anzufangen. Ihre Offenheit und Hilfsbereitschaft erleichtern mir den Einstieg in die Gesellschaft. Eine Übersetzerin, die unweit des Literaturhauses wohnt, bietet mir während der Urlaubszeit im Austausch fürs Blumengießen ihre Wohnung an und gibt mir den Code für die Garage. Dort kann ich auch danach mein immer größer werdendes Gepäck unterstellen und stets nur das herausholen, was ich für die nächste Reise brauche. Im Gegenzug kann ich anderen mit Kontakten in Deutschland dienen, bei Übersetzungen helfen, wenn Ute mal keine Zeit hat, oder Astrid übers Wochenende meine Berliner Wohnung überlassen.

Botschafterinnen von Land und Literatur

Im Ausland wird man manchmal zur Botschafterin seiner Heimat und stellvertretend für »die Deutschen« befragt, dabei kann man sich mit seinen Antworten schnell in die Nesseln setzen. Etwa: Warum fummelt sich euer Bundestrainer Jogi Löw bei einem EM-Spiel in der Unterhose herum? Stimmt es, dass ihr neuerdings unseren Buchstaben Ø verwendet? Und warum seid ihr verrückt nach unserer Königsfamilie? Auf die erste Frage weiß ich keine Antwort. Bei der zweiten kann ich Aufklärung leisten, dass es außer bei ein paar Läden wie der Leipziger Kneipe Møbelwerk nicht der Fall ist, und auf die dritte Frage zu den Royals sage ich, dass außer eifrigen Lesern von Klatschzeitungen die meisten Deutschen kein sonderliches Interesse an der Königsfamilie hätten. Letzteres sorgt für irritierte Blicke. Spätestens bei dieser Antwort merke ich, dass die schroffe Ehrlichkeit, die ich mir in 20 Jahren Berlin angewöhnt habe, leicht missverstanden werden kann. Und ich auf eine Art Majestätsbeleidigung begangen habe. Für den diplomatischen Dienst wäre ich sicherlich nicht qualifiziert. Und so tut es gut, zwischendurch mit dem Wiener Michael auch mal kurz lästern zu können, ohne dass ich von ihm gleich falsch verstanden werde.

Um 12 Uhr sitzen die Kreativen stets in der Eingangshalle beim Mittagessen in kleinen Grüppchen zusammen und plaudern über ihre Projekte und Familien. Auch Schriftstellerin Maja Lunde bringt von zu Hause ihr *matpakke*, ein eingewickeltes Butterbrot und etwas Obst, mit. Ihr Roman ›Die Geschichte der

Bienen‹ war 2017 das meistverkaufte Buch in Deutschland. Es wurde in 30 Ländern veröffentlicht. Mit ›Die Geschichte des Wassers‹ folgte 2018 der zweite Teil ihres geplanten Klima-Quartetts, der ebenfalls in die ›Spiegel‹-Bestsellerliste einstieg. Maja könnte sich also problemlos ein eigenes Büro in der Innenstadt leisten. »Ich kann hier sehr gut schreiben und einige meiner Freunde sitzen ebenfalls im Schreibloft. So kann ich immer mit ihnen die Mittagspause verbringen. Das ist mir sehr wichtig«, sagt die Mittvierzigerin. Bei einer Tasse Kakao erzählt sie, dass sie um die Ecke aufgewachsen ist. »Ich war hier schon als Kind beim traditionellen *juletrefest*, dem Weihnachtsbaumfest. Damals war es noch eine Schule für die Lehrerausbildung, erst seit 2007 ist es ein Literaturhaus.« Meist schafft sie es nur zweimal pro Woche ins Büro, weil die restlichen Tage mit Terminen wie Lesungen oder Recherchen für die nächsten Bücher gefüllt sind.

Einmal saß die Schriftstellerin mit König Harald und der britischen Herzogin Kate an einem Tisch. Die Königsfamilie organisierte zu Ehren des Besuchs von Prinz William und Herzogin Kate ein Abendessen im Schloss, dazu gebeten waren ausgewählte Gäste. »Kronprinzessin Mette-Marit hatte mich zuvor schon zu ihrem Literaturzug eingeladen und mit mir auf der Bühne ein Gespräch geführt«, erzählt die Schriftstellerin und nippt an ihrem Kakao.

Der »Literaturzug« ist ein Projekt, das die Kronprinzessin einmal im Jahr organisiert und mit dem sie vor allem junge Leser gewinnen möchte. Ein Abteil im Zug wird dafür umgebaut, neben Büchern aus der Bibliothek stehen einzelne Exemplare aus Mette-Marits privater Sammlung. Wo der Zug haltmacht, sind die Bürger willkommen, sich an Bord inspirieren zu lassen. Und so sieht man die Kronprinzessin bei diesen Touren umringt von Kindern, mit denen sie über ihre Lieblingsbücher spricht. In einem Interview erzählt sie, dass sie als

Mädchen unter anderem die Geschichten von Astrid Lindgren und natürlich von Jostein Gaarder prägten, die sie mehrmals gelesen hat.

Der Literaturzug reist jedes Jahr durch eine andere Region Norwegens, an den Abenden interviewt sie selbst die Schriftsteller oder hört im Publikum zu. »Unsere Kronprinzessin macht eine großartige Arbeit. Sie engagiert sich sehr für Literatur, die Natur und die Umwelt«, sagt Maja. »Die Königsfamilie hält auf ihrem Schlossgelände sogar Bienen.«

Während des royalen Besuchs sah ich durch Zufall einen Teil des Dinners, dessen Anfang live im Fernsehen übertragen wurde. Zu Gast war auch Iram Haq, eine norwegische Filmemacherin und Schauspielerin mit pakistanischen Wurzeln. Sie ist eine gute Freundin von Michael. Ihr zweiter Spielfilm ›Was werden die Leute sagen‹ erhielt zahlreiche Preise und war 2018 der norwegische Beitrag für den Oscar in der Kategorie »bester ausländischer Film«. Iram schrieb das Drehbuch und führte Regie, die Story ist eine fiktionalisierte Fassung ihrer eigenen Lebensgeschichte. Mit 14 Jahren wurde sie von ihren Eltern entführt und gezwungen, für eineinhalb Jahre in Pakistan zu leben. Die Norwegerin hat lange gebraucht, bis sie so weit war, diese Geschichte zu erzählen. Sie lässt sie in der Gegenwart spielen und es ist ihr wichtig, dass die Protagonistin Nisha nicht nur als Opfer und ihre Eltern nicht bloß als Täter erscheinen.

»Ich wollte die unmögliche Liebesgeschichte zwischen den Eltern und ihrem Kind erzählen, eine Geschichte, die kein glückliches Ende haben kann, solange die Kluft zwischen der traditionellen pakistanischen und der norwegischen Kultur so tief ist«, sagt sie an einem Nachmittag in einem Osloer Café. Iram hat Michael einst in der Schreibstube kennengelernt, auch wir laufen uns dort gelegentlich über den Weg. »Ich möchte den Zuschauern nahebringen, dass das Nachbarskind trotz perfekter Sprache und Smartphone zu Hause anderen Einflüssen ausgesetzt ist und eventuell sogar existenzielle Probleme hat.« In einer Szene des Spielfilms wird das perfekt eingefangen: Während sich eine Mitschülerin im Schulgang lautstark darüber aufregt, dass die Mutter ihr Lieblingsshirt verwaschen hat, erfuhr Nisha kurz vorher von den Plänen ihrer Eltern, sie an einen pakistanischen Jungen zu verheiraten, den sie nur fünf Minuten über Skype gesehen hat.

Das multikulturelle Norwegen thematisiert auch die Fernseh- und Webserie ›Skam‹, Scham, die inzwischen in mehreren Ländern adaptiert wurde. In Deutschland heißt sie ›Druck‹ (ZDF). Die Originalserie erzählt den Alltag von Teenagern, die im reichen Westteil Oslos unweit des Schlosses zur Schule gehen. In jeder der vier Staffeln ist eine andere Clique im Fokus. In der letzten Staffel konnten die Zuschauer der Hauptfigur Sana, einer Muslima mit Kopftuch, in sozialen Medien wie Instagram, YouTube oder Facebook folgen und dabei ihren Freundeskreis und ihre Welt ein Stück weit kennenlernen.

Welchen Stellwert die Serie hat, zeigt, dass die britischen Royals bei ihrem zweitägigen Besuch in Norwegen zu jener Schule fuhren, in der die Serie gedreht wurde. Dort trafen sie auf einige Schauspielerinnen und Schauspieler, die am Vorabend ebenfalls beim Dinner im Schloss eingeladen waren.

Die Kreativen profitieren von Institutionen wie dem Osloer Literaturhaus. Es kursieren in der Schreibstube Gerüchte, dass norwegische Autoren von dem besten Fördersystem weltweit profitieren. Doch was sollte man von einem der reichsten Länder auch sonst erwarten? Es gibt zahlreiche Stipendien für junge wie für etablierte Autoren und ein staatlich finanziertes Programm, das dafür sorgt, dass aus einer Liste von 600 Neuerscheinungen pro Jahr jeweils bis zu 1500 Exemplare gekauft werden, die öffentlichen Bibliotheken im gesamten Land zugeteilt werden. So soll einerseits jeder Bürger Zugang zur Literatur haben und gleichzeitig sichert dieser Bezug den Verlagen ein Minimum an Einnahmen.

Abgesehen vom Staat existieren in Norwegen einige private Förderinstitutionen, die wichtigste davon ist ›Fritt Ord‹, das Freie Wort. Wie der Name der Stiftung verrät, spielt für sie die freie Presse und freie Meinungsäußerung eine wichtige Rolle. Fritt Ord initiierte die Gründung des Osloer Literaturhauses und fördert jährlich Hunderte Projekte im gesamten Land, selbst an entlegenen Orten.

Kunst und Meer

Eines davon ist eine Kunsthalle auf den Lofoten. Die Inselgruppe im Norden gilt wie anfangs beschrieben als Künstlerparadies und zieht seit jeher Kreative an. An einem Mittag im Spätsommer zieht es auch mich auf die kleine Insel Henningsvær.

Ich blicke durch die großen Fensterfronten direkt auf das Meer. Immer wieder klatscht die Brandung an die schroffen Felsen und die Hauswand, in der Ferne ragen spitz die Berge auf. Wir sitzen in der zweiten Etage der Kaviar Factory und sehen dem stürmischen Treiben zu. Früher reiste man nach New York, Paris oder Berlin, um sich angesagte zeitgenössische Kunst anzusehen, heute findet man diese auch in dem abgelegenen Fischerort. 2012 eröffnete Venke Hoff ihre Kunsthalle in einer stillgelegten Kaviarfabrik. »Ich wusste, dass ich genau hier an diesem Ort hochwertige Contemporary Art zeigen wollte – für die Einwohner und die Besucher«, sagt Venke.

Bereits seit über 30 Jahren sammeln sie und ihr Mann Rolf Hoff Arbeiten junger Künstler. Sie haben ein Gespür für aufstrebende Talente. So gehören heute unter anderem Werke von

Ai Weiwei, Ólafur Elíasson und Bjarne Melgaard zu ihrer privaten Sammlung.

Letzterer gilt durch seine provokanten Aktionen und Werke, die sich mit den psychischen sowie körperlichen Abgründen des Menschen befassen, als Enfant terrible der internationalen Kunstszene. Wie einst Edvard Munch. Im Osloer Munch-Museum gab es schon eine Sonderausstellung mit Werken der beiden norwegischen Maler.

Bei meinem ersten Besuch sind in der Kaviar Factory mit der Show ›Expected/Unexpected‹ auf zwei Etagen 50 Melgaard-Arbeiten zu sehen. Die expressiven Gemälde, Zeichnungen und Skulpturen sind ein Querschnitt seines Schaffens der vergangenen zwanzig Jahre. Einige Werke stammen aus der privaten Sammlung der Familie Hoff, die meisten sind jedoch geliehen.

Die Kunsthalle Kaviar Factory
steht schon fast im Meer

Die moderne Kunst bildet einen Kontrast zum schlichten Fabrikgebäude, das bewusst so gelassen wurde, wie es einst war. »Wo wir Glas eingelassen haben, und sei es im Boden, war früher eine Luke oder ein Fenster«, erzählt Rolf.

Das Ehepaar hat ein Gespür für besondere Bauten. Ihre Beziehung zu Henningsvær mit seinen knapp 450 Einwohnern begann bereits in den Neunzigern. Damals sahen die beiden Osloer in einem Fernsehbeitrag, dass der historische Leuchtturm veräußert werden sollte. Ohne jemals dort gewesen zu sein, kauften sie ihn. Seitdem ist es ihr zweites Zuhause.

Rolf fährt nun mit seinem unscheinbaren Kleinwagen bis ans Ende des Dorfes, wir parken neben dem Fußballfeld. Die Trockengestelle sind zu dieser Zeit leer, erst ab Januar wird wieder frischer Stockfisch in der salzigen Meeresluft baumeln.

Das Leuchtturmhaus von 1856 steht auf einem kargen Felsen, von hier aus sieht man weit auf das offene Meer. Je nachdem, von wo der Wind bläst, betritt man das Gebäude praktischerweise von verschiedenen Seiten. Rolf führt durch die stilvoll mit alten Holzmöbeln, gusseisernen Öfen und moderner Kunst eingerichteten Räume, deren Wände in jedem Raum anders gestrichen sind. In einem schmalen Zimmer unter dem Dach, das sie im ursprünglichen Zustand belassen haben, hängen alte Seekarten, die das Ehepaar bei der Renovierung fand.

Vor einigen Jahren war die Schriftstellerin Herbjørg Wassmo zu Besuch und schrieb vom Leuchtturm aus Teile ihres Romans ›Hundre År‹, Hundert Jahre, und setzte Henningsvær damit ein literarisches Denkmal. »Wir laden öfter befreundete Künstler ein, bei uns oder im nahe gelegenen Sommerhaus zu wohnen«, sagt Rolf. In der rustikalen Hütte nächtigte zum Beispiel der deutsche Konzeptkünstler Michael Sailstorfer, der den prägnanten Namenszug an der Kaviar Factory gestaltete, bei dem einige Buchstaben bewusst ausgespart sind.

Durchgepustet vom frischen Wind geht es zurück in die Kunsthalle. Wir sitzen nun in der zweiten Etage, die Venke als Büro und Aufenthaltsraum nutzt, auf der Couch. Über uns leuchtet eine Lampeninstallation des dänisch-isländischen Künstlers Ólafur Elíasson. »Im Vorjahr haben wir unten Ai Weiwei ausgestellt«, erzählt Venke. »Eigentlich sollte er zur Eröffnung kommen, doch er bekam keine Ausreisegenehmigung.«

Ihr historisch anmutendes Mobiltelefon klingelt: »Wir kriegen Besuch«, sagt sie. Im 20 Kilometer entfernten Svolvær ist zu der Zeit gerade das LIAF – das Lofoten International Art Festival. Und so treffe ich einige Künstler wieder, die ich zuvor bei der Eröffnung kennengelernt hatte.

Später erzähle ich Venke, dass ich nach Vardø reisen werde. Es ist die östlichste Gemeinde Norwegens, die mir unter anderem empfohlen wurde, weil der Ort eine interessante Geschichte hat und dort das nördlichste Street-Art-Festival der Welt stattfand. Kuratiert wurde das Koma Festival von Pøbel, was übersetzt Pöbel heißt. Wie öfter mal sind die Begriffe im Norwegischen und Deutschen ähnlich.

»Hach, das ist ja ein Ding. Pøbel ist gerade in Henningsvær«, sagt Venke. »Ich ruf ihn gleich an.« Das Ehepaar Hoff kennt den Street Artist sehr gut. Bevor sie ihre Kunsthalle eröffneten, konnte er die ehemalige Fabrik als temporäres Atelier nutzen. Zum Dank hinterließ er kleine gesprayte Kunstwerke an den Wänden.

Zwei Stunden darauf sitzt Pøbel mit einigen Kumpels auf dem Sofa. Wie es sich für einen Street Artist gehört, möchte er seinen echten Namen lieber nicht veröffentlicht sehen. Banksy ist ja auch bis heute anonym. Der Mann in den Dreißigern wohnt in Stavanger und hat wie ich ein Faible für abgelegene Orte im Norden.

»Wenn du in Vardø bist, musst du dir unbedingt mein Sommerhaus anschauen. Frag einfach Svein Harald, er weiß, wo es liegt und wo ich den Schlüssel verstaut habe.« Wir beschließen, uns ein anderes Mal in Vardø zu treffen. Dann zieht er weiter. In der Dunkelheit könne er unbeobachtet arbeiten, sagt er und zwinkert mir zu.

Venke verabschiedet sich ebenfalls, sie macht gleich eine Tour für eine angemeldete Besuchergruppe. Wie es wohl wäre, einfach oben sitzen zu bleiben? Als hätte sie meine Gedanken gelesen, sagt Venke: »Du kannst gerne so lange bleiben, wie du magst.« Und so schaue ich mir im Schaukelstuhl wippend den Sonnenuntergang an.

Cod is great

Der Blick auf das aufgewühlte Meer macht süchtig. Zum Glück gibt es das ebenfalls in Vardø, und auch hier wurde eine ehemalige Kaviarfabrik in ein Kunstwerk verwandelt. »Cod is great« steht in überlebensgroßen Lettern auf der wellblechverkleideten Wand. Vor wenigen Minuten hingen am Himmel noch dunkle Wolken. Nun hat der Wind sie auf die Barentssee hinausgeschoben, und so glänzt das silbergraue Gebäude in der Sonne wie ein Fisch.

Die Street Art ist eine von 50 Arbeiten, mit dem Pøbel und international bekannte Künstler sich 2012 beim Koma Festival verewigten. Das Projekt wurde teilweise von Fritt Ord und der Kommune unterstützt. Die Idee war, sich mit dem Bevölkerungsschwund in Nordnorwegen und insbesondere in Vardø auseinanderzusetzen.

Von dieser Gemeinde aus, die eine lange Fischereitradition hat, segelte Amundsen am 18. Juli 1918 mit der Maud und seiner Mannschaft gen Norden. Seitdem war das Schiff nicht mehr in norwegischen Gewässern. Dafür kommt jeden Nachmittag ein Hurtigruten-Schiff vorbei. Um 15.45 Uhr kündigt sich der Koloss mit einem durchdringenden Tuten an und erhöht die Bevölkerungszahl um 500 Personen. Immer wieder sorgt das Kunstwerk »Cod is great« bei den Passagieren für Verwirrung. Manche lesen »God« und glauben, die Lokalbevölkerung sei besonders religiös. Die Vardøer klären sie gerne auf.

»Anfangs waren die Anwohner skeptisch«, sagt Svein Harald Holmen, einer der Organisatoren des Koma Festivals und Angestellter der Kommune. Er macht mit mir eine Tour zur Street Art, die sich in und am Rande der Stadt befindet. »Doch als sie die Künstler kennenlernten, halfen sie gerne mit.« Und wurden sogar selbst zu Street Artists. »Wir gaben den Bürgern eine Fassade, auf der sie sich verewigen konnten«, erzählt er und zeigt

Großartiger Kabeljau: Street Art in Vardø
erweckt das Fischerdorf zu neuem Leben

eine Wand, die unschwer erkennen lässt, dass hier Laien am Werk waren.

Auf der ungewöhnlich breiten Hauptstraße fahren an diesem Tag vereinzelt Autos, zu Fuß ist keiner unterwegs. Einige Geschäfte stehen leer, der Putz bröckelt von den Wänden ab. Vardø versprüht einen herben Charme. Und dann, plötzlich, sieht man an einer Fassade einen rosa Fisch, der lächelnd sein Maul aufreißt und kurz davor ist, ein winziges Boot aufzufressen. Als gehöre es zum Kunstwerk, liegt an Land genau so ein Boot.

In einer Seitenstraße klopfte der Künstler mit dem Pseudonym Vhils das Gesicht eines früheren Anwohners in den Putz einer Hauswand. Und um die Ecke prangt »Everything is a story« in riesigen Lettern auf der Fassade eines maroden Holzhauses. Die Fenster sind mit Brettern zugenagelt, das Unkraut wuchert am Haus entlang.

Street Art von Pøbel inmitten des Ortes

Pøbel sprayte unter anderem einen maskierten Vater mit Kind an ein Gebäude. Selbst wenn er wie die meisten Street Artists medienscheu ist, kennt ihn in Vardø mittlerweile jeder. Die Bewohner wahren seine Privatsphäre, schließlich sind sie Geheimniskrämereien gewohnt. Auf einem Hügel am Rande ihrer Stadt thronen mehrere übergroße Kugeln – es sind Radaranlagen der NATO. Niemand weiß offiziell, was dort genau passiert. Aber da die russische Grenze nicht weit entfernt ist, kann man es sich denken. Nach der Koma-Führung gehe ich auf Erkundungstour durch die Umgebung. Und tatsächlich, mitten in der mit Flechten und Moosen bewachsenen Natur liegt Pøbels kleine Bretterhütte. Jeder, der den Schlüssel findet, darf hineingehen. »Einzige Bedingung ist, dass ihr ein Selfie mit der alten Polaroid-Kamera macht«, sagt Pøbel. Das Sommerhaus ist eigentlich ein kleines Museum. An der Wand hängen vergilbte Fotos aus Großmutters Zeiten, auf dem Tisch liegen ein Fernrohr, Landkarten und gestrickte Handschuhe – neben dem Ofen stehen in der Küchenecke Kaffeepulver und Dosenbier.

Zurück in Vardø treffe ich einen von Pøbels Freunden: Tor-Emil Sivertsen. Dessen Familie lebt bereits seit vielen Generationen in der Region. Gemeinsam mit seiner Frau führt er das Vardø Hotel und arbeitet als Koch in seinem eigenen Restaurant. In Nordeuropa gewann er schon Preise für das beste Kabeljaurezept. Mehrfach präsentierte er seine Gerichte auf der ›Grünen Woche‹ in Berlin.

Tor-Emil ist stolz auf den hochwertigen Fisch aus seiner Heimat. Und so tätowierte er sich den Spruch »Cod is great« auf seinen rechten Unterarm und benannte eines der Hauptgerichte im Restaurant danach. Der hochgewachsene, kräftige Mann mit Glatze und gestutztem Bart steht vor der Fischfabrik am Hafen und holt die frische Ware ab.

Über den Fangbooten kreisen Möwen, die auf ihre tägliche

Ration Fischreste hoffen. Die Barentssee wird wieder unruhig. Welle um Welle klatscht mit Wucht an die Hafenmauern. Zwar sind die Boote fest verankert, trotzdem wippen sie hin und her wie Betrunkene. »Auf dem aufgewühlten Meer geht es mir nicht so gut«, gesteht Tor-Emil. »Ich habe früher wie alle nach der Schule in einer Fischfabrik gearbeitet.« Er finanzierte damit sein Fahrrad und später den Autoführerschein.

Bei maximal 45 Minuten Landgang verpassen die Hurtigruten-Gäste die verstreut liegende Street Art ebenso wie die lokale Küche. »Die meisten Passagiere trinken bei uns nur ein schnelles Bier«, sagt er und blickt nun durch die weiten Fenster seines Restaurants auf den Hafen. Der Koch bindet sich seine Schürze um und krempelt die Ärmel hoch, jetzt sieht man auch den Spruch auf seinem Arm. Gegen 18 Uhr sitzen die ersten Gäste im Restaurant, sie wollen genau wie ich den Kabeljau probieren.

An diesem Abend fügt der Koch noch Königskrabben hinzu, deren Fleisch er zu Würstchen formt und garen lässt, bevor er sie knusprig anbrät. »Für mich ist jedes Essen ein Stück Geschichte«, sagt Tor-Emil, »denn ohne den Fisch würden die Menschen nicht in Vardø leben.« Das Kochen hat er von seiner Großmutter gelernt. Seine Söhne besitzen ein eigenes professionelles Messerset, seit sie fünf Jahre alt sind, und kochen zu Hause regelmäßig mit. So wird die Tradition von Generation zu Generation weitergegeben.

Der Norweger rührt nun parallel in vier Töpfen, schmeckt kurz den mit Gewürzen und Gemüse gespickten Fond ab. Die Kabeljaufilets salzt er nur leicht, ansonsten fügt er nichts hinzu. Am Ende drapiert der Koch alles auf dem Teller. In der Mitte thront auf einem Gemüsebett der Kabeljau – eingerahmt von in Scheiben geschnittenen Königskrabben-Würstchen.

Auch Pøbel schätzt Tor-Emils Küche und kommt regelmäßig vorbei. Manchmal lebt der Street Artist über mehrere Monate in

Vardø, er hat hier am Ende der Welt gute Freunde gefunden. Nach dem Koma Festival stieg die Bevölkerungszahl übrigens erstmals leicht an. Unter anderem kam Tormod Amundsen mit seiner Familie und verlegte seine Firma Biotope in den Norden. Der Architekt hat sich auf den Bau von Hütten für Vogelbeobachtungen und Schutzdächer spezialisiert. Mit etwa 2100 Menschen ist die Einwohnerzahl weiterhin überschaubar, doch in einer Gemeinde wie dieser zählt jeder Einzelne.

Eines von Pøbels Projekten ist ein ausrangierter Umzugsbus in der Nähe des Flughafens, den er hochkant aufstellen ließ. Kurz darauf bauten Raben dort ihre Nester und machten es zu ihrem neuen Zuhause. Sie kehren immer wieder zurück – genau wie Pøbel und ich. Einmal schaffen wir es, zur selben Zeit dort zu sein und erhöhen somit noch mal die Anwohnerzahl. Und wer weiß, vielleicht wird Maud bald ebenfalls vorbeisegeln.

Auch Lillehammer erfährt jedes Jahr Ende Mai einen massiven Bevölkerungsanstieg. Die Stadt im Inneren des Landes, rund zwei Stunden mit dem Zug von Oslo entfernt, veranstaltet seit 1995 das Norsk Litteraturfestival, das den Beinamen Sigrid-Undset-Tage trägt. Undset war eine der drei Literaturnobelpreisträger, die Norwegen hervorgebracht hat. Die Schriftstellerin wohnte in Lillehammer und zierte bis zur Einführung der neuen Banknoten den 500-Kronen-Schein.

Die Zugfahrt erinnert ein bisschen an den Literaturzug der Kronprinzessin. So sind in meinem Abteil an diesem Morgen neben einigen deutschen Journalisten und Bloggern, die von der Organisation Norwegian Literature Abroad, kurz Norla, eingeladen wurden, auch zahlreiche norwegische Schriftsteller wie Maja Lunde und Erling Kagge, der Bücher über das Gehen schreibt und zugleich Verleger von Majas Kinderbüchern ist.

Die Literaturszene Norwegens ist überschaubar und gut vernetzt. Lillehammer mit seinen normalerweise rund 27 000 Einwohnern ist in den Festivaltagen gefüllt mit guten Bekannten aus der Schreibstube, ehemaligen Interviewpartnern wie Jostein Gaarder oder Morten A. Strøksnes, mit dem ich den abenteuerlichen Angelausflug unternahm. Mal sitzen sie auf der Bühne, mal hören sie ihren Freunden und Kollegen bei Diskussionsrunden zu. Seit 2018 ist Lillehammer zudem UNESCO City of Literature.

Tagsüber läuft man von einer Lesung zur nächsten, plaudert kurz mit einem Bekannten und fühlt sich wie eine Einheimische. Selbst wer nicht in der hiesigen Literaturszene vernetzt ist, kann in die gemütliche und kreative Stimmung eintauchen. Denn auch die internationalen Starautoren besorgen sich zwischen Events einen Burger vom Food-Truck, kaufen eine Cola im Supermarkt der Fußgängerzone oder besorgen sich ein Eis. Eines der Highlights während der Tage ist das Literaturquiz in Banken, einem ehemaligen Bankgebäude. 300 Leute sitzen in Fünferrunden beisammen und lösen die kniffligen Fragen, es herrscht strengstes Smartphone-Verbot. Da verstehen die sonst so gelassenen Norweger keinen Spaß. Ein Kollege aus der Osloer Schreibstube sagt, er fahre nur wegen des Quiz' nach Lillehammer. Auch im Osloer Literaturhaus gibt es einmal im Monat ein Quiz, das die Verlegerin Anne Gaathaug organisiert. Der Raum ist stets mit über 100 Menschen gefüllt, die ihre Allgemeinbildung testen.

An einem der Abende während des Literaturfestivals lädt Norla die deutschen Kollegen und mich zum Essen ein. Mit an der Tafel sitzen einige Autoren, deren Bücher auf Deutsch erschienen sind und die somit für die Journalisten interessant sein könnten. Als Vorspeise servieren sie rohen Lachs auf einem Gemüsebett. Morten, der Teil der Runde ist, schiebt das Gericht demonstrativ weg und sagt mit Vehemenz: »Den Mist esse ich nicht!« Meine Kollegen schauen ihn fragend an, dann erklärt er, dass Zuchtlachs meist von Parasiten befallen ist, die mit chemischen Mitteln bekämpft werden. Guten Appetit. Ich muss schmunzeln, denn ich kenne Morten inzwischen gut und sehe den deutschen Kollegen zu, wie sie nun zögerlicher ihre Vorspeise essen.

Einen Tag später spricht Morten bei einer Diskussionsrunde im Spiegelzelt über das Genre Sachbuch. Die ersten Sachbuchautoren Norwegens waren tatsächlich Nansen und Amundsen. Nansen, der erstaunlich gut zeichnen konnte, hatte auch ein literarisches Talent. In seinen Tagebüchern schrieb er Sätze wie diese: »Es war ein seltsames Gefühl, so in dunkler Nacht nach unbekannten Ländern zu fahren, über ein offenes, wogendes Meer, das noch kein Schiff, kein Boot getragen.« Amundsens Schreibstil hingegen war wesentlich nüchterner.

Über das Gehen und die Stille

Erling Kagge faszinieren die Errungenschaften beider Polarforscher. »Jeder ist ein geborener Entdecker«, sagt er, als ich ihn in Oslo wiedertreffe. Der Norweger hat in den Neunzigerjahren als erster Mensch zu Fuß alle drei Pole bezwungen – den Nordpol, den Südpol und den Mount Everest. Der Erfolg ebnete ihm den Weg, sich neuen Projekten zu widmen. Kagge sammelt Kunst und führt erfolgreich einen nach ihm benannten Verlag, in dem er unter anderem seine Bücher ›Stille‹ und ›Gehen‹ publiziert.

Dabei interessieren ihn nicht nur große Abenteuer, sondern insbesondere der Alltag. Er kann die Stille auch bei einem Spaziergang von seinem Osloer Haus bis zum Verlag unweit des Parlaments finden. Je nachdem, welchen Weg er wählt, ist es eine drei Kilometer lange Strecke. An einem Morgen begleite ich ihn. »Komm um 7.55 Uhr zu mir«, sagte der Mittfünfziger. Er wohnt im gediegenen Viertel Blindern. Das denkmalgeschützte Haus im Stil des Funktionalismus ist in maritimem Blau gestrichen. »Die Architekten hatten ein Faible fürs Meer«, sagt Erling. Im Vorgarten stehen mehrere Sorten Apfelbäume, die zu unterschiedlichen Jahreszeiten blühen, sodass er bis in den Spätherbst hinein frisches Obst pflücken kann. Er packt einen Apfel in seinen Rucksack.

Da ich überpünktlich bin, ist noch etwas Zeit, sich kurz sein Wohnzimmer und das Büro anzusehen. Ein kleiner Teil seiner Kunstsammlung, die über 600 Arbeiten umfasst, hängt in diesen Räumen. Der Norweger sammelt vor allem moderne und konzeptionelle Werke von Künstlern wie Wolfgang Tilmans, Adriana Lara und Ólafur Elíasson. Im Büro hängt die Lichtinstallation »Homage to P. Schatz« des dänisch-isländischen Künstlers.

Sein Schreibtisch ist aufgeräumt, die halbrunde Fensterfront zeigt auf den noch im Dunkeln liegenden Garten. »In meinem Büro fühle ich mich wie auf der Brücke eines Schiffes.« Sobald er zu Hause Ruhe habe, setze er sich an den Tisch und schreibe. Eingerahmt von wärmenden Bücherwänden blickt der Autor nun hinaus. Auf dem Fensterbrett steht neben Fotos seiner drei Töchter eine weitere Erinnerung – ein Buddelschiff. »Das Modell wurde mir in den Neunzigern nach einem Talk im Hamburger Übersee-Club geschenkt. Es erinnert mich an meine Kindheit, als ich mich fragte, wie die Schiffe eigentlich in die Flaschen kommen.«

Von der Villa mal abgesehen, merkt man Erling nicht an, dass er wohlhabend ist. Selbst auf der Frankfurter Buchmesse trägt er Jeans und ein ausgewaschenes rosa T-Shirt. Seine Haare sind oft zerzaust. Das passt zum *janteloven*, wonach man nicht denken soll, besser zu sein als andere, aber es ist vermutlich zugleich

Teil seines Lifestyles. Erling zieht sich jetzt Turnschuhe und Jacke an und schnallt den Rucksack um, in dem er außerdem ein Paar schicke Wildlederschuhe verstaut. Das Meeting nach unserem Spaziergang muss ziemlich offiziell sein.

Unterwegs kommen wir an der Universität vorbei, eine der dortigen Straßen heißt Problemveien, Problemweg. Wir laufen entspannten Schrittes durch das Univiertel, normalerweise würde er ein etwas schnelleres Tempo wählen, sagt er. Obwohl er langsames Gehen absolut bevorzuge.

In seinem Buch über das Gehen spricht er den Leser direkt an: »Sollten wir zwei eines Tages nebeneinander hergehen, werden wir dabei unterschiedliche Erlebnisse haben.« Und so ist es auch an diesem Morgen. Mir fallen in einer Seitenstraße zwei Stolpersteine auf. Wir bleiben stehen, beugen uns vor, um die Namen auf den kleinen Gedenktafeln lesen zu können. Ich mag die Idee des Erfinders, dass man sich auf diese Weise vor den Opfern des Nationalsozialismus verbeugt. Die Stolpersteine in dieser Straße seien ihm noch nicht aufgefallen, sagt Erling. In seiner Familie gibt es ebenfalls Opfer der NS-Zeit. »Am 9. Februar 1945 stand mein Großvater vor einem Exekutionskommando auf der Osloer Festung Akershus.« Die deutsche Besatzungsmacht hatte ihn zum Tode verurteilt, norwegische Nazis erschossen ihn. Oft können diejenigen besser verzeihen, denen Schlimmes widerfahren ist, glaubt er.

Wir kommen auf Fridtjof Nansen zu sprechen, der sich intensiv für die Kriegsflüchtlinge des Ersten Weltkriegs und für andere Flüchtlinge einsetzte. Dafür erhielt er 1922 den Friedensnobelpreis. »Nansen ist sicherlich der bedeutendste Norweger, der jemals gelebt hat«, findet Erling. In der Vorbereitung für seine eigenen Expeditionen ans Ende der Welt recherchierte er viel über das Leben von Nansen und Amundsen.

Als er sich 70 Jahre nach Amundsen alleine zu Fuß zum Südpol begab, bestand sein Sponsor darauf, dass Erling ein Funkgerät mitführte. Er nahm einfach die Batterie raus. »Ich mochte diese Stille, das einfache Leben. Meine Aufgabe war es, einen Fuß vor den anderen zu setzen«, erzählt er und macht nun genau dies. »Das Schlimmste ist das Ankommen.« Auf dem Weg zu seinem Büro schauen ihn immer wieder Passanten an. Man merkt, dass sie ihn erkennen. Manche sind sogar Freunde oder Bekannte, denen er kurz zuwinkt. Auch Oslo ist in gewisser Weise eine kleine Gesellschaft.

Wir erreichen den Schlosspark. Neuerdings befindet sich hier eine Statue, die Königin Sonja im Wanderoutfit und mit Rucksack auf einem Stein sitzend zeigt. Das Königspaar ist über 80 Jahre alt, aber stets auf Reisen und gerne in der Natur. Kronprinz Haakon sagte mal, wo auch immer er in seiner Heimat hinreise: Seine Mutter war schon da.

Erling geht nun querfeldein über eine abgezäunte Wiese hinunter zum Außenministerium und weiter in Richtung Büro. Kurz bevor wir dieses erreichen, frage ich ihn, was er von Amundsen hält. »Amundsen und Nansen waren die größten Entdecker des 20. Jahrhunderts«, sagt er. »Doch ich finde, dass Amundsen nicht die volle Wertschätzung erfährt, die ihm gebührt. Ich plane, eines Tages ein Buch in unserem Verlag über ihn herauszubringen.«

Nansen hingegen ist ja fast schon ein Heiliger. Einen kleinen Skandal gab es zumindest vor einigen Jahren, als zahlreiche Nacktaufnahmen von ihm aufgetaucht sind. »Doch das war zu seiner Zeit en vogue«, sagt Erling. Bleiben also nur noch die zahlreichen Affären. Anfang des 20. Jahrhunderts war das ebenfalls nichts Außergewöhnliches.

»Takk for en fin tur«, sagt der Norweger, nachdem wir angekommen sind. Er geht zu einem Meeting im Nebenraum. Ich frage seine Kollegin noch kurz, wie denn Erlings Schreibtisch im Verlag aussieht. Sie lächelt und zeigt auf den Platz neben ihrem. Das Büro des Chefs ist nicht irgendwo versteckt, sondern direkt im Empfangsbereich. Und anders als in seinem Haus, kommt hier das kreative Chaos des Autors hervor: Bücher, Ausdrucke von Manuskripten und Nippes stapeln sich auf und neben dem Tisch.

Im Buch schreibt Erling, dass man sowohl bei einer Expedition als auch bei einem halbstündigen Spaziergang zur Arbeit denselben Effekt haben kann: ein Glücksgefühl, weil unsere Gedanken fließen, unser Kopf klar wird und wir eins mit der Welt werden.

Ich spaziere nach der Begegnung zum Literaturhaus und widme mich meinen neuen Abenteuern.

STADT, LAND, FJORD

Der unterschiedliche Alltag
im lang gezogenen Land und
ein kurzer a-ha-Moment

Als Kind dachte ein Bekannter von mir, dass sich seine Heimat aus zwei riesengroßen Inseln zusammensetzt. Denn auf den gängigen Karten wird das lang gezogene Land aus praktischen Gründen stets in zwei nebeneinander liegende Hälften geteilt. Norwegen erstreckt sich auf einer Länge von fast 1600 Kilometern. Die Küstenlinie beträgt über 25 000 Kilometer, inklusive aller Inseln sollen es neuen Messungen zufolge sogar mehr als 100 000 sein.

Der südliche Landesteil ist bauchiger, gen Norden schmiegt sich ein schmaler, zerklüfteter Streifen an die Nachbarn Schweden und Finnland. Im letzten Zipfel grenzt der Staat auf 196 Kilometern an Russland. Norwegen ist ein langes Land, das zu großen Teilen aus Norden besteht, sagte der Schriftsteller Roy Jacobsen mal.

Und so verwundert es nicht, dass die Lebensart in den dünn besiedelten Regionen oberhalb des Polarkreises anders ist als im tiefen Fjord an der Westküste oder in den Metropolen des Südens.

»Die meisten Norweger waren nie nördlicher als Trondheim«, besagt ein weit verbreitetes Klischee. Im Laufe der Jahre bin ich tatsächlich erstaunlich vielen begegnet, auf die diese Aussage zutrifft. Und das, obwohl die alte Hauptstadt noch im unteren Drittel liegt.

Der Name »Norge« leitet sich vom altnordischen »Norvegr« ab, was Nordweg bedeutet. Einmal führt er mich sogar über die Festlandgrenzen hinaus bis nach Spitzbergen. Von hier aus sind es nur noch rund 1300 Kilometer bis zum Nordpol.

An einem Abend im Juni steuert die MS Polargirl direkt auf eine Eiswand zu. Schon von Weitem sieht man die gigantische Mauer, die je nach Lichteinfall mal weiß oder bläulich schimmert. Gelegentlich hört man ein Knacken, manchmal plumpsen krachend Eisbrocken ins Wasser, die dann im Meer treiben, bis sie sich irgendwann auflösen werden.

Der 22 Kilometer lange Gletscher Borebreen, der nun zum Greifen nah scheint, liegt auf Spitzbergen. Das größte Eiland heißt wie die Inselgruppe, die im Norwegischen stets Svalbard, »kalte Küste«, genannt wird. Kim Holmén, der Internationale Direktor des Norwegischen Polarinstitutes, zeigt uns sein Forschungsgebiet und führt uns den Klimawandel vor Augen, den er seit über 30 Jahren beobachtet. Das Eis geht immer stärker zurück, manche befürchten sogar, dass die Fjorde, die momentan nur im Sommer befahrbar sind, demnächst eisfrei sein könnten. Wann dies der Fall ist, dazu schwanken die Jahresangaben je nach Institut zwischen 2030, 2040 oder 2100.

Während Amundsen und Nansen ein Jahrhundert zuvor mit ihren Schiffen Fram und Maud noch monatelang im Packeis eingefroren waren, um dann doch kaum voranzukommen, könnten sie in Zukunft im Sommer also einfach durchsegeln. Zu dem Preis hätten die Polarforscher dies sicherlich nicht gewollt.

Wir sind Gäste einer interdisziplinären Konferenz mit dem Titel »Thinking at the Edge of the World«. Gleich zu Beginn wird darüber diskutiert, ob es ökologisch vertretbar sei, 100 Personen für drei Tage einfliegen zu lassen. Organisiert wird das Event vom Office of Contemporary Art (OCA) in Oslo und dem Nordnorsk Kunstmuseum (NNKM) in Tromsø, das Museum ist ebenfalls für die Kunsthalle Svalbard zuständig, in der Künstler nach einer Residenzzeit ihre Arbeiten präsentieren.

Zu den Teilnehmern zählen Wissenschaftler, Politiker, Künstler, Architekten, Kuratoren und Journalisten aus etwa 20 Ländern. Wir trösten uns damit, dass wir gute Multiplikatoren sind. Mit an Bord der MS Polargirl ist die zu der Zeit amtierende Kultur- und Sportministerin Linda Hofstad Helleland, die beim Abendessen wie alle anderen brav in der Schlange fürs Buffet wartet, das am offenen Deck bereitsteht. Allerdings blockt die Ministerin jeglichen Smalltalkversuch der anderen Gäste mit kurzen Ja- oder Nein-Antworten ab. Wer viel reist, weiß, dass man nicht ständig in Plauderlaune ist, aber es fällt schon auf, dass die konservative Politikerin, sobald sie mit ihren Mitarbeitern zusammensitzt, stets aufgeregt erzählt und laut kichert. Sie ist auch die Erste, die unbedingt ein Selfie machen muss, als wir uns dem Gletscher nähern.

Die anderen fotografieren ebenfalls. Einer der Teilnehmer kommt mir von Anfang an irgendwie bekannt vor. Ein Kollege klärt mich auf, dass es sich um Magne Furuholmen handelt. Er ist der Keyboarder und Gitarrist der Popband a-ha, die immer noch gelegentlich Konzerte gibt. In seiner Heimat ist der groß gewachsene, schlanke Norweger inzwischen ein bekannter Künstler, der unter anderem Skulpturen und Drucke herstellt. Außerdem berät er die Königin in Kunstfragen und arbeitet gerade mit ihr bei einer Ausstellung zusammen. Jedes Jahr vergibt sie den nach ihr benannten »Queen Sonja Print Award«.

In Jugendtagen hörte ich wie so viele meiner Generation a-ha, ich kann die Lyrics von ›Take on me‹ noch auswendig. In ›Bravo‹-Storys war Magne stets der lustige Mags. An den Wänden meines Zimmers hingen zwar eher Poster von Grunge- und Punk-bands, trotzdem ist es spannend, bei einer Bootstour am Rande der Welt über 30 Jahre später ausgerechnet auf ein Mitglied der berühmten Popband zu treffen.

Wie die meisten steht auch Magne in seiner Outdoor-Kleidung an Bord, zwischendurch wärmt er sich im Inneren des Schiffes auf. Ich nutze den Moment und spreche ihn an. Ob es ihn wohl nervt, wenn er nach a-ha befragt wird?, denke ich noch. Also beginne ich mit einer Kulturfrage. Magne ist erstaunlich offen. Wir sprechen kurz über seine neuen Kunstprojekte und seine Supergroup Apparatjik, die aus Mitgliedern verschiedener Bands wie zum Beispiel dem Bassisten von Coldplay besteht. Irgend-wann erwähnt er von selbst, dass die Band a-ha neue Aufnah-men plant. Sänger Morten Harket ist in ihrer Heimat ebenfalls weiterhin präsent, er ist einer der Coaches bei der norwegischen Ausgabe der TV-Castingshow ›The Voice‹.

Kurz darauf macht Kim, ein schwedischer Meteorologe, auf der Brücke der MS Polargirl eine Durchsage: »Da ist ein Wal!«, ruft er. Mit seinen zerzausten Haaren, seiner Brille und dem überlangen grauen Bart sieht er genau so aus, wie man sich einen Wissenschaftler vorstellt.

Die meisten Teilnehmer gehen an Deck und tatsächlich taucht neben kleinen Eisblöcken jetzt ein blauer Buckel auf, der Sekun-den später wieder abtaucht, um dann erneut aus dem Nord-polarmeer zu ragen. »Der Blauwal ist das größte Tier der Welt«, ruft Kim.

Es ist nun schon später Abend. Die Tageszeit spielt aber keine wirkliche Rolle, denn von Mitte April bis Mitte August geht die Sonne auf Spitzbergen nicht unter. Und so ist die Sicht auf den Wal ideal. Er lässt sich nicht ganz blicken, stößt aber eine Wasser-fontäne aus und so schwimmen direkt neben unserem Schiff seine Atemblasen. Als er sich verabschiedet, gehen die meisten

Gäste wieder hinein. Ich bleibe noch draußen und genieße eingehüllt in meine Winterjacke die Aussicht auf die von Gletschern geschliffenen Berge und das Meer.

Nur 70 Kilometer nordwestlich von hier ist Roald Amundsen zu einem seiner Abenteuer aufgebrochen. Nachdem er vergebens versucht hatte, mit Flugbooten den Nordpol zu erreichen, fand er 1926 das richtige Vehikel: ein 106 Meter langes Luftschiff. Der italienische Erbauer Umberto Nobile begleitete Amundsen bei dieser neuen Expedition. In Ny-Ålesund stiegen die beiden am 11. Mai mit 14 weiteren Passagieren an Bord der Norge in die Höhe und erreichten 16 Stunden und 40 Minuten später am 12. Mai 1926 den Nordpol. Endlich war Amundsen am Ziel! Wenn auch nur für einen Moment, denn von dort aus flogen sie direkt weiter bis nach Alaska, wo sie drei Tage nach dem Start in der Nähe von Nome landeten. Das Luftschiff wurde vor Ort demontiert. Nome ist genau jener Ort, an dem Maud nach ihrer siebenjährigen Expedition ankerte und 1925 veräußert werden musste, da Amundsen bankrott war. Sein neuestes Projekt konnte der Polarreisende dank eines reichen US-Finanziers und Geldern der norwegischen Regierung umsetzen. Ob Amundsen wohl bei der glücklichen Ankunft an seine alte Gefährtin Maud dachte?

Zumindest in Ny-Ålesund ist seine Reise mit der Norge bis heute unvergessen. Zwar soll der Brite Richard Byrd drei Tage vorher den Nordpol mit einem Freund überflogen haben, doch einige bezweifelten es und die beiden konnten es nie beweisen. Und so sind Amundsen und sein treuer Gefährte Oscar Wisting offiziell die ersten Menschen, die sowohl den Nord- als auch den Südpol erreicht haben.

In Ny-Ålesund erinnern eine Büste und die Amundsen-Villa, in der sich der Entdecker auf die Reise vorbereitete, an das Nordpol-Abenteuer. Die Siedlung wurde 1916 gegründet, um den Bergbauarbeitern ein Zuhause zu geben. Die Firma Kings Bay Kull Company aus Ålesund, einem Ort an der Westküste Norwegens, förderte Kohle für ihre Dampfschiffe. »Ny« bedeutet »neu«, und so wurde das neue Ålesund einer von mehreren Kohlestandorten auf Spitzbergen. Nach einigen Pleiten und Grubenunglücken stellten sie den Bergbau dort 1963 ein. Inzwischen ist die nördlichste dauerhaft bewohnte Siedlung ein wichtiger Forschungsstützpunkt. Das Institut von Kim Holmén ist hier ebenso präsent wie unter anderem Forscher aus China, Indien, Frankreich und Deutschland. Wissenschaftler des Alfred-Wegener-Institutes sind seit 1991 vor Ort. Sie erforschen den Klimawandel, den Ozongehalt und die Luftverschmutzung in der Arktis.

Der Gletscher Borebreen beim Breitengrad 78° 24' N ist bisher der nördlichste Punkt, den ich erreicht habe. Von dort aus segelt die MS Polargirl zurück nach Longyearbyen. Auch die größte Ansiedlung von Svalbard wurde einst von einer Bergbaufirma gegründet, man benannte sie nach dem damaligen britischen Arbeitgeber Longyear. »By« heißt »Stadt«.

Seit dem 17. Jahrhundert reisten die Menschen nach Svalbard, meist wohnten sie jedoch temporär in verstreut liegenden Hütten. Ihre Beute waren Wale, Robben und Eisbären.

Eisbären über Eisbären

Auf den 60 000 Quadratkilometern, die zu 60 Prozent von Gletschern überzogen sind, leben momentan mehr Eisbären als Menschen: auf 3210 Personen kommen Schätzungen zufolge rund 3500 Bären. In Longyearbyen sind sie überall präsent – am Flughafen, in Ausstellungen oder der Hotellobby, jedoch stets ausgestopft. Im Restaurant Kroa hängt an der Wand ein riesiges beleuchtetes Gemälde, das einen Eisbären in Schneelandschaft zeigt. Er liegt erschossen auf dem Boden, Blut strömt aus seinem Maul und bildet vor ihm eine große Lache. Manche Besucher rümpften am Vortag beim Abendessen die Nase, für mich ist es Teil des nordischen Humors, der etwas makaber ist.

Ich bin nur froh, dass wir keinem lebendigen Exemplar begegnen. Denn was mein Skilehrer bei unserer Langlauftour um den See Fefor über die Braunbären sagte — bei einem direkten Aufeinandertreffen könne man nicht viel ausrichten —, das gilt erst recht für Eisbären. In den arktischen Weiten gibt es noch nicht mal Bäume zum Hochklettern.

In den wenigen Straßen von Longyearbyen kann man unbesorgt laufen, außerhalb des Ortes muss man ein Gewehr mitführen oder zumindest in Begleitung einer Person sein, die eines hat und weiß, es zu bedienen. Zuerst soll man die Tiere mit Leuchtfeuern abschrecken, wenn das nicht hilft, droht ihnen im Notfall das gleiche Schicksal wie dem Eisbär auf dem Gemälde. In den vergangenen Jahren kamen die 200 bis 400 Kilo schweren Tiere immer öfter in die bewohnten Gebiete, auch das ist ein Zeichen des Klimawandels. Eigentlich leben sie auf dem Packeis, wo sie ihre Beute, Robben beispielsweise, jagen können. Doch wenn ihr Zuhause schmilzt, müssen sie andernorts auf Nahrungssuche gehen.

Einer unserer Abende auf Spitzbergen endet im Karlsberger Pub. Um ein nächtliches Gefühl zu erzeugen, ist die Bar komplett abgedunkelt. Hinter dem Tresen stehen Hunderte Flaschen mit Alkoholika aus allen Teilen der Welt. Das Publikum ist ebenfalls international, nicht nur wegen unserer Gruppe und den Urlaubern, die die Bevölkerungszahl signifikant erhöhen. Genau wie am Forschungsstandort Ny-Ålesund wohnen in Longyearbyen zahlreiche Nationalitäten. Über 40 sollen es sein. Sie arbeiten im Tourismus, an der Universität oder in der Verwaltung.

Das hat auch mit dem Spitzbergenvertrag zu tun, wonach Spitzbergen oder Svalbard zwar zu Norwegen gehört, aber alle Einkünfte auf der Inselgruppe versteuert werden müssen. Jedes der 39 Länder, die den Vertrag vor fast 100 Jahren unterschrieben haben, hat das Recht, dort Bodenschätze abzubauen. Zuletzt betrieben nur noch Norwegen und Russland den unrentablen Bergbau, es geht ohnehin vorrangig darum, Präsenz zu zeigen. Denn je mehr das Eis schmilzt, desto geopolitisch wichtiger wird die Region. Eine eisfreie Nordwestpassage eröffnet neue Handelswege, und in den Tiefen des Meeres lagern weitere Bodenschätze.

Und so liegt Spitzbergen zwar am Rande der Zivilisation, geopolitisch jedoch ist es von zentraler Bedeutung. Die Inselgruppe hat übrigens zwei weitere Besonderheiten: Weder Geburten noch

Blick auf Longyearbyen in Spitzbergen –
im Sommer ist es 24 Stunden lang hell

Begräbnisse sind vorgesehen, da zum einen das Krankenhaus nicht für Notfälle eingerichtet ist und zum anderen der einzige Friedhof aufgrund des Permafrostes, der Erdbestattungen mühsam macht, nicht mehr genutzt wird.

Berauscht von den vielen Eindrücken gehe ich nachts um zwei Uhr im taghellen Longyearbyen vorbei an der Statue eines Grubenarbeiters zum nah gelegenen Hotel. Man muss, ebenso wie in der Kunsthalle und im Museum, am Eingang seine Schuhe ausziehen und läuft dann entweder auf Socken oder wie im Museum in bereitgestellten Latschen durch die Innenräume. Obwohl die Hotelzimmer blickdichte Vorhänge haben, versteht mein Körper nicht so richtig, dass jetzt Nachtruhe angesagt sein soll. Und so wache ich nach wenigen Stunden schlaftrunken auf.

Einem Kollegen geht es genauso, wir fahren am nächsten Morgen erst mit zwei Stunden Verspätung zur Konferenz. Das Taxi setzt uns einige Kilometer weiter auf einem Hügel vor einer stillgelegten Grube ab. Von hier aus hat man eine schöne Aussicht über den Fjord und die Berge – wir spazieren einige Schritte in die Natur und erinnern uns plötzlich an die Eisbären. Lieber schnell hinein.

In der alten Werkshalle diskutiert Kim Holmén gerade mit A K Dolven über die Folgen der arktischen Politik. Die Endfünfzigerin Anne Katrine Dolven trägt eine prägnante weiße Hornbrille, sie gilt als eine der bedeutendsten bildenden Künstlerinnen Norwegens. Sie pendelt zwischen London und ihrer Heimat, den Lofoten. Seit vielen Jahren betreibt sie dort Akustikforschung und verwandelt diese in künstlerische Projekte. So nimmt sie im Meer die Paarungsrufe des Kabeljaus auf, jenem Skrei, der im Frühjahr von der Barentssee 800 Kilometer hinunterschwimmt, um im Vestfjord zu laichen, und den Morten, Hugo und ich bei unserer Bootstour wegen schlechten Wetters nicht angeln konnten.

A K Dolven erzählt von der vielstimmigen »Chorpoetik des Ozeans«, bei der viele Faktoren im Gleichgewicht sein müssen. Eine Veränderung des Meeresklimas beeinträchtige auch die Fortpflanzungszyklen. Selbst in der Tiefe höre man Motoren, Propeller, Angelruten und die Bewegungen des Wassers.

Nach dem Vortrag spreche ich kurz mit der Künstlerin, die ihre Aufnahmen im Berliner Naturkundemuseum im Rahmen einer Ausstellung präsentierte und sie dem Museum später schenkte. Die Norwegerin hat lange in Deutschland gelebt und spricht perfekt Deutsch. »In meiner Kunst geht es unabhängig von der Technik darum, in der Welt, in der wir leben, politisch, sozial und persönlich ein Gleichgewicht zu finden«, sagt sie. »Kritische Themen treten in der arktischen Landschaft klarer zutage.«

Am Ende der Talks machen wir eine Tour durch die Gruve 3, die stillgelegte Bergbaugrube ist mittlerweile ein Museum. Mit Helm taucht man ins Innere der Erde ein. Auch Frauen arbeiteten schon früh in den Minen. Jede und jeder hatte eine Lore, die mit Namen markiert war – einige sind rosa geschmückt.

Als wir über den heutigen Alltag auf Spitzbergen sprechen, erzählt unser Museumsguide, dass seine Frau gerade schwanger sei. Da das Krankenhaus nicht entsprechend eingerichtet ist, muss sie einige Tage vor dem Termin nach Tromsø fliegen.

Nur einige Hundert Meter von Gruve 3 entfernt wurde ein neuer Schacht ausgehoben, der künftige Generationen im Notfall retten soll: der Global Seed Vault. Manchmal wird der weltweit größte Saatguttresor auch als »Arche Noah« oder »Doomsday Vault«, also Untergangsbank, bezeichnet. Von außen sieht man nur eine unscheinbare Spitze, drinnen lagern am Ende eines 130 Meter langen Tunnels in drei Räumen fast eine Million Kulturpflanzen. Die genetische Welt ruht dort dicht aneinander. Jedes Land bringt seine eigenen Samen – zum Beispiel von Getreidearten – mit, die dort wasserdicht eingeschweißt ruhen. Sie sind ein gefrorenes Gedächtnis, denn mit der Zeit sterben viele Pflanzenarten aus – sei es durch Epidemien, Kriege oder den Klimawandel. Was die Genbank aufbewahrt, kann jederzeit wieder kultiviert werden. Schon einmal wurden Samen entnommen, das war 2015, als im Zuge des syrischen Bürgerkrieges deren lokale Samenbank nicht mehr genutzt werden konnte.

Tief im Tunnel beträgt die Temperatur minus 18 Grad Celsius.

Bevor wir nachts um drei Uhr bei strahlendem Sonnenschein zurück nach Oslo fliegen, findet ein Abendessen im Huset (das Haus) statt. Der Steinbau am Rande des Ortes hatte schon viele Leben: Früher war es ein Café mit Kiosk, eine Schule, Ort für Gottesdienste, das Zuhause des Priesters und die Post. Mittlerweile servieren sie im Restaurant moderne skandinavische Küche, danach performt an diesem Abend DJ Frost mit seiner Partnerin. Deren Mutter führte uns kurz davor durch das Huset und gestand, dass sie eine der wenigen ist, die die Regeln gebrochen hat: Vor über 60 Jahren wurde sie in Longyearbyen geboren.

Bei den Sámi am Kjøllefjord

Von Spitzbergen aus geht es für mich nur noch bergab beziehungsweise südlich. Während man früher je nach Witterung tagelang bis zum norwegischen Festland segelte, fliegt man nun innerhalb von 90 Minuten nach Tromsø und in drei Stunden bis nach Oslo. Da ich ja nicht die Seetauglichste bin, ist das für mich definitiv die angenehmere Reise.

Das Meer ist auch entlang der klassischen Hurtigruten-Strecke zwischen Kirkenes und Bergen unberechenbar. »Es knarrt und kracht in allen Fugen, im Salon schwingen die Lampen hin und her, als ob sie toll wären. So – da ist eine neue Welle, bums – da gehen wir wieder in die Tiefe, ratsch, ratsch – stoßen wir auf? Nein, es war bloß eine Reihe Stühle, die auf dem Boden herumrutschten. Vier Mann auf dem Verdeck (…) eilen (…) wie aufs Kommando ans Geländer und erzählen Vater Neptun Dinge, von denen wir lieber nicht reden wollen.« So beschreibt der dänische Astrophysiker Sophus Tromholt seine Schiffsreise entlang der schroffen norwegischen Küste. Das war im August 1882.

Schon vor der Gründung der Postschifflinie Hurtigruten im Jahr 1893 war die Strecke vor allem für die entlegenen Orte im Norden des Landes eine wichtige Verbindung zur Außenwelt. Heute fahren auf der rund 2500 Kilometer langen Tour täglich 11 Schiffe. Sie transportieren zwar keine Post mehr, dafür aber weiterhin Fracht, Autos und vor allem Passagiere. Die modernen Schiffe federn den Seegang gut ab, trotzdem verziehen sich manche Passagiere in stürmischen Zeiten lieber in ihre Kabinen.

In Nordnorwegen ist Hurtigruten für die Einheimischen ein günstiges Transportmittel zum Nachbarfjord, schließlich sind im Winter manche Straßen gesperrt, und gleichzeitig ein schwimmendes Café. Manche kommen nur für einen Kaffee an Bord und tauschen mit der Crew den neuesten Tratsch aus.

Von Vardø aus brauchen die Schiffe zehn Stunden bis nach Kjøllefjord. Da sie auf der südgehenden Tour nachts um 2.45 Uhr ankommen und nur wenige Minuten zum Ein- und Ausladen halten, fällt der Kaffee hier aus.

In Kjøllefjord leben knapp 1000 Menschen. Wem das noch zu viel ist, der kann sich bei Ellinor Guttorm Utsi und ihrer Familie einmieten. Die Sámi-Familie wohnt außerhalb des Ortes am Fuße des kleinen Sees Finngammvatnet. »Bures boahtin«, ruft Ellinor bei meiner Ankunft. Das heißt »Willkommen« auf Nordsamisch. Für eine Woche im Juli werde ich bei ihr bleiben.

Die indigene Bevölkerung siedelt seit rund 10 000 Jahren im

Norden Europas. Seit vielen Generationen wandert auch Ellinors Familie jedes Frühjahr von den Winterweiden in Tana zu den Küsten in Nordkyn bei Kjøllefjord. Die Familie folgt ihren Rentieren. Diese entscheiden den Zeitpunkt und das Tempo, so wie es Mitte April beim Slow-TV-Event in der Nähe von Karasjok war. Ein Verwandter von Ellinor hatte einige seiner Rentiere ebenfalls in dieser Herde.

Meist ziehen bei den Rentierwanderungen mehrere Familien zusammen durch die ewigen Weiten, diese Einheiten nennen sie *siida*. In Anlehnung an diese Tradition trägt das Sommerquartier von Ellinor den Namen »Davvi Siida«. Neben ihrem privaten Holzhaus stehen zwei Holzhütten, die sie an Touristen vermieten, sowie eine Hütte mit Toilette, Küche und Dusche für die Camper und am Rande ein kleines *lavvu*, das Zelt der Sámi. Einst lebten die Nomaden darin, wenn sie mit ihren Rentieren zur Küste zogen.

Die kleine Frau öffnet nun das spitze, von Birkenstämmen gehaltene Zelt. Ihr Mann Ailu hat es aufgebaut. Früher stellten sie die Plane aus Fellen oder gewebten Wollteppichen her, heute verwenden sie wasserdichte Materialien. Selbst wenn die Sámi ihre Tradition erhalten wollen, nutzen sie bei Bedarf die moderne Technologie.

Das *lavvu* wird am ersten Tag mein Nachtlager sein. Im Inneren brennt in der Mitte stets ein Lagerfeuer, der Rauch entweicht über das offene Loch an der Spitze der Zeltstangen. Mein Bett ist liebevoll hergerichtet: Es besteht aus Birkenzweigen, darüber liegen Rentierfelle und eine Wolldecke. Im Sommer braucht man Letztere eigentlich nicht, weil es doch recht warm ist.

Die Ruhe ist ansteckend. »Ich möchte das Gefühl der Stille an unsere Besucher weitergeben«, sagt Ellinor. Die Frau Anfang 50 lernte ihren Mann Ailu als Teenager in Karasjok kennen. Er arbeitete damals beim lokalen Fernsehsender NRK Sápmi, die

Programme in samischer Sprache produzieren. Sápmi ist, wie bereits erwähnt, der Überbegriff für die Region, in der die Sámi leben. Ellinor spricht das am meisten verbreitete Nordsamisch, insgesamt gibt es neun verschiedene Sprachen. Einige werden nur noch von rund 200 Menschen verstanden.

Ein Begriff, der in allen Sprachen gleich ist und die indigene Bevölkerung vereint, ist ihr Name: Sámi. Früher wurden sie von anderen »Lappen« genannt, diese Bezeichnung ist heutzutage genauso verpönt wie die Bezeichnung Eskimo für die Inuit. Auch das im deutschen Sprachgebrauch weiterhin genutzte Wort »Samen« gilt als veraltet.

Immer wieder muss die indigene Bevölkerung für ihre Rechte kämpfen. Mitte des 20. Jahrhunderts wurde ihnen im Rahmen der sogenannten »Norwegenisierung« die eigene Sprache verboten und man entzog ihnen mehr und mehr das Recht, Land für ihre Rentiere zu nutzen. Ende der Siebzigerjahre jedoch regte sich zunehmend Widerstand. Aktivisten traten 1979 vor dem Osloer Parlament Stortinget in einen Hungerstreik und machten so auf ihre Situation aufmerksam.

Außerdem gab es Streit um einen geplanten Staudamm in Alta. »Sie haben versucht, uns zu kolonialisieren«, sagt Niillas Somby, einer der berühmtesten Sámi-Aktivisten jener Zeit, der auf Spitzbergen an der Konferenz teilnahm. Er arbeitete schon als Journalist, Fotograf, Rentierhirte, Mechaniker und fuhr zur See. Einer seiner Vorfahren war mit Nansen auf Expeditionen.

Der Mittsechziger spricht langsam, seine Stimme klingt heiser. Er hat einen durchdringenden Blick. »Die Flüsse sind für uns wichtige Lebensadern. Wir haben die Verantwortung, sie zu schützen«, sagt Niillas. »Die Gemeinden nahmen uns hier und da ein bisschen Land weg, dann folgten Straßen. Und all das, ohne zu berücksichtigen, dass besonders die Rentierhirten auf die Nutzung der Natur angewiesen sind.«

1982 wurde es ihm zu viel. Er baute einen Sprengsatz, mit dem er an einer Brücke eine kleine Explosion erzeugen wollte. Doch der Zünder löste sich zu früh, und so verlor er durch die Detonation seine Hand. »Ich wollte keine Brücke sprengen oder jemanden verletzen, es war eine friedliche Protestaktion, die schiefgelaufen ist«, sagt er und lächelt ein wenig.

Niillas kam ins Gefängnis und wurde zum »schlimmsten Terroristen Skandinaviens« erklärt. Mit der Hilfe guter Freunde konnte er nach Kanada fliehen, später kehrte er zurück und saß seine Strafe ab.

Mittlerweile haben die Sámi mehr Rechte, die Sprache wird wieder in den Schulen des Nordens gelehrt, die Straßenschilder sind zweisprachig und sie verfügen über ein eigenes Parlament, das die kulturelle Selbstbestimmung des indigenen Volkes gewährleisten soll. Von den 43 Mitgliedern sprechen nicht alle Samisch. Die derzeitige Präsidentin etwa wendet sich nur auf Norwegisch an ihre Bürger. Es ist ein spätes Erbe der Norwegenisierung.

»Das Sámi-Parlament sieht oberflächlich betrachtet gut aus. Aber haben wir politische Macht durch dieses Parlament? Die Antwort ist leider Nein.« Die große Politik wird eben weiterhin in Oslo betrieben. Für einige in der Sámi-Community ist Niillas Somby ein Held, andere finden seine Aktionen und Ansichten zu radikal.

Meine Gastgeber in Kjøllefjord wollen an diesem schönen Sommerabend lieber keine tiefschürfenden politischen Diskussionen führen. Aber sie lassen keinen Zweifel daran, dass die Identifikation mit ihrer Kultur hoch ist. Ihre Zugehörigkeit definieren sie jenseits von Staatsgrenzen: »Ich bin eine Sámi, die in Norwegen lebt«, sagt Ellinor und Ailu nickt. Wir sitzen draußen auf der Terrasse ihres Hauses und schauen auf den See. Im Sommer geht die Sonne auch hier nicht unter.

Die beiden haben zwei Söhne und eine Tochter, die bereits erwachsen sind. Sie helfen bei der Rentierzucht und der Betreuung der Gäste. »Alle drei wollen unsere Rentierfarm übernehmen«, sagt Ailu. »Doch jede Familie erhält vom norwegischen Staat nur eine Lizenz.« Wissen sie schon, wem sie diese geben? Das Ehepaar schüttelt den Kopf. »Zum Glück müssen wir uns noch nicht entscheiden.«

Am späten Abend gehe ich ins *lavvu*. Durch die Öffnung an der Zeltspitze sickert etwas Licht herein. Ailu hat über meinem Bett ein kleines Netz zum Schutz gegen die Mücken aufgespannt. Die sind in Finnmark erstaunlich groß und scheinen mich sehr zu mögen.

Die Nacht ist gemütlich und wer weiß, ob es an den vielen Geschichten liegt, denen ich gelauscht habe, jedenfalls habe ich einen sehr intensiven Traum. Darin sagt ein Sámi zu mir: »Nimm dir Stift und Papier und schreibe dein neues Leben auf!« Als ich der Familie am nächsten Morgen davon erzähle, wundert sie dieser Traum mit der Aufmunterung für einen Neustart nicht.

Wer sich auf die Natur einlässt, erlebt magische Dinge, sagen sie. Einst holten sie sich bei Schamanen Hilfe, die in die Welt der Geister eintreten konnten und Kranke heilten. Bei einer früheren Reise erzählte mir eine Sámi von einem Schamanen, der blutende Wunden über Gespräche am Telefon stoppen konnte. Mystische Geschichten wie diese gibt es im Norden ebenso viele wie Rentiere.

Am Vormittag nimmt Ellinor mich mit auf eine Tour durch die weite Tundra. Sie will schauen, ob mit ihren Rentieren alles in Ordnung ist. Einige grasen am Wegesrand der Hochebene, wo selbst im Juli noch stellenweise Schnee liegt. »Wir haben 300 verschiedene Wörter für Schnee«, sagt sie. »*Jasa* heißt der Schnee, der jetzt im Sommer noch liegt. Wenn es warm ist, gehen die Rentiere gerne zu diesen Orten, weil dort keine Mücken sind und sie genügend Futter finden.« Auch jetzt knabbern sie zwischen den verschneiten Flächen an den Flechten und Gräsern. Es ist so leise, dass man das sanfte Knacksen ihrer Hufe hört.

Das scheinbar endlose Land gehört den Sámi nicht, aber sie haben das Recht, ihre Tiere dort weiden zu lassen. Wie viele eine Familie besitzt, darf man nicht fragen. Das wäre so, als sollten wir unseren Kontostand verraten.

Ellinor zeigt mir noch den Scheideplatz, wo sie Anfang Herbst die Rentiere den jeweiligen Familien zuordnen. Ein Teil ihrer Herde wird geschlachtet. Sie verwenden alles: das Fleisch – als Delikatesse gelten die Rentierzungen –, das Fell, und aus dem Geweih schnitzen sie kleine Kunstwerke.

Am Mittag kommt dann während der Saison der tägliche Anruf von Hurtigruten. Seit über zwölf Jahren besuchen Touristen die Familie auf ihren organisierten Landausflügen. Die nordgehende Route trifft nachmittags ein, die Gäste werden am Pier abgeholt und mit einem Bus zu einem großen *lavvu* gebracht, in dem über 80 Personen Platz finden. Das Zelt liegt wenige Kilometer von ihrem Sommersitz entfernt am Wegesrand inmitten der Natur. Ailu und Ellinor schlüpfen dann in die traditionelle Kleidung und erzählen den Besuchern unterhaltsame Geschichten von der Rentierzucht und von ihrer Kultur. Die Sámi bringen ihnen einige Wörter in Nordsamisch bei, servieren selbst gemachte Rentierbrühe und Ailu gibt ein *joik* zum Besten. Der jodelartige Gesang hat etwas Mystisches. Die Songs handeln von ihrer Liebe zur Tundra und ihren Tieren. »Die Natur ist unsere Kultur«, sagt Ellinor. Sie erklärt, dass sie im Alltag Jeans und T-Shirt tragen und dass man ihre Handwerksarbeiten gerne mit Kreditkarte bezahlen kann.

Von Tag zu Tag gewöhne ich mich mehr an den langsameren

Rhythmus der Sámi. Die folgenden Nächte verbringe ich in einer der beiden Holzhütten, wohin sich doch weniger Mücken verirren. An einem der Abende wird das *lavvu* zum mobilen Restaurant, die Sámi-Familie grillt für einige Gäste auf einem offenen Feuer Lachsspieße. Wir hocken auf Fellen im Kreis und während der Lachs noch gart, reicht Ailu eine beliebte Spezialität: geräuchertes Rentierfleisch, das in stark gebrühten Kaffee getunkt wird. Es schmeckt erstaunlich gut.

Was bedeutet Hurtigruten für sie? »Wir leben hoch oben in Europa, wo uns nicht so viele Touristen über die Straßen erreichen, deshalb ist es wichtig, dass die Hurtigruten-Passagiere zu uns kommen«, sagt Ellinor.

Ihre Lebensgrundlage aber bleiben die Rentiere, im Winter zieht die Familie mit den Tieren auf die Winterweide in Tana,

Ellinor und ihr Mann Ailu in *gákti*, der
traditionellen Kleidung, vor einem ihrer *lavvu*

wo sie ihr zweites Haus haben. »Als mein Enkel sechs war, fragte ich ihn, was er später mal werden möchte. Ohne zu zögern sagte er: ›Wieso werden. Ich bin schon jetzt ein Rentierzüchter‹«, erzählt die Sámi. »Das erfüllte mich mit Stolz.«

Nach einigen Tagen in der Ruhe geht es für mich wieder gen Süden. Zu den Souvenirs zählt neben 50 Mückenstichen eine handgeschnitzte Halskette aus Rentiergeweih, die Ellinor mir schenkt. »Das ist ein Lasso und so fangen wir dich immer wieder ein«, sagt sie und umarmt mich freudestrahlend.

Literatur am Fjord

Ebenso charakteristisch wie die Einsamkeit des Nordens sind die Fjorde, wo entlang der steilen Hänge meist nur wenige Menschen leben. In Fjærland jedoch warten Margaret Atwood, Stephen King und Botho Strauß schon sehnsüchtig am Steg auf ihre Leser. Das Dorf liegt tief im Sognefjord. An diesem Tag im Mai spiegeln sich die grünbewachsenen Hügel und schneebedeckten Bergwipfel im klaren Meer. Dicht an dicht stehen die internationalen Literaturstars jetzt an der Fähranlegestelle gemeinsam mit ihren Kollegen Siegfried Lenz, Gabriel García Márquez und Franz Kafka – nicht persönlich, dafür im grün lackierten Bücherregal unter freiem Himmel.

Fjærland ist ein verwunschener Ort mit gerade mal 278 Einwohnern und nur einer Straße. Auf rund vier Kilometern bieten sie schätzungsweise 200 000 Bücher secondhand zum Verkauf an, von profaner Sommerlektüre über Liebesschnulzen, Krimis und ökonomische Fachliteratur bis hin zu teilweise vergriffenen Klassikern. Zehn Kronen, also rund 1,10 Euro, kostet ein Buch. Das Geld wirft man in den Schlitz einer grünen Box, die am Regal hängt.

Seit über 20 Jahren gehört Fjærland zum weltweiten Netzwerk der Book Towns, der Bücherdörfer. Traditionell lebten die Menschen an den fruchtbaren Ausläufern des größten Festlandgletschers Jostedalsbreen von der Landwirtschaft. Als in den Achtzigerjahren ein kilometerlanger Tunnel in den Berg gehauen wurde, stellte die Gemeinde die tägliche Autofähre ein. Und so mancher Fjordbewohner zog lieber in belebtere Regionen.

Seit die Menschen gingen, bevölkern die Bücher den Ort. »Wir bekommen sie geschenkt. Zum Beispiel von Norwegern, die umziehen, oder von Touristen auf der Durchreise«, sagt Marianne Supphellen. »Wir nehmen alle Bücher an, sofern sie in gutem Zustand sind und nicht müffeln.« Die Norwegerin ist Leiterin des Bücherdorf-Projektes. Die Familie ihres Mannes lebt seit vielen Generationen in Fjærland, was sich im Nachnamen zeigt. Supphelle heißt auch einer der Gletscherausläufer.

An diesem sonnigen Tag führt sie mich durch ihren Ort. Neben den öffentlichen Bücherregalen im Freien, etwa an der einzigen Bushaltestelle, nutzen die Organisatoren vor allem leer stehende Gebäude, um die Weltliteratur zu präsentieren. Sei es in der ehemaligen Bank, einer ockerfarbenen Holzscheune oder dem einstigen Kaufmannsladen. »Jeder Buchladen ist einem Genre gewidmet«, sagt Marianne, als sie das Café betritt. Im Kaffistofa gibt es eine ganz spezielle Mischung: Hier stehen neben den Kategorien »Kochbücher« und »Humor« auch erotische Werke. Sicherlich würden die Vorfahren der jetzigen Inhaberin bei der heißen Literatur verschämt kichern, ihre heutigen Gäste genießen gelassen die frisch gebackenen Waffeln mit Kaffee.

Zwei Häuser weiter ist das Straumsvågs antikvariat beheimatet, in dem Jan Peter Strong hinter Bücherstapeln zu verschwinden droht. Selbst oberhalb des Türrahmens thronen in einem Regal Berichte über den Forschungsreisenden Thor Heyerdahl. Der Norweger wurde 1947 berühmt, als er mit dem Floß Kon-Tiki von Peru aus über den Pazifik segelte. Jan Peter streicht durch seinen langen Bart, er zeigt uns das älteste Buch des Antiquariats. »Es ist eine Kirchenhistorie aus dem Jahr 1742 vom dänischen Autor Erik Pontoppidan«, sagt er und klappt den Band vorsichtig auf. Strong lebt ebenfalls in Fjærland und betreibt um die Ecke einen Laden mit Comicbüchern. Er genießt die Entspanntheit des Ortes.

Unweit davon residiert das Hotel Mundal auf einem kleinen Hang, es wurde vor über 125 Jahren gegründet und war lange in Familienbesitz. Wer es betritt, findet sich im 19. Jahrhundert wieder, mit stilvollen Möbeln, Kronleuchtern, Schaukelstühlen und Kaminen. Die Bücher in der kleinen Bibliothek sind allerdings nicht nach Themen, sondern nach Farben sortiert.

Die Hotelbesitzer und auch Marianne erzählen, dass der berühmte Jostein Gaarder mit Fjærland auf besondere Weise verbunden sei: als Teenager habe er hier Schweine gehütet. »Ja, das stimmt«, bestätigt Gaarder später bei unserer Begegnung in Oslo. »Drei Sommer lang war ich im Hotel Mundal der ›Junge für alles‹. Ich trug auch die Koffer der Gäste von der Fähre zu ihren Zimmern und führte zur Unterhaltung traditionelle Tänze auf.« Gaarder beherrscht sie bis heute, das sei wie Fahrradfahren, sagt er. »Meine Lieblingsformation war ein Paartanz mit dem deutsch klingenden Namen ›Reinlender‹. Den tanzten wir abends auf den Partys im Jugendhaus von Fjærland.«

In den Sechzigern wurden neben traditionellen Folksongs vor allem Twist, Swing und die Beatles gespielt. »In dieser Zeit verliebte ich mich das erste Mal – in den Sognefjord und in Frauen. Ich bekam dort mit 17 meinen ersten Kuss. Es war ein Debüt in vielerlei Hinsicht, eine märchenhafte Zeit.«

Gaarder fährt regelmäßig in den abgelegenen Ort, wo er stets dasselbe Zimmer mit Blick auf den Fjord wählt. Natürlich gibt es in dem Bücherdorf auch gebrauchte Exemplare seiner Werke. Zum Beispiel im Haus »Tusen og ei natt«, Tausendundeine Nacht, an der Fähranlegestelle, wo die Kategorien Philosophie, Historie, Botanik und Krimi abgedeckt werden. Nebendran im ehemaligen Warteraum ist Literatur rund um das Meer zu entdecken. »Kauf mich, lies mich«, rufen die Bücher den Besuchern zu. Zum Glück sind viele auf Norwegisch und somit kann ich der Versuchung leichter widerstehen.

Ich spaziere mit Marianne zurück zum Ortsanfang. Wir treffen Bård Huseby, der sich mit dem Hotel Fjærland Fjordstove einen Traum erfüllt hat. Der Norweger kommt ursprünglich aus einer anderen Region des Landes, doch: »Ich wollte schon immer ein weißes Holzhaus am Fjord besitzen«, erzählt er. »In Fjærland fand ich meinen Platz.« Der Aufenthaltsraum des Hotels ist mit orangefarbenen Sitzgarnituren im Stil der Siebzigerjahre und einem Plattenspieler gemütlich eingerichtet. Auf der Fensterbank stehen ausgewählte Bücher, die breiten Glasfronten lassen freie Sicht auf den schmalen Fjord und den Gletscher zu. Das Hotel serviert lokale Küche, die Kräuter züchtet Bård im Garten und das Bier braut er selbst. Die literarische Verschnaufpause am frühen Abend tut gut.

Später sitze ich auf der Terrasse. In der Ferne krachen die letzten Schneestücke in den Fjord, ansonsten ist es still. Im Hotelzimmer warten natürlich: Bücher.

Bergen: Unterwegs in der Regen-Hauptstadt

Fjærland liegt in einer tiefen Verästelung des Sognefjords. Mit dem Auto oder mit öffentlichen Bussen gelangt man in einigen Stunden nach Bergen. Es ist ein langsames Auftauchen aus der beschaulichen Dörflichkeit in die urbane Küstenwelt. Ich habe die Metropole an der Westküste im Laufe der Jahre mehrmals besucht und in verschiedenen Jahreszeiten erlebt. Geregnet hat es jedes Mal.

»Besuchen Sie Bergen nicht an einem Regentag, wenn die Wolken schwer über den Dächern liegen und die Atmosphäre in einen Nebel von Wasserstaub verwandelt ist – da sieht die Stadt aus wie ein Ertrunkener, den man soeben aus dem Wasser gezogen hat«, schrieb Tromholt 1882 in seinen Erinnerungen. Der dänische Wissenschaftler lebte damals in Bergen, bevor er sich auf seine Nordlichter-Forschungsreise in den Norden begab. Andererseits schwärmte der Däne auch von der Lebendigkeit und den Sonnentagen.

Die seit der Hansezeit betriebsame Metropole gilt als Regen-Hauptstadt. In den vergangenen 30 Jahren hat es durchschnittlich 246 Tage des Jahres geregnet, bestätigt das Meteorologisk institutt auf Anfrage.

Bei meinem Treffen mit Tomas Espedal ist die Wettervorhersage gemischt. Schon von Weitem sieht man ihn mit großen, energischen Schritten auf das Café Opera unweit des Nationaltheaters zulaufen. Er trägt wuchtige Gummistiefel, darüber einen dunkelblauen Regenmantel und eine olivgrüne Wollmütze. Es ist ein intensives Gehen.

Der Schriftsteller zählt neben seinem Freund Karl Ove Knåusgard zu den wichtigsten zeitgenössischen Autoren Norwegens. Wer seine Bücher liest, weiß, dass der Mittfünfziger autobiografische Romane schreibt, in denen er auch, oder sollte man sagen: vor allem, seine Krisen intensiv und packend beschreibt. In ›Wider die Kunst‹, einem seiner letzten Werke, thematisiert Espedal den Verlust zweier wichtiger Menschen – seiner Mutter und seiner Exfrau, der Mutter seiner Tochter.

Gleichzeitig ist es ein Porträt seiner Heimatstadt und somit des Regens. Er schreibt:»Schwere, reglose Wolken von einer solchen Schwere, so dick, dass man stehen bleibt und sie betrachtet. Unglückswolken? Wenn sie so schwer herabfallen würden, wie sie am Himmel hängen, sie würden das Haus des Nachbarn zerschmettern. Aber sie fielen als Regen, es regnete. Sanfter, leichter Regen auf das Dach des Nachbarn, ich erfreute mich daran. Die Luft wurde klar, der Himmel riss auf, das Sonnenlicht brach durch.«

Als Espedal beim Café ankommt, wirkt er nachdenklich. Die Begrüßung fällt herzlich aus, spontan umarmt er mich. Da es nicht regnet, brechen wir gleich zum Spaziergang durch seine Heimatstadt auf. »Man weiß nie, ob es nicht sofort wieder losgeht.« Die schweren Wolken folgen uns, doch sie bleiben gnädig.

Nur zwei Querstraßen vom Nationaltheater entfernt bleibt er vor einem hellgrauen Gründerzeithaus stehen. »Hier bin ich zeitweise aufgewachsen«, sagt Espedal. »In der ersten Etage wohnte ein Schriftsteller. Es war ein gutbürgerliches Haus, wobei wir selbst aus einer Arbeiterfamilie stammen.« Die alte Werft ist von dort nur zehn Minuten Fußweg entfernt. Einige Schritte den Hügel hinauf passieren wir die Kirche, in der er getauft wurde, laufen am Universitätsgelände vorbei. In einer der schmalen kopfsteingepflasterten Gassen trifft er einen Freund, der Heidegger-Experte ist. Espedal beschäftigte sich ebenfalls ausführlich mit Heidegger, etwa in seinem Roman ›Gehen‹, bei dem der Ich-Erzähler seine damals noch lebende Frau und die Tochter verlässt und wie besessen durch Norwegen sowie Deutschland, Frankreich und Griechenland läuft, um zu sich selbst zu finden.

Gehen bedeutet für Espedal auch Glück – genau wie für den polarreisenden Verleger Erling Kagge, mit dem ich durch Oslo spaziert bin. Die beiden Wanderer kennen einander gut und ihre Wege kreuzen sich meist zur Osterzeit beim Skifahren.

Als wäre es verabredet, treffen wir auf dem Spaziergang durch

Bergen weitere Wegbegleiter Espedals: einen Schulfreund, eine Schriftstellerin, einen Maler und die Opernsängerin Tora Augestad, die in Berlin lebt. »Arm, aber sexy«, heißt es über Berlin, Kreative aus der ganzen Welt toben sich dort aus. Norwegen ist dagegen eines der teuersten und reichsten Länder. Hat das einen Einfluss auf die Kreativität? Espedal bleibt abrupt stehen. »Ich kann das nicht mehr hören mit dem Reichtum. In meiner Jugend war Norwegen kein wohlhabendes Land.« Heute könnten die Nachwuchsschriftsteller auf eine Akademie gehen und ihr Handwerk erlernen. »Ich musste es alleine herausfinden.« Der Reichtum des Landes fördere daher eher die Kreativität, glaubt er. Der Spaziergang endet bei USF Verftet. In der ehemals größten Konservenfabrik des Landes entstand direkt am Meer ein Kulturkomplex, der zahlreiche Ateliers, Studios und Konzerträume beheimatet.

Vom Kafe Kippers aus sieht man auf die gegenüberliegende Werft, in der einst die Männer seiner Familie schufteten. »Sie haben hart gearbeitet«, sagt er. Das Schreiben sei ebenfalls eine fast körperlich zehrende Leistung. »Der erste Satz, er muss hart sein wie Stahl. Man arbeitet ihn heraus, schleift und bürstet, schneidet und feilt, es ist Handwerk«, formuliert er es in ›Wider die Kunst‹. Er schreibt seine Romane nur mit der Hand, die linke Seite des Papiers lässt er dabei frei für Anmerkungen. »Ich habe jedes Wort vier Mal geschrieben, bevor es später veröffentlicht wird.«

Im Winter fahren viele Bergenser nach Spanien oder Thailand, um den dunklen Tagen zu entfliehen. Auch Tomas macht das gelegentlich. Wenn er in seinem Haus im Viertel Sandviken arbeitet, spielt die Jahreszeit jedoch keine Rolle. Stets sitzt er beim Schreiben im fensterlosen Keller. Sein schwach beleuchteter Schreibtisch ist gefüllt mit Büchern, Fotos und einem Aschenbecher. Dann zieht er an seiner Zigarette, atmet ein und bringt die ersten Zeilen aufs Papier. »Es ist fast wie ein Ritual«, sagt er.

Obwohl er autobiografische Romane schreibt, geht er dennoch nicht so weit wie sein Freund Knausgård, der in seiner gewaltigen ›Min Kamp‹-Reihe selbst vor den Geheimnissen seines Bruders nicht haltmacht. »Ich könnte das nicht, finde es aber mutig, dass Karl Ove es wagt. Einer muss es tun.« Nach einer fast vierstündigen Tour spazieren wir zurück ins Zentrum. Nur zehn Minuten später tröpfelt es langsam, da ist er dann wieder – der berühmte Regen von Bergen.

In Espedals Autobiografie gibt es einen Satz, der mir besonders gut gefällt: »Es gehört nichts dazu, zu reisen, neue Orte zu sehen, schwieriger ist es, jeden Tag dieselbe Strecke zu gehen, dieselben Orte zu sehen, auf eine neue Weise, vielleicht, aber dennoch, dieselben Straßen, dieselben Häuser, um einen neuen Gedanken zu finden, eine ganz neue Art, derselbe zu sein.« Wie der Schriftsteller mir bei einem späteren Treffen erzählt, stand ein Auszug davon mal auf Bussen in seiner Heimatstadt.

Die Bergenser lieben ihre Region trotz des Regens oder vielleicht macht gerade er sie aus. Wie Bürgermeisterin Marte Mjøs Persen ja erzählte, ist die Stadt geprägt durch den Handel mit der Welt und seit jeher offener. Und tatsächlich ist es leicht, in Bergen mit jemandem ins Gespräch zu kommen. Meine Theorie ist, dass der Regen dabei hilft. Schließlich ist das Wetter stets ein guter Gesprächseinstieg. Ich bin in der Nähe von Köln aufgewachsen, wo es mehr als 260 Regentage pro Jahr geben soll. Kein Wunder also, dass ich mich in der norwegischen Hansestadt wohlfühle.

Ich berichte der Bürgermeisterin von meiner These. Wobei ich gelernt habe, dass die Bergenser es überhaupt nicht mögen, immer wieder auf den Regen angesprochen zu werden. »Unsere Unterhaltungen beginnen oft mit ›Gestern hat es so viel geregnet‹ oder ›Der Wind war so stark‹. Wir beschweren uns, dass es 40 Tage am Stück geregnet hat und wir ertrinken werden, wenn die Sonne nicht bald rauskommt. Das würden wir aber niemals internationalen Besuchern sagen und erst recht nicht Osloern«, erklärt Persen und schmunzelt. »Wenn die Sonne dann wieder scheint, haben wir das ohnehin sofort vergessen.« Sie betont, dass eben dieser Überfluss die Umgebung so fruchtbar mache. Was man ab Frühling sieht, wenn die Rosen blühen und die Blumenbeete leuchten.

In dieser Zeit wird das Bergen International Festival veranstaltet, die Aufführungen finden in Edvard Griegs Wohnhaus statt, in Sälen oder in einem Pavillon. Zum Festival reisen zahlreiche internationale Musiker, Schauspieler und Künstler an. Eines der spannendsten Projekte, die ich dort erlebt habe, war eine Kooperation zwischen der Elektropopband Röyksopp und zwei norwegischen Schauspielern. Thorbjørn Harr schrieb gemeinsam mit einem Freund ein Theaterstück, in dem er den Humor von Franz Kafka ergründete. Das Stück bestand aus Zitaten von Kafkas Tagebüchern. Dazu komponierte Röyksopp die Musik, die sie während der Premiere live performten.

Regenmode

Natürlich regnet es auch im Frühling regelmäßig. Doch während die meisten den Regen am liebsten verschweigen wollen (zumindest Außenstehenden gegenüber), liebt T-Michael ihn. Er gründete mit seinem Kollegen Alexander Helle das Label Norwegian Rain.

Der aus Ghana stammende Maßschneider lebt seit über 30 Jahren in Bergen, mit seinen Anzügen ist T-Michael zur Stilikone geworden. Für das Label gestaltet er schicke, wasserdichte Regenmäntel mit raffinierten, aber dezenten Details. Denn Norweger, so seine Erfahrung, wollen optisch nicht gerne auffallen – eine Mutprobe ist es daher, seine neuesten Kreationen zu kaufen: Kimonos.

Als dunkelhäutiger Mann mit schlohweißen Haaren und Bart fällt er automatisch auf, im kosmopolitischen Bergen fühlt er sich zu Hause. Der Laden in der Innenstadt, in dem er seine Anzüge ebenso wie die Regenmäntel verkauft, ist gespickt mit Ledersesseln, Designermöbeln und moderner Kunst. Ein Löwenzahn aus Plastik wuchert am Boden.

Bei meinem Besuch am späten Nachmittag macht sein Kollege Alexander gerade Feierabend, die Familie ruft. T-Michaels Kinder sind bereits erwachsen. Er führt mich durch den Laden, der eher einem coolen Wohnzimmer ähnelt. Im Keller befindet sich seine Schneiderei.

Eigentlich ist das Geschäft schon geschlossen, aber weil sie Licht sehen, kommen spontan Freunde und Stammkunden zum kurzen Plausch vorbei. Einer ist auf dem Weg zur Betriebsfeier, er trägt natürlich einen Mantel von T-Michael. Wir sitzen in dem hell beleuchteten Geschäft und plaudern, während es draußen dunkel wird. »Ich mag den Regen und finde, die Touristenbroschüren sollten ihn zeigen«, sagt der Designer, »doch auf deren Bildern scheint nur die Sonne.«

Das Label der beiden Männer ist inzwischen so beliebt, dass sie in London und Oslo Filialen haben. Dadurch ist er oft unterwegs und kann dem Regen entgehen, falls er ihm doch mal zu viel werden sollte. Und um die Statistik noch mal präziser aufzuschlüsseln: Manchmal schüttet es nur eine halbe Stunde pro Tag, der als einer der 246 Regentage zählt. Es ist also alles relativ.

Zurück in Oslo begebe ich mich an den Fjord. Geschmeidig gleiten Rolf Thorsen und seine Kameraden durch das Wasser. Zug um Zug nähern sie sich der Hauptstadt. Es ist fast windstill. »Vom Meer aus hast du einen ganz anderen Blick auf Oslo«, sagt Rolf, im Ruderboot sitzend. Er war drei Mal Weltmeister im Doppelzweier und gewann zwei Silbermedaillen im Doppelvierer bei den Olympischen Sommerspielen von Seoul und Barcelona. Bis heute rudert der 1,91-Meter-Mann mindestens einmal in der Woche.

An diesem Morgen begleiten ihn zwei Vereinsmitglieder des Norske Studenters Roklubb. Im Viertel Sørenga ziehen sie vorbei am hölzernen Pier des öffentlichen Meerbades – zum Sjøbad gehören ein Sprungturm, Holzliegen, Duschen und ein kleiner Sandstrand. Auch jetzt schwimmen einige Osloer im eiskalten Fjordwasser. Sie nicken den Männern im Ruderboot zu. In der Ferne stapeln sich Container wie Legosteine im Hafengelände, vor einer Insel wippen Yachten im Wasser, und am Dock ruht ein haushohes Passagierschiff. Es sind nur wenige Grad über null, doch die Sonne scheint intensiv und wärmt. Im Viertel Sørenga ragen riesige Kräne zwischen den Häusern auf, die letzten Apartments werden gerade fertiggestellt.

Oslo ist, heißt es, eine der am schnellsten wachsenden Städte Europas. Rund 680 000 Menschen leben in der Metropole. Nirgendwo sieht man den Wandel so gut wie in der Fjord City, die sich rund neun Kilometer entlang des Oslofjords erstreckt. Das ehemalige Werft- und Industriegelände war jahrelang gesperrt. Nun erobern sich die Menschen den Zugang zu ihrem geliebten Meer zurück.

Die Natur und das *friluftsliv* sind für sie eben Teil ihrer Identität. Und so wurde das 2008 eröffnete Opernhaus einem Gletscher nachempfunden. Die Ruderer sehen es backbord im Viertel Bjørvika. Steuerbord liegt der Barcode – wie die zwölf Hochhäuser genannt werden, die an einen Strichcode erinnern sollen. Die Hafenarbeiter sind dort Bankern und Businessleuten gewichen. »In der 13. Etage des Visma-Gebäudes ist mein Büro«, sagt Rolf und zeigt auf eines der Häuser. Der Exsportprofi machte Karriere in der Immobilienbranche und ist Geschäftsführer einer Firma, die die Büroräume und Wohnungen im Barcode verwaltet. Außerdem betreut diese in Sørenga die Entwicklung der Hafenpromenade und kümmert sich um weitere Neubauten in der Fjord City.

Nicht alle Angestellten im Barcode sind ehemalige Weltmeister, dennoch ist Sportlichkeit in dem Hotspot der Finanz-

Rudertour mit dem Exweltmeister Rolf
im Oslofjord – im Hintergrund der Barcode

branche fast so wichtig wie eine gute Ausbildung. Viele kommen mit dem Fahrrad, es gibt dafür mehr als 4000 Stellplätze. Jedes Jahr veranstalten sie zudem eine »Barcode Challenge«, bei der getestet wird, wer die 303 Stufen als Erster erklimmt.

Noch schneller als die besten Treppenläufer klettern derzeit in Oslo die Immobilienpreise. Besonders in Fjordlage. Das letzte noch unverkaufte Apartment im Barcode mit 91 Quadratmetern kostet 8,5 Millionen Norwegische Kronen, also fast 900 000 Euro. Ich frage Rolf, ob ich mich mal für ein paar Stunden in die möblierte Wohnung setzen könne. »Klar«, sagt er und bringt mich mit dem zuständigen Mitarbeiter in Kontakt. »Aber keine Party feiern!«, sagt dieser ein paar Tage später und drückt mir den Schlüssel in die Hand. Ich betrachte stundenlang den Fjord, besuche die grün bepflanzte Dachterrasse und stelle mir vor, ich wäre so wohlhabend wie eine Norwegerin.

Etliche Bürger kritisieren die Gentrifizierung der Hafenpromenade, die einsetzte, seit die Stadtverwaltung einzelne Abschnitte an private Investoren verkauft hat. »Vom Preis her liegen unsere Immobilien ähnlich wie die in anderen attraktiven Gebieten Oslos«, sagt Rolf. In meinem Hausblock Tysklandgården ist eine Wohnung in vergleichbarer Größe für 700 000 Euro verkauft worden.

Der Norweger hat seinen Trainingsanzug inzwischen gegen Jackett, Hemd und Jeans getauscht. Er sitzt in seinem schlichten Büro. »Wir haben viele junge Käufer – Norweger und auch internationale Kunden. Asiaten bevorzugen Apartments zur Stadt hin, während die Norweger aufs Meer schauen möchten.«

Auch aus Rolfs Büro schaut man auf den Oslofjord. Unten ist die Erde aufgewühlt, bald werden hier die nächsten Objekte in die Höhe ragen. Bei den Ausgrabungen haben die Bauarbeiter Schiffe aus Hansezeiten, Münzen und alte Handelsware wie Tabakpfeifen aus Deutschland entdeckt.

Das Lebensgefühl des einst recht mittellosen Oslo kann man nur zehn Fußminuten vom Barcode beim Projekt Losæter erleben, das unter anderem von Rolfs Firma gefördert wird. In diesem Teil von Bjørvika wuchert es wild. Zwei Pferde pflügen durch den Acker, Hobbygärtner streifen über die mit Weizen bepflanzten Felder, andere zupfen Unkraut aus ihren Minigärten. 150 Parzellen mit Meerblick. »Es bewarben sich mehr als 4000 Osloer um die Schrebergärten«, sagt Amy Franceschini. Die Künstlerin ist eine der Macherinnen des Slow-Space-Projekts. Zur Vorbereitung reiste die US-Amerikanerin durch Norwegen und erforschte die bäuerliche Kultur. Dabei stieß sie in Dörfern auf traditionelle Backhäuser, in deren Öfen früher das Getreide zu Fladenbrot verarbeitet wurde. Es waren zugleich Orte, an denen die Bewohner zusammenkamen. Sie nannten sie »unsere Kirche«.

Kurz darauf gründete Amy mit befreundeten Künstlern die Flatbread Society. Die Gruppe baute ein Backhaus in Form eines historischen Rettungsschiffs, in dem nun ein steinerner Ofen steht. Und sie stellten einen Bauern ein, der in Losæter das Farmleben erklärt.

Losæter bedeutet »wild sein« – und das sind die Farmer im Vergleich zu den Bewohnern der Hochhaustürme. Einmal in der Woche kochen sie zusammen. An diesem Abend rührt eine Neuseeländerin im riesigen Topf, andere backen Fladenbrot. »Wir wollen ein Erlebnis schaffen, das die Sinne berührt und als eine Art Spiegel in die Umgebung reflektiert«, sagt Amy. »Und das uns daran erinnert, woher wir kommen und wie wir zu dem wurden, was wir heute sind.«

Einen großen Wandel hat wenige Kilometer weiter auch das Viertel Tjuvholmen erlebt, übersetzt »die Insel der Diebe«. Früher tummelten sich an den Docks zwielichtige Gestalten, Schmuggler und Prostituierte, im 19. Jahrhundert exekutierte man hier Verbrecher. Mittlerweile zählt Tjuvholmen zu den schicksten und teuersten Adressen Oslos. In Ufernähe ragen durchdesignte Häuser in die Höhe. Herzstück ist das vom italienischen Stararchitekten Renzo Piano entworfene Astrup Fearnley Museum, dessen gläsernes Dach an ein Segel erinnert.

Therese Möllenhoff kann diese Aussicht jeden Tag genießen. Die Norwegerin ist Kuratorin in dem Museum für zeitgenössische Kunst. »Früher mussten wir mit der Fähre nach Hovedøya oder nach Nesodden fahren, wenn wir an den Strand wollten«, erzählt die Norwegerin beim Spaziergang durch den angrenzenden Skulpturenpark. »Mit dem Boot rausfahren und schwimmen gehen, das nennen wir *berikelse* – eine Bereicherung.«

Die Kuratorin führt nun durch das private Museum. Zu den beliebtesten Werken der permanenten Ausstellung zählen das überdimensionale stählerne Bücherregal von Anselm Kiefer und die in Formaldehyd eingelegten Kuh- und Kalbkadaver von Damien Hirst mit dem Titel ›Mother and Child (Divided)‹. Neben der Dauerausstellung gibt es stets eine temporäre, einmal mit Werken aus Erling Kagges privater Sammlung.

Möllenhoff begleitet mich durch das Viertel Tjuvholmen mit seinen vielen Galerien; eine davon bietet Exponate des in seiner Heimat legendären Popkünstlers Hariton Pushwagner an, der vor Kurzem gestorben ist. Eine Art Galerie ist auch das 5-Sterne-Hotel The Thief, in dem Gäste direkt neben Werken von Jeff Koons und Andy Warhol speisen können. Auf jeder Etage hängen Kunstwerke – fette Beute für Diebe. Aber das Haus hat angeblich die teuerste Hotelversicherung der Welt.

Einen Kontrast dazu bildet das sozialistisch anmutende Rathaus. Nur einen kurzen Spaziergang von Tjuvholmen entfernt steht der dunkelrote Steinbau mit den zwei wuchtigen Türmen, der vor über 80 Jahren eingeweiht wurde. In einem liegt das Büro von Khamshajiny Gunaratnam, der stellvertretenden Bürgermeisterin, die von allen »Kamzy« genannt wird. Die Norwegerin mit tamilischen Wurzeln zeigt mir das Haus, in dessen Eingangshalle alljährlich der Friedensnobelpreis verliehen wird. Eine Gruppe von Teenagern kommt vorbei. Sie kichern nervös, wollen ein Selfie mit der Politikerin der Arbeiderpartiet machen. Kamzy strahlt in die Smartphones der Mädchen. Ihr lautes Lachen ist eines ihrer Markenzeichen.

Wann immer sie es schafft, gönnt sie sich eine kurze Pause am Meer. »Selbst wenn ich nur 15 Minuten Zeit habe, laufe ich zur Entspannung gern an der Fjord City entlang.« Im Café neben dem Rathaus bestellt sie einen Caffè Latte und spaziert in Richtung Vippetangen. Wo früher in Fabrikhallen der Fisch verarbeitet wurde, genießen jetzt Architekten in ihren gläsernen Büros den besten Fjordblick. Kamzy nippt an ihrem Kaffee und schaut auf die Stadt. Dann macht sie schnell ein Foto mit ihrem Smartphone.

In Vippetangen befindet sich mittlerweile eine beliebte Markthalle mit Imbissbuden. Von hier sieht man schon die Oper. »Anfangs beschwerten sich die Bürger, man könne doch nicht mitten im Nichts – Bjørvika war damals ein Niemandsland – die Nationaloper errichten.« Heute gilt das Kulturhaus wie das Rathaus als eine der Ikonen der Stadt. Bei Sonnenschein reflektiert der weiße Marmor des preisgekrönten Gebäudes. Kamzy schwärmt: »Die Architektur bringt Menschen zusammen. Es ist also auch ein Symbol für unsere Stadt.« Unweit der Oper, deren Dach man erklimmen kann, entstehen gerade die neue Nationalbibliothek sowie das Munch-Museum. Wenn die Sonne imposant untergeht, wird der Himmel manchmal so blutrot, wie der berühmte Künstler ihn in seinem Gemälde ›Der Schrei‹ verewigt hat. »An den Sonnenuntergängen kann ich mich nie sattsehen«, sagt die Politikerin. An diesem Tag kann Kamzy nicht darauf warten, sie hat noch Termine und eilt zurück ins Rathaus.

Am frühen Abend lockt unweit des steinernen Gletschers die Sørenga Badstuflåte eine Gruppe von Freunden an. Die unscheinbar wirkende Bretterbude ist eine Floßsauna. Betrieben wird sie von dem Schweden Martin Lundberg und seinem norwegischen Freund Hans Jørgen Hamre. Martin ist der Lebenspartner der Slow-Space-Künstlerin Amy. Die beiden wohnen am Rande der Fjord City auf einem Boot.

»Anfangs wollten wir unsere Sauna kostenlos anbieten, doch niemand hatte Interesse«, sagt Martin. »Erst als wir 200 Kronen, also rund 22 Euro, pro Person verlangten, kamen die Osloer.« Der rothaarige Schwede bringt mit Amy, die gerade aus ihrem Garten kommt, das Feuerholz auf das Floß, um die Sauna kräftig anzuheizen.

Mit Schlappen und nur in einen Bademantel gehüllt, spaziert

Sprung in den Fjord: Martin (links) und Sverre (dritter)
sowie zwei weitere Sauna-Freunde beim Abkühlen

ein Mann auf die beiden zu. Sverre Jervell ist einer der Stammgäste, der Mittsiebziger lebt nebenan im Viertel Sørenga. Auf dem Wasserweg steuern weitere Gäste die Bootssauna an. Die Männer klettern in die Schwitzhütte, an deren Eingang ein Schild prangt: »We have no WIFI here, we speak to each other.« Sverre macht den Anfang und erzählt von dem fünf Kilo schweren Lachs, den er kürzlich gefangen hat. »Und zwar von meinem Balkon aus, da hängt meine Angel, und immer wieder beißt einer an.«

Seit einigen Jahren verfolgen die Saunaliebhaber die Veränderung an »ihrem« Fjord. Martin muss heute jedes Mal bei der Stadt nach einer Genehmigung fragen, um am Pier festzumachen. Und so floaten sie mit ihrer mobilen Schwitzhütte in verschiedenen Vierteln an der Hafenpromenade. »Das Meer ist das größte öffentliche Gelände in Oslo, und jeder sollte es genießen können«, sagt Martin und springt zur Abkühlung hinein. Die anderen folgen ihm. Danach hocken die Männer und Amy auf der kleinen Pritsche vor der Sauna und schauen andächtig zu, wie die Sonne langsam versinkt.

Bevor wir uns verabschieden, lädt Sverre mich ein, ihn an einem anderen Tag in seiner Wohnung zu besuchen.

Hans Magnus Enzensberger und Sverre

Anstatt des Badeoutfits trägt er bei unserer Verabredung ein legeres Hemd und eine Hose. Als Erstes sehe ich mir natürlich seinen Balkon mit der Angel an, die am Rand befestigt ist. Sverre zückt sein Smartphone und zeigt mir den zuletzt gefangenen Lachs. Beeindruckend, was der Fjord in der Hauptstadt alles hergibt. Die Aussicht in Sørenga ist prächtig, man blickt auf den Fjord, die Oper und die Baustelle des neuen Munch-Museums.

Der pensionierte Diplomat spricht perfekt Deutsch. Wie sich herausstellt, hatte er sowohl zu DDR-Zeiten als auch nach der Wende einen Posten in Berlin inne. Sverre war im norwegischen Außenministerium Experte für europäische Beziehungen und für die Sicherheitspolitik. Kurz vor meinem Besuch erinnere ich mich, dass ich schon von ihm gelesen habe. Hans Magnus Enzensberger, der in den Fünfzigerjahren im norwegischen Tjøme lebte und 1984 seine Wahlheimat in dem Buch ›Norwegische Anachronismen‹ porträtierte, zitiert ihn darin.

Der berühmte deutsche Schriftsteller beschreibt die Norweger sehr zutreffend. Schon damals beobachtete er die Veränderung der Gesellschaft durch den neu gewonnenen Reichtum, der jedoch nicht offen gezeigt wird. »Die einzige Form der privaten Verschwendung, die allgemein gebilligt wird, ist der großzügige Umgang mit dem Platz«, schreibt Enzensberger. »Nicht der private, sondern der vergesellschaftete Reichtum ist es, der zählt.« Und dass jede menschliche Gesellschaft ihre eigene Methode entwickle, den Wohlstand, über den sie verfüge, zum Fenster hinauszuwerfen.

Viele seiner Ausführungen sind weiterhin gültig. Nur bei den Beschreibungen von Oslo merkt man den Wandel der Zeit. Und der von ihm zitierte junge Diplomat in Tweed und englischen Schuhen hat inzwischen graue Haare bekommen. Im Buch sagt Sverre: »Hier im Hause gehört der Hausmeister derselben Gesellschaft an wie der Botschafter. Darauf sind sie beide stolz. Ich habe nichts dagegen. Aber wir können nicht erwarten, dass am Quai d'Orsay oder in Washington dieselben Regeln gelten, ganz zu schweigen vom Moskauer Außenministerium.«

Damals besuchte Enzensberger ihn im Osloer Außenministerium, wo in der Kantine Staatssekretäre und Chauffeure einträchtig in der Schlange am Selbstbedienungstresen standen. Die Kantine gibt es weiterhin und sie ist eher unspektakulär, obwohl seit 35 Jahren sicherlich Renovierungen stattgefunden haben und manche Möbel ausgetauscht wurden. Als ich dort Diplomaten der Kulturabteilung traf, fiel mir auf, dass der Kaffee wie überall in Norwegen für meinen Geschmack viel zu stark gebraut und das Mittagessen regional geprägt ist. Zwar servieren sie warme Mahlzeiten, viele Mitarbeiter schmieren sich jedoch ein Sandwich mit *brunost*, dem karamellisierten Braunkäse.

Doch zurück zu Sverre. Er sagte zu Enzensberger weitere bemerkenswerte Sätze, die für mich das Wesen der Nation perfekt beschreiben: »Unsere Vorliebe für die Gleichheit, unsere Konfliktscheu, unsere Leistungsangst, unser Harmoniebedürfnis – das alles hat seine angenehmen Seiten. Aber unser Wertesystem ist eine Ausnahme. Die norwegischen Tugenden und Defekte sind eine periphere Angelegenheit. Sie lassen sich nicht verallgemeinern. Norwegen ist, so unglaublich das für die Norweger klingt, nicht der Nabel der Welt.«

Sverre ist einer der wenigen Protagonisten, der im Buch ›Norwegische Anachronismen‹ mit vollem Namen zitiert wird. Ansonsten nennt der Schriftsteller den Großteil seiner Protagonisten nur mit Vornamen, wenn überhaupt. Vermutlich wollten viele mit ihren Äußerungen nicht in Verbindung gebracht werden. Auch für mich ist es manchmal schwer, jenseits privater Unterhaltungen negative Töne einzufangen, die es auf das gedruckte Papier schaffen. Wer kritisch ist, erfährt kräftigen Gegenwind im gemeinschaftlich orientierten Land.

Auf seine Äußerungen von damals angesprochen, schmunzelt Sverre. Für ihn ist es selbstverständlich, seine Meinung offen zu sagen. Er fährt regelmäßig nach Berlin und verfolgt auch den Wandel der deutsch-norwegischen Beziehungen. »Ende des 19. Jahrhunderts bestand der Austausch vor allem darin, dass die Norweger technisches Know-how aus Deutschland erhielten, während die Deutschen Rohstoffe brauchten, etwa zu Zeiten von Kaiser Wilhelm II.« Letzterer verbrachte zahlreiche seiner Sommerurlaube in den norwegischen Fjorden.

Mittlerweile bestehe ein anderer Austausch, sagt Sverre. »Heute ist unser Land für euch besonders interessant als ein soziales Labor, was etwa Ideen zum Thema Arbeitsmarkt, Gleichberechtigung oder Familienpolitik anbelangt. Meiner Meinung nach ist dieser Input für Deutschland wichtiger als das Öl und Gas. Und für uns ist Deutschland ein bedeutender wirtschaftlicher und zunehmend auch politischer Partner.« Und bestätigt damit die Worte von Ministerpräsidentin Erna Solberg.

Während in seinem Wohnzimmer mit den Glasfronten die Sonne langsam untergeht, kommen wir auf Amundsen und das Projekt »Maud returns home« zu sprechen. Sverre erinnert sich an eine New Yorker Ausstellung mit dem Titel ›Norwegian Explorers‹, die vom Außenministerium finanziert wurde. »Ein amerikanischer Journalist kam auf mich zu und fragte: ›Warum ging Amundsen an den Südpol? Was zum Teufel wollte er dort tun oder finden?‹ Es war nicht so leicht, ihm eine Antwort zu geben, die ein Amerikaner verstehen würde.«

Der Diplomat erzählte ihm von der Bedeutung, die Nansen und Amundsen seinerzeit für den Aufbau einer jungen, unabhängigen Nation hatten und dass es dafür Helden brauche. »Da Norwegen nach der Wikingerzeit alle Kriege verloren hat, mussten wir unsere Nationalhelden außerhalb des militärischen Feldes finden. Also wandten wir uns an die Polarforscher, die sich bei uns leicht in Nationalhelden verwandeln ließen. Wir brauchten sie also, um eine nationale Identität und ein Selbstvertrauen aufzubauen. Ich erklärte dem Amerikaner, dass wir uns als Nation damals nicht zur Größe kämpften, sondern uns tatsächlich zur Größe gefroren haben.«

Ihre starke Outdoor-Tradition sei für Außenstehende oft ungewöhnlich, hat Sverre in seinen Jahren im Ausland festgestellt, und die Rückkehr des Schiffes Maud könne man unter diesem Aspekt betrachten. »Einige sehen das Projekt kritisch. Denn inzwischen hat die Nation sich gefunden, das Öl und Gas gaben uns Selbstvertrauen. Warum also Geld für ein Wrack ausgeben, das nicht renoviert wird, sondern nur als Wrack aufbewahrt wird?«

Zumindest geht es nicht zu Lasten der Steuerzahler, sondern wird von Privatpersonen finanziert. Sverre hat lange in Vollen gelebt, wo das Schiff vor über 100 Jahren gebaut wurde. Er kennt die Geschichte von Maud gut und wird sie wie ich weiterverfolgen.

FREIZEIT

Festivals und sportverrückte Norweger

»Hey, willst du ein Foto mit den Robbenjägern machen?«, fragt mich eine junge Norwegerin im dicken Wollpulli und drückt mir eine Art Spitzhacke in die Hand. Weitere Requisiten, die zur Auswahl stehen, sind Schnäuzer zum Ankleben, Pullover aus Schafwolle, die einst wohl für kräftig gebaute Männer gestrickt wurden, Fellmützen, Pfeifen und eine ausgestopfte Robbe.

Schon am Eingang zur Kneipe hatte ich das comicartige Poster gesehen mit dem Schriftzug »Ishavsblod«, Eismeerblut. Es zeigt drei gezeichnete Männer und im Hintergrund zwischen Eisschollen ein Schiff.

Ich bin an diesem Januartag in Tromsø. Die Stadt knapp 350 Kilometer oberhalb des Polarkreises war einst eine kleine Siedlung und galt später als »Tor zur Arktis« – von hier aus starteten auch Fridtjof Nansen und Roald Amundsen etliche ihrer Expeditionen. Jedes Jahr im Januar wird die Stadt während des sechstägigen Tromsø International Film Festival (TIFF) zum Tor für die Filmwelt.

Es ist nur eines von zahlreichen Festivals während der langen, dunklen Zeit, die so schneller vergeht. Beim TIFF werden neben internationalen Filmen auch aktuelle einheimische Produktionen gezeigt. Eine davon ist ›Ishavsblod – de siste selfangerne‹, Eismeerblut – Die letzten Robbenjäger. Aufgrund des Plakats vermute ich, dass es sich um einen humoristischen Spielfilm handelt.

Sieht lustig aus, der Film ist aber
eine blutige Angelegenheit

Also erwacht in mir die karnevalserprobte Rheinländerin, die sich gerne verkleidet. Ich pose mit Wollpulli, Mütze, Schnäuzer und halte die seltsam geformte Spitzhacke in der Hand. Plötzlich stehen zwei Männer hinter mir und nebendran eine Mitarbeiterin des Tourismusverbands, die die ausgestopfte Robbe trägt. Jemand macht mit der digitalen Kamera Bilder, die gleich ausgedruckt werden. Bevor ich weiter nachdenken kann, sitze ich am Tisch, wo einer der Männer mir ein abwaschbares Tattoo auf den Unterarm klebt: ein gezeichnetes rotes Herz, in dem ein Messer steckt.

Als ich mit dem freundlich lächelnden Norweger ins Gespräch komme, muss ich feststellen, dass es sich um echte Robbenjäger handelt und der Film eine Doku ist. Au weia! Gry Elisabeth Mortensen, eine der beiden jungen Filmemacherinnen, erzählt, dass ihr Werk eine »Action-Dokumentation« ist, die für zwei Monate die letzten Robbenjäger Norwegens auf ihren Reisen in der Arktis begleitet. »Das Blut tropft durch unseren Film«, sagt sie und lächelt mich an. So ist er eben, der nordische Humor. »Ich hoffe, du traust dich, dir morgen den Film anzusehen.« Ich nicke und nehme einen großen Schluck von meinem Bier, obwohl mir ein Schnaps auf den Schrecken lieber wäre.

Die Ølhallen, Bierhallen, wie die rustikale Kneipe mit den Wänden aus roten Steinziegeln und hölzernen Bierbänken heißt, gehört zur Mack-Brauerei. Diese wurde 1877 von Ludwig Markus Mack gegründet. Anfangs arbeitete der Mann aus Braunschweig, der auf Wanderschaft nach Tromsø kam, als Bäcker. Als der Sohn eines Brauermeisters sah, dass die Bürger vor allem Wein und hochprozentigen Schnaps konsumierten, wollte er ihnen eine leichtere Alternative bieten.

Lange Zeit war Mack die nördlichste Brauerei der Welt. Sie werben bis heute damit, selbst wenn ihnen der Titel inzwischen von einer grönländischen Firma streitig gemacht wurde.

Die Brauerei ist einer der Sponsoren des TIFF, zu Festivalzeiten laden sie in ihre heiligen Hallen ein. Die Produktionsstätten der viertgrößten Brauerei Norwegens liegen außerhalb, die Mikrobrauerei jedoch befindet sich direkt neben den seit 1928 geöffneten Ølhallen.

Musikalische Brauerei:
Johnny Cash grüßt vom Kessel

Ihre kühlen Räume sind in pinkfarbenes Licht getaucht, im Hintergrund läuft Musik. »Wir lieben gute Musik so sehr wie gutes Bier«, sagt Esben Rørnes. Und so erstellen sie für jedes hier gebraute Bier eine eigene Playlist, selbst die Braukessel sind nach berühmten Musikern benannt und mit den Graffitis ihrer Helden versehen. Auf einem der silbernen Tanks zeigt Johnny

Cash dem Betrachter seine Stinkefinger. »Auf jeder Flasche haben wir einen QR-Code, den du mit deinem Smartphone einscannen und so dieselbe Musik hören kannst wie wir beim Brauen«, sagt Esben. Allein die Mikrobrauerei stellt rund 100 verschiedene Sorten her und zwar nach dem deutschen Reinheitsgebot.

Die Mack-Brauerei ist in fünfter Generation in Familienbesitz. »Zuletzt fanden wir alte Briefe, die die Mack-Familie seit den 1830ern mit ihren Angehörigen in der fernen Heimat austauschte«, erzählt der Inhaber Harald Bredrup, seine Familie kam 1915 durch Heirat mit dazu. An diesem Abend zapft seine Tochter in den Ølhallen das Bier an der Theke, sie hat eine Weile in Deutschland gewohnt und spricht fließend Deutsch.

Auf der Tafel mit den Sorten fällt mir ein »Kölsch« auf. Es kommen kurz Heimatgefühle auf, die jedoch schnell gestoppt werden, sobald mein Blick auf einen zwei Meter großen aufgerichteten Eisbär fällt. Die Kordel in seinem offenen Maul dient als Aufhänger für das bunte Festivalplakat, das vor seinem Bauch baumelt. Er schaut auf eine Tischreihe, an deren Ziegelwand ein holzgeschnitztes Namensschild hängt: »Isbjørnkongen – Henry Rudi's plass«.

Dies war der Stammplatz von Henry Rudi, dem »Eisbärkönig«. Bis zu seinem Tod im Jahr 1970 saß er oft in den Ølhallen und erzählte abenteuerliche Anekdoten von seinen vielen Reisen. Der Jäger und Fallensteller soll insgesamt 713 Eisbären getötet haben. Er gilt in Tromsø als Legende, weil er 27 Winter in einfachen Unterkünften in der Arktis verbrachte. Auf den Fotos in der Kneipe sieht man ihn mal als lächelnden älteren Herrn mit Bier in der Hand, mal in jüngeren Jahren, wie er einen Hund und ein Eisbärjunges umarmt, die ihre Köpfe auf seine Knie legen. Henry war nicht nur auf die Felle aus, er versuchte auch, junge Bären zu zähmen, und es gelang ihm, im

Gegensatz zu Amundsen mit seiner Marie, einige Tiere aufzu-
ziehen und an Zoos zu verkaufen.

Sicherlich hätte Henry der Film über die Robbenjäger interessiert, blutige Arbeit war sein tägliches Geschäft, und vielleicht
wäre der 1889 geborene Mann gerne selbst Protagonist einer
Dokumentation beim Filmfestival gewesen. Es gibt eine Biografie über ihn, und die meisten in Tromsø kennen mindestens eine
Anekdote des Eisbärkönigs, der erstmals von 1908 auf 1909 auf
der Insel Hopen überwinterte, die zu Spitzbergen gehört.

»Mit dem Eismeer wird man nie abschließen können«, sagte
er mal in einem Interview und meinte, die Arktis habe ihn seit
Jugendtagen gelockt. »Als ich aus Hopen zurückkam, war für
mich klar, dass das Leben eines Fängers das wahre Leben ist.
Jeder Tag war voller Staunen und Aufregung.«

Und doch war es eine gefährliche Arbeit. Sein Bruder starb
zwei Jahre nach Henrys erster Überwinterung während einer
Bootstour, bei der er mit anderen Seeleuten Walrösser jagte.

Gewöhnungsbedürftige Dokumentationen und abenteuerliche Historienfilme

Eisbären-, Walrösser- und Robbenjagd sind Relikte aus einer
anderen Zeit. Aber sie stehen ebenso für die Geschichte des
Landes wie das Schneiden von Kabeljauzungen, das nach wie
vor für Kinder ab sechs Jahren in Nordnorwegen ein schönes
Taschengeld bringt. Im Frühjahr gehören sie im Norden so
selbstverständlich zum Speiseplan wie andernorts Hähnchen-
fleisch.

Im südlichen Oslo jedoch ist das Zungenschneiden für die
Kinder genauso exotisch wie für mich. Die Dokumentarfilmerin
Solveig Melkeraaen und ihre Schwester wohnen in der Haupt-

stadt, wuchsen aber im Norden auf. Auch sie halfen früh mit. In ihrem Kinderfilm ›Tungeskjærerne‹, die Zungenschneider, begleitet Melkeraaen ihre neunjährige Nichte Ylva, die im Winter ihre Großeltern besucht, um in der Skrei-Saison mitzuarbeiten.

Anfangs ekelt Ylva sich in der Fischfabrik zwischen den glitschigen Gedärmen, den abgetrennten Köpfen und Bergen von Zungen. Doch der zehnjährige Tobias, der seit einigen Jahren während des Winters hier jobbt, erklärt ihr, wie man die Zungen mit dem scharfen Messer richtig abtrennt und nach einer Weile schneidet auch Ylva sie routiniert ab und spießt sie auf einen Block mit einem langen Nagel. Die beiden Kinder freunden sich an und entdecken mehrere Gemeinsamkeiten. Schließlich nehmen beide an der Meisterschaft fürs Zungenschneiden statt. Keiner von ihnen gewinnt, aber Tobias hat am Ende der Skrei-Saison trotzdem eine Trophäe: ein eigenes kleines Boot, das er von dem Geld kaufen kann.

Die charmante Dokumentation ›Tungeskjærerne‹ ist der Eröffnungsfilm des TIFF. Auf der Party danach laufen auch die beiden Hauptprotagonisten durch die Halle, wo die Filmprofis sich bei einem Glas Wein vernetzen. Tobias genießt die Aufmerksamkeit sichtlich.

Die Doku über die Robbenjäger ist da schon eine blutigere Angelegenheit. Gry und ihre Kollegin Trude Berge Ottersen wollten die alte Tradition dokumentieren, bevor sie ausstirbt. Die beiden Filmemacherinnen wissen, dass das Thema umstritten ist. Umweltschutzorganisationen wie Greenpeace haben nichts dagegen, wenn Inuit die Robben für den eigenen Gebrauch jagen, wie es seit jeher Tradition ist, aber sie sind strikt gegen kommerzielle Felljäger. Es gibt inzwischen ein EU-weites Importverbot für Robbenprodukte.

Waren früher 200 norwegische Robbenjagd-Schiffe in den arktischen Gewässern zwischen Island und Grönland unterwegs, gibt es heute nur noch eines. Seit 45 Jahren reist Bjørne, der Kapitän, zwischen April und Mai mit einer kleinen Crew hinaus, um die auf Eisschollen liegenden Robben zu fangen. Ihre Konkurrenten sind Eisbären.

Im Film erkenne ich die beiden Männer wieder, die auf dem verspielten Foto hinter mir stehen. Die Jäger zielen auf den Kopf der Robben, drücken ab. Danach springen sie auf die Eisschollen und schlagen ihnen mit der *hakapik* auf den Kopf, um sicherzugehen, dass sie wirklich tot sind und nicht leiden, wie Gry erklärt. Die *hakapik* ist jene Waffe, die ich so fröhlich in den Händen hielt. An einem Holzschaft sitzt ein metallener Kopf, der auf einer Seite abgeflacht ist wie ein Hammer und auf der anderen Seite wie ein Eispickel zuläuft. Mit dieser Seite schleifen sie dann die Robben zum Schiff und hinterlassen auf den Eisschollen eine rote Spur.

Ein Veterinär, der mit an Bord ist, überprüft, ob die Tiere ordnungsgemäß getötet werden. Einer der Robbenfänger arbeitet im Alltag als Pädagoge in einem Zentrum für Jugendliche und lebt in Oslo. Für ihn waren die Wochen im Eismeer ein Abenteuer, wie er mir später erzählt.

Bjørne und seine Crew ziehen den Tieren das Fell ab, zerlegen sie und zerteilen das Fleisch portionsgerecht. In den sehr blutrünstigen Szenen wird die Kamera zum Glück unscharf. Am Ende der Reise verkauft die Crew am Hafen von Tromsø das Fleisch und die Felle. Die Leute stehen am Schiff in der Schlange, doch selbst wenn alles verkauft wird, macht der Kapitän keinen Gewinn. »Der sture Bjørne sagt jedes Jahr, es sei seine letzte Reise. Aber dann geht er wieder raus. Es steckt in ihm«, sagt die Filmemacherin. Vermutlich genauso wie es damals bei Henry Rudi war. Eisbären darf man in Spitzbergen seit 1973 nicht mehr jagen, was er nicht mehr miterlebte, weil er drei Jahre zuvor starb.

Für Norweger ist der Film wohl nicht so gewöhnungsbedürftig wie für mich. In vielen Wohnungen liegen Robbenfelle auf dem Boden. Andere tragen Mützen oder Handschuhe aus dem Pelz. Auch in meiner Osloer Wohnung hängt über dem Sessel ein Robbenfell. Die Vermieterin bekam es einst von ihrer Großmutter geschenkt.

Filmemacherin Trude, die auf dem wackligen Schiff zugleich Kamerafrau war, ernährte sich vor den Dreharbeiten vegetarisch. Die Schlachtung von Hühnern oder Kühen könne man genauso kritisch sehen, findet sie. Mittlerweile isst sie sogar Robbenfleisch.

Die überwiegend norwegischen Zuschauer lieben den Film – und geben ihm den TIFF-Publikumspreis. Sicherlich haben das comicartige Poster und verspielte Happenings geholfen.

Neben aktuellen Produktionen wird beim TIFF ein Klassiker gezeigt, der ebenfalls ein Symbol der nordischen Kultur ist. ›Ofelaš‹ war 1987 der erste Kinofilm in samischer Sprache. Er wurde ein nationaler und internationaler Erfolg und war für den Oscar als bester fremdsprachiger Film nominiert. »Die Geschichte beruht auf mehreren Sámi-Legenden, die über Jahrhunderte mündlich weitergetragen wurden«, sagt Nils Gaup. »Ich habe sie zu einer verbunden.« Nils, heute Anfang sechzig, schrieb damals das Drehbuch und führte Regie. ›Die Rache des Fährtensuchers‹, wie der Film auf Deutsch heißt, spielt vor rund 1000 Jahren im winterlichen Sápmi, wo ein junger Mann mit ansehen muss, wie seine Familie von einem rivalisierenden Stamm ermordet wird. Im Laufe der abenteuerlichen Handlung sucht er Hilfe bei einem Schamanen und bei befreundeten Sámi. Die Feinde sind ihm auf der Spur, doch dank seiner Kenntnisse als Fährtensucher und seines Mutes, schafft er es, Rache an den Mördern zu üben und seine Leute zu retten. Sie ernennen ihn zum neuen Ofelaš, eine Art Schamane und Anführer.

Zum dreißigjährigen Jubiläum zeigt das TIFF sein Meisterwerk als Stummfilm mit neu komponierter Musik von jungen Sámi-Künstlern und der Sängerin Marja, die mit ihrer klaren Stimme den mystischen Melodien eine besondere Atmosphäre einhaucht.

Als ich Regisseur Nils Gaup in der Hotelbar in der obersten Etage treffe, tobt draußen passenderweise ein Schneesturm. Es ist neblig, alles wirkt milchig. Wie in einem wirren Traum. »Das ist harmlos. Wir drehten damals bei bis minus 47 Grad in Finnmark«, sagt Nils. Die Dreharbeiten waren nicht weit entfernt von der Gegend, wo die Rentiere des Slow-TV-Events ihre Reise begannen. Auch Nils Gaup fühlt sich als Sámi, der in Norwegen lebt. Da die meisten Schauspieler Sámi waren, wussten sie mit der Kälte umzugehen.

In der Innenstadt von Tromsø oder Romsa, wie die Sámi sie nennen, kann man sich schnell von einem wärmenden Ort zum nächsten retten. Mit 72 000 Einwohnern ist sie die größte Stadt im Norden, die sich bis weit in die allgegenwärtigen Berge ausbreitet. Die Innenstadt jedoch ist kompakt. In der Storgata, der Haupteinkaufsstraße mit ihren farbenfrohen Holzhäusern, trifft man oft auf Leute, die man gerade kennengelernt hat oder schon mal in der Schreibstube im Osloer Literaturhaus gesehen hat.

Auf den vereisten Wegen ist es ganz schön rutschig. Und so schliddern manche vom Kino Verdensteatret, Welttheater, zum nahe gelegenen Café Rakettkiosken, dem Raketen-Kiosk, und zum Sivertsen Café, das früher ein Gefängnis war. Da ich eine Woche vor Ort bin und meine aufgeschnallten Spikes nicht wirklich sexy sind, gehe ich in einen Schuhladen und lerne, dass bei hartem Eis Gummisohlen die normalen Spikes toppen. Rutschig bleibt es auch mit den neuen Schuhen, aber es sieht lustig aus, wie vor allem wir internationalen Gäste im Schneckentempo durch die Straßen schleichen. Ich erinnere mich an die Kommentare aus dem ersten Jahr, dass man sich wie ein Pinguin leicht nach vorne beugen soll.

Die Temperatur ist nur wenige Grad unter null, dank des Golfstroms ist es hier nicht so kalt, wie man bei der Lage meinen könnte. Eigentlich wäre nun rund um die Polarnacht die ideale Zeit für Nordlichter, doch in diesen Tagen ist es zu wolkig. Die Aurora borealis beobachtet man nur bei sternenklarem Himmel. Dann fließen die grünlich schimmernden Bögen über die riesige Naturleinwand und formen ständig neue, kunstvoll geschwungene Muster. Manche Chinesen glauben, dass die Lichter gebrochene Herzen heilen, und japanische Pärchen hoffen, unter Nordlichtern gezeugte Babys würden besonders stark und klug. Wie gut, dass die Nordlichter nicht wissen, was sie alles erfüllen sollen.

Auch ohne Nordlichter kann man an weniger stürmischen Abenden Filme im Freien sehen. Das Winterkino zeigt eine Dokumentation über den Alltag der Inuit, die Veranstalter servieren eine wärmende Rentiersuppe. Am nächsten Morgen führen sie Kindergartenkindern kurze Comics vor. In dicke Winteroveralls gehüllt, werden sie so gleich auf ein Leben mit und in der Natur vorbereitet.

Historische und moderne Birkebeiner

Die Norweger verbringen einen großen Teil ihrer Freizeit unterwegs, sei es auf Festivals oder in der Natur – mit und ohne Sport. Die Nordeuropäer sind scheinbar immer in Bewegung. Junge Frauen joggen auf vereisten Pfaden, Fünfzigjährige veranstalten im Sommer Wettbewerbe, wer am schnellsten den höchsten Berg erklimmt, selbst wenn sie verkatert sind, Freunde machen einen Wochenendtrip nach London oder reisen zu ihrem Ferienhaus in den Schären. Sogar auf dem Weg zur Arbeit wird es sportlich: Einige Mitarbeiter aus der Finanzbranche in Oslo liefern sich auf dem Weg zum Büro ein morgendliches Radrennen und stoppen bei der »Tour de Finance« ihre Zeit. Andere trainieren das Jahr über für ein Rennen auf den Spuren einer alten Legende, die Nils Gaup ebenfalls vor einigen Jahren verfilmte. ›Birkebeinerne‹ spielt natürlich im Winter.

Der Schnee peitscht ihnen ins Gesicht, zeitweise ist es so stürmisch, dass sie nicht mehr wissen, wo sie sind. Und doch kämpfen sich Torstein Skevla und Skjervald Skrukka unbeirrt auf Skiern durch die eisige Natur. Es geht um das Schicksal ihrer Heimat, verkörpert durch den zweijährigen Königssohn Håkon. Abwechselnd tragen sie ihn.

Es ist das Jahr 1206, das Land steckt mitten im Bürgerkrieg. Skevla und Skrukka sind die besten Skifahrer der Birkebeiner, einer Rebellengruppe und politischen Partei. Einst gaben ihre Feinde, die Bagler, ihnen diesen verächtlich gemeinten Namen, weil die Rebellen ihre Beine mit Birkenrinde umwickeln, um sich so vor der Kälte zu schützen. Später tragen sie den Namen mit Stolz. Um Weihnachten herum fliehen die beiden Birkebeiner vor den Baglern von Lillehammer über die Berge bis Rena – und retten somit den Thronfolger, der als König Håkon Håkonsson das Land in den Frieden führen wird.

Verewigt wurde diese abenteuerliche Geschichte in der ›Håkon Håkonsson Saga‹ und rund 660 Jahre danach von Knud Bergslien in einem der berühmtesten Gemälde Norwegens, das die Flucht über die Berge zeigt. Eine Kopie des Bildes hängt etwa im Hotel Fefor, wo ich Skifahren lernte, und im Restaurant Frognerseteren, in dem ich mit Jostein Gaarder nach dem philosophischen Spaziergang einkehrte. Bis heute sind die Birkebeiner in ihrer Heimat Nationalhelden. Jedes Jahr im März findet zu ihren Ehren das Birkebeinerrennet statt, bei dem die Skifahrer einen 3,5 Kilo schweren Rucksack als Symbol für den Königssohn auf dem Rücken tragen. An der 54 Kilometer langen Strecke zwischen Rena und Lillehammer nehmen bis zu 16 000 Langläufer teil – das Rennen wird sogar stundenlang live im Fernsehen übertragen.

Unter Norwegern und insbesondere bei hochrangigen Managern gilt es bis ins höhere Alter als Prestigefrage, das Rennen mindestens einmal bestritten zu haben. Wie vor über 800 Jahren symbolisiert die anspruchsvolle Tour über die Berge Stärke und Ausdauer. Jeder, der sie absolviert hat, kann stolz sagen: »Jeg er en Birkebeiner.« Also: »Ich bin ein Birkebeiner.«

Espen Finstad ist einer dieser modernen Abenteurer. Der Archäologe ist Anfang fünfzig und seit seiner Kindheit passionierter Skifahrer, er meisterte die beliebte Strecke vier Mal und ist Experte der Skigeschichte Norwegens. An diesem Wintertag

Der Rucksack ist seit jeher dabei: historische Aufnahme vom Birkebeinerrennet aus den Dreißigerjahren

erkunden wir einen Teil der Route und folgen den Spuren der legendären Helden.

Da es von Lillehammer zunächst 15 Kilometer nur bergauf geht, überwinden wir den ersten Abschnitt mit dem Auto. Startpunkt soll auf rund 800 Höhenmetern Sjusjøen sein, ein beliebtes und weitläufiges Skigebiet. Die Region Lillehammer wirbt damit, dass sie über 2000 Kilometer präparierte Loipen verfügt. Die Gemeinde atmet den Wintersport: 1994 war Lillehammer Austragungsort der Olympischen Winterspiele, die Mack-Brauerei kreierte seinerzeit extra das Bier »Haakon«, und das Stadtwappen ziert ein Ski fahrender Birkebeiner.

In Sjusjøen angekommen, holt der Archäologe unsere Ski aus dem Dachgepäckträger seines Autos, mit dabei ist ein historisch wirkendes Modell. »Die frühen Ski wurden aus gespaltenen Holzscheiten gefertigt, waren breiter und auf der Unterseite teilweise mit Tierfell überzogen«, sagt Espen. »Bis Ende des 19. Jahrhunderts benutzte man nur eine Stange als Steuerung. Ich zeige gleich mal, wie sie damit fuhren.«

Die Gletscher in den nahe gelegenen Nationalparks gaben in den vergangenen Jahren einige Ski frei, die ältesten Funde der Region können sie 2700 Jahre zurückdatieren. Zudem wurden über 5000 Jahre alte Zeichnungen mit Skifahrern entdeckt.

Um die Historie weiter zu studieren, reiste der Archäologe sogar bis ins Altai-Gebirge nach China. Denn dort schnitzen die Bewohner weiterhin Ski, wie sie einst die Birkebeiner trugen. »Dieses Modell habe ich von dort mitgebracht«, sagt Espen und schnallt sich dabei die wuchtigen Ski an. Mit einem Lederband fixiert er die Schuhe in der Bindung. Er stapft durch den tiefen Schnee und lässt sich dann einen Hang hinabgleiten, die Richtung ändert er mithilfe des Holzstabs.

Das Skifahren wurde nicht in Norwegen erfunden, sondern wahrscheinlich weiter östlich, während hier noch die Eiszeit herrschte, sagt der Experte. »Vermutlich entwickelte es sich an mehreren Orten gleichzeitig und hat kein einzelnes Ursprungland. Obwohl die Norweger so lange glaubten, sie seien die Erfinder. Immerhin ist der international gebräuchliche Name dem norwegischen Wort »ski« für ein »Scheit« entlehnt. Und es bleibt ihnen der Ruf, dass von dort der moderne Skisport stammt. Ab dem 18. Jahrhundert waren die Bretter in dem schneeverwöhnten Land nicht mehr nur Transportmittel, sondern ebenfalls ein Freizeitutensil.

Espen legt die mit Pferdefell bezogenen Ski zur Seite und zieht ein schmaleres Modell an, bei dem die Schuhspitze mit einem Klick in der Bindung fixiert wird. So fühlt er sich doch wohler.

Wir gleiten sanft durch die Loipe entlang der berühmten Birkebeiner-Route. Es ist ein vergleichsweise einfacher Abschnitt der Strecke. Die weiße Weite wird nur durch vereinzelte Tannen am Wegesrand unterbrochen, der Schnee drückt ihre Äste tief herunter. In der Ferne ragen die Berge auf. Die Natur wirkt friedlich, keine Anzeichen von Schneestürmen, mit denen die Birkebeiner vor 800 Jahren zu kämpfen hatten. Hier sind sie also mit dem Königskind Håkon entlanggelaufen?

»Ja, zumindest steht es so in der Saga«, antwortet Espen. Dass diese nicht unbedingt akribisch die Realität darstellen, weiß man. Das Motto: Lass die Wahrheit keine gute Geschichte zerstören. »Der Königssohn existierte ebenso wie die Birkebeiner, aber ob diese Flucht genau so stattfand, dafür konnte man keine Beweise finden.« Die Geschichte sei eindeutig von der nordischen Mythologie inspiriert, wo mehrfach das Element des Königssohnes vorkomme, der Hindernisse überwinden muss, bevor er am Ende gestärkt nach Hause zurückkehrt. »Es ist schon auffällig, dass der Königssohn und seine Gefährten ausgerechnet an Weihnachten unterwegs sind und dann Schutz in einer Scheune suchen«, fährt Espen fort, Historiker bestätigen seine Sicht.

Ob nun real oder nicht, die Scheune war sicherlich nicht so schick wie die Hütten auf den umliegenden Hügeln in Sjusjøen, die bis zu 300 000 Euro kosten sollen. Viele sind seit Generationen in Familienbesitz, andere gehören zum Beispiel Unternehmen aus Oslo, die sie ihren Mitarbeitern inklusive Skiausrüstung im Urlaub zur Verfügung stellen.

An diesem Tag ist in den Hütten kein Licht zu sehen und nur wenige Langläufer rauschen in der Nebenspur an uns vorbei. Beim Birkebeinerrennet verlaufen acht Loipen parallel und zentrale Abschnitte der Strecke werden von Hunderten Fans gesäumt. Man sagt, auf jeden Teilnehmer kommen zwei bis drei Angehörige. Die Anwohner servieren heiße Getränke und die allgegenwärtigen Waffeln mit Marmelade oder *brunost*.

Espen Finstad will nun doch mal kurz zeigen, wie schnell man bei dem Rennen sein müsste, um eine gute Zeit zu erreichen. Er zieht los, schiebt mit seinen Stöcken kräftig an und wird immer kleiner. Irgendwann bleibt er am Berghang stehen. Er schnauft. So ganz in Form wie 1988, als er die 54 Kilometer in 3 Stunden und 45 Minuten schaffte, sei er dann doch nicht mehr. »Damals habe ich die Birkebeinermarke bekommen«, sagt er. Die erhielten jeweils die besten 25 Prozent einer Altersklasse, heute sind es die besten 30 Prozent. Die Altersklassen enden übrigens bei »85 Jahren bis unendlich«.

»Das Skilaufen ist in der DNA der Norweger«, glaubt Espen, »es fällt uns leicht.« »Wenn ich nicht mehr Ski fahren könnte, würde ein Teil meiner Identität fehlen«, sagt der Archäologe auf dem Rückweg nach Lillehammer. Wir kreuzen dabei die Piste, am Tag des Rennens ist die Straße gesperrt. Seit einigen Jahren ist die Streckenführung geändert, die Langläufer beginnen nun in Rena, wo es neun Kilometer bergauf geht. Von Sjusjøen aus gleitet man nur noch bergab. Das mag einfach klingen, doch die Knie wackeln dann schon. Der Zieleinlauf in Lillehammer ist am

Rande der Skisprungschanze auf dem alten Olympiagelände – das Stadion heißt natürlich Birkebeiner.

Der gegenwärtige Kronprinz Haakon nahm mehrmals am Birkebeinerrennet teil und bekam mit 3 Stunden 36 Minuten in seiner Altersklasse die begehrte Marke. So kann auch er sagen: »Jeg er en Birkebeiner.«

Live: Das legendäre Rennen

Einige Wochen später sehe ich mir Mitte März das Rennen vor Ort an. Als die Profis nach unter zweieinhalb Stunden ins Ziel einlaufen, liege ich noch im Hotelzimmer. Eigentlich wollte ich längst im Stadion sein, doch ich muss mir einen Virus eingefangen haben. Mir ist übel und schwindelig. Die gut trainierten Hobbysportler, unter ihnen wieder Kronprinz Haakon und dieses Mal auch sein »Kollege« Frederik von Dänemark, sollen etwa eine Stunde später ankommen. Die Pressesprecherin hatte vorab gesagt, dass wir Journalisten die königlichen Hoheiten nach dem Zieleinlauf kurz interviewen dürfen. Aber nur dort.

Also schleppe ich mich hinauf zum Stadion, frische Luft tut schließlich immer gut. Bei meiner Ankunft steht eine Traube von Reportern und Kameras am Zieleinlauf. Ich halte darauf zu und sehe, wie Kronprinz Haakon zügigen Schrittes alleine zum VIP-Bereich geht. Uns trennen eine riesengroße Pfütze und sechs Meter. Er lächelt mich an, und schon ist er im Gebäude verschwunden.

Bei jedem anderen hätte ich einfach seinen Namen gerufen oder versucht, mit meinem Presseausweis in den VIP-Bereich zu gelangen. Aber darf man das auch bei Royals? Stürzen sich dann die Security-Leute auf einen? Ich traue mich einfach nicht. Abgesehen davon ist mir so schlecht, dass ich fürchte, mich jederzeit übergeben zu müssen. Also gehe ich zum Pressecenter und stelle fest, dass dieses direkt neben der Lounge in einer schmucklosen Halle liegt. Unsere Arbeitsplätze sind mit Bildschirmen ausgestattet, auf denen das Rennen übertragen wird. Am Rand ist ein Buffet aufgebaut, wo man unter anderem Würstchen erhält, die in *lompe*, eine Art dünnes Fladenbrot, eingewickelt sind. Die VIPs sind von unserem Center nur durch eine zwei Meter hohe graue Stellwand abgetrennt. An einer Seite kann man reinschauen und sieht, wie der Kronprinz nach dem Rennen relaxt.

Ich akzeptiere meine verpasste Chance für ein kurzes Interview und konzentriere mich auf den nächsten Termin. Denn ich bin jetzt mit Ståle Wangen verabredet. Der Mann Anfang vierzig ist Manager bei PricewaterhouseCoopers (PwC) und ein Beispiel des in Norwegen weit verbreiteten Typus' »ehrgeiziger Hobbysportler«.

Nach knapp vier Stunden ist er am Ziel und ruft mich auf dem Smartphone an, in dem Gewusel von Tausenden Skiläufern und Angehörigen würden wir uns sonst nicht finden. Er schaut sich nach der Begrüßung um, ob er seinen Vater entdeckt. Dieser ist 82 Jahre alt und nimmt zum 30. Mal teil. Da die älteren Läufer länger brauchen, starten sie einige Stunden früher. »Für mich ist es Teil unserer Familientradition, beim Birkebeinerrennet dabei zu sein«, sagt Ståle. »Mein Vater ist bei Weitem nicht der älteste Teilnehmer, einer seiner Freunde ist 87. In deren Jugend war es noch keine Prestigefrage, sondern einfach ein sportlicher Wettbewerb.« Ståle verstaut in einer nahe gelegenen Halle seine Ski und zieht sich kurz um. Danach spazieren wir zu einem Hotel, wo viele Langläufer mittags zusammenkommen und ein Bier trinken.

Der Manager würde seine Teilnahme nicht – wie manch anderer in seiner Branche – in den Lebenslauf schreiben, zahlreiche seiner Kollegen jedoch packt beim Rennen der Ehrgeiz. Eine gute Zeit ist eben ein Symbol für Ausdauer und Stärke. In Kontakt kamen Ståle und ich durch Rolf Thorsen. Der ehemalige Ruderweltmeister erzählte mir vom Wettbewerb zwischen PwC und deren Konkurrenten Ernst & Young (EY), die ihre Büros in nebeneinanderliegenden Hochhäusern des Osloer Komplexes Barcode haben. Beide Firmen schickten Mitarbeiter zum Birkebeinerrennet und als in der internen Auswertung EY besser abschnitt, brachten sie außen am Gebäude ein riesengroßes Banner an, auf dem sie den Verlierern zum zweiten Platz gratulierten. Ståle bestätigt die Geschichte und muss schmunzeln.

Auch bei seinen drei Kindern dreht sich alles um den Sport. Er ist der klassische norwegische Vater, der den Nachwuchs fast täg-

Zaun in Lillehammer: Ski sind eigentlich auch nur wohlgeformte Bretter

lich zu einer sportlichen Aktivität wie Fußball fährt. »Und wann gehst du mit ihnen ins Museum?«, frage ich. Er schaut mich überrascht an. »Ja, stimmt, dazu haben wir keine Zeit mehr.«

Wir sitzen nun in der überfüllten Hotelbar. Kurz darauf kommt sein Vater dazu. Sieben Stunden brauchte er dieses Mal und wartet noch auf seinen 87-jährigen Kumpel. »Im nächsten Jahr sind wir wieder dabei«, sagt der Vater und bestellt ein Bier.

Holmenkollen: Sportevent und Party zugleich

So sehr Norweger für Gleichheit sind, beim Sport gilt das nicht. Sportler sind in Norwegen absolute Helden, fast schon Heilige. So will auch keiner glauben, dass ihre beliebte Langläuferin Therese Johaug, die 18 Monate wegen Dopings gesperrt wurde, schuldig ist. Selbst ansonsten durchaus kritisch denkende Norweger und Reporter. Eine Norwegerin erklärt mir, Therese gehöre quasi zur eigenen Familie. Die Langläuferin beteuerte ihre Unschuld, ich traue es ihr durchaus zu. Was man jedoch in Norwegen vorsichtig formulieren muss, um sich keine Feinde zu machen. Bei diesem Thema verstehen sie keinen Spaß.

Immerhin bleiben ihnen als Stars ja noch der Biathlet Ole Einar Bjørndalen und die Langläuferin Marit Bjørgen, auch wenn sie seit April 2018 nicht mehr aktiv sind. Bjørgen gewann insgesamt 15 Medaillen bei Olympia sowie 18 Weltmeistertitel und brach damit alle Rekorde. Ich sah beide Athleten noch in Oslo bei den Biathlon-Weltmeisterschaften und später beim legendären Holmenkollen-Skifest.

Holmenkollen, so heißt der Berg im Nordwesten Oslos. Die Umgebung ist im Sommer ein beliebtes Wandergebiet und im Winter Sportstätte für Profis und Freizeitsportler. Bereits von Weitem sieht man die Sprungschanze, die über der Stadt thront.

Seit 1892 feiern die Norweger hier das Skifest, zu dem mittlerweile Zigtausende Touristen anreisen, gerade zum Biathlon kommen viele Deutsche. T-Banen, wie die S-Bahnen genannt werden, bringen sie den Berg hinauf. Trotz vieler Sonderzüge bildet sich an jeder Haltestelle im Osloer Zentrum eine lange Schlange. Manchmal warten bis zu 500 Leute im Gedränge. Dadurch bleibt ausreichend Zeit, die Einheimischen und Besucher zu bobachten. Manche haben Biathlon-Zielscheiben auf ihre Mützen gebastelt, andere tragen Hirschgeweihe auf dem Rücken, und überall wedeln sie mit ihren Flaggen, die Party beginnt schon auf dem Weg zum Sportgelände. In der Öffentlichkeit darf man keinen Alkohol trinken, sicherlich enthält jedoch manche Thermoskanne etwas Hochprozentiges. Die muss dann bis zum Stadion geleert sein, denn am Eingang werden die Taschen kontrolliert und die Mitarbeiter der Security riechen sogar an dem Inhalt der Flaschen.

Auf dem Gelände selbst kann man Alkohol kaufen, jedoch nur in einer bestimmten Halle. Schnell füllen sich die Ränge rund um den Zieleinlauf, wo auf ihrer Ehrentribüne stets die Königsfamilie sitzt. Jeder Gewinner bekommt dort später eine kurze Audienz. Die Royals engagieren sich das gesamte Jahr über bei zahlreichen Wohltätigkeitsorganisationen und Events. Während Königin Sonja insbesondere die Kultur fördert und ihre Schwiegertochter Mette-Marit die Literatur, ist der Kronprinz auf Sport- und Wirtschaftsevents präsent und König Harald steht für den Sport. Wie schon erwähnt, trat er in jungen Jahren bei den Olympischen Sommerspielen als Segler für sein Land an, aber er liebt genau wie sein Vater Olav auch den Wintersport.

Am Rand des Biathlongeländes erinnert eine Statue an König Olav, der in Fefor das Skifahren erlernte. Er war ein guter Skispringer und ging in den Wäldern am Holmenkollen regelmäßig auf Langlauftouren. Die Skulptur zeigt ihn dynamisch auf Skiern, stets begleitet von seinem geliebten Hund.

Natürlich stehen beim Holmenkollen-Skifest die Wettkämpfe der Biathleten, Langläufer und Skispringer im Vordergrund, aber es ist gleichzeig ein ausgelassenes Partywochenende. Die Hartgesottenen campen im Winter bei minus 15 Grad entlang der Rennstrecke. Am Vortag der Eröffnung fahre ich mit einem der freiwilligen Helfer auf einem wuchtigen Quad die Route ab und treffe Familien, die gerade ihr Nachtlager vorbereiten. Ihr Nachwuchs tobt im Schnee oder probiert an einem kleinen Hügel die erste Abfahrt auf Skiern. Eine Mutter sortiert vor dem Zelt den Proviant.

Wir düsen weiter über den Mittelstreifen zwischen den kilometerlangen Spuren, gerade sind einige Hobbysportler unterwegs. Solange keine Wettkämpfe stattfinden, kann jeder das Gelände inklusive der Arena mit dem Zieleinlauf nutzen.

Nach einer kurzen Aufwärmphase fahre ich gegen Mitternacht wieder hinauf zum Holmenkollen. Am einsamen Stadion kommen zwei gewaltige Ungetüme mit grellen Scheinwerfern angefahren – es sind Loipenmaschinen. Darin sitzen Lars und Tom, sie sind die stillen Helden des Skifestes. Während die Athleten kurz schlafen, präparieren die Norweger die Loipen. Bei ihren stundenlangen Touren durch die verschneiten Wälder Oslos haben sie während des Skifestes viele Zuschauer, denn die meisten Fans sind noch hellwach und feiern entlang der Wettkampfstrecke. Einige campen sogar auf den Bäumen und schauen kurz hinaus, als die Scheinwerfer ihre Unterkunft beleuchten. Sie winken den Pistenmachern zu, die zuerst den Weg glatt wälzen und danach spuren. Andere feiern am Lagerfeuer und spielen die neuesten Hits von DJ Kygo. »Wir fahren zwar langsam, müssen aber trotzdem aufpassen, dass uns nachts keiner vor die Maschine läuft«, sagt Lars. Die Leute jubeln ihm zu und er grüßt lächelnd zurück. Ich sitze neben Lars und er fordert mich auf, ebenfalls zu winken. Sie filmen uns mit ihren Smartphones. »Die denken sicherlich, dass du unsere Kronprinzessin Mette-Marit bist«, sagt Lars und zwinkert mir zu.

Hundert Jahre zuvor durchstreiften auch Amundsen und Nansen diese Wälder rund um den Holmenkollen. Bei der Sprungschanze liegt das Skimuseum, das von den Expeditionen der beiden Nationalhelden berichtet und in dem beispielsweise die Robbenfell-Handschuhe zu sehen sind, die Nansen während seiner legendären Grönlandtour trug, sowie seine Ski, die damals noch keine Bindung hatten. Sie waren mit Metall und Elchhaut überzogen. Das Museum reiht in einer anderen Abteilung die Bretter von modernen Stars wie Ole Einar Bjørndalen auf.

Spannender finde ich die Exponate von Amundsens Südpol-Expedition. Dazu zählen eine Baumwollunterhose, Hosen aus Rentierhaut, eine Brille zum Schutz vor der gefürchteten Schneeblindheit und eine abgenutzte Emailletasse mit der Aufschrift »Fram«.

Vor dem Museum stehen eine Statue von Nansen sowie ein lebensgroßes Porträt von Amundsen, bei dem das Gesicht ausgespart ist, sodass man sich sekundenschnell in den Polarforscher verwandeln kann. An die Serie ›Game of Thrones‹ erinnert ein Thron aus Skiern. Die Monumente hätten den beiden Männern sicherlich gefallen.

Wo ist Maud?

Ein Jahr ist vergangen, seit ich Jan Wanggaard in seinem Studio in Heggedal traf, zwischendurch haben wir per Mail Kontakt gehalten. Nun besuche ich Jan erneut. An den Wänden hängt im

Frühjahr 2018 eine von ihm gezeichnete Karte, die den historischen Routenverlauf der Maud darstellt. An den Seiten stehen Daten, wann welches Crewmitglied an Bord ging und es wieder verließ. Zu neunt starteten sie von Vardø aus am 18. Juli 1918. Abgesehen von Amundsen waren es unter anderem sein treuer Weggefährte Oscar Wisting, mit dem er bereits zum Südpol reiste, sowie der bereits erwähnte Ozeanograf Harald Ulrik Sverdrup. Ab dem Winter 1920 kam Kakot dazu, der Tschuktsche gehörte zur indigenen Bevölkerung im Osten Russlands. Amundsen schreibt in seinen Erinnerungen, der Händler in Kap Serdze Kamen meinte, dass Kakot »nichts tauge«. Doch der Polarreisende notierte: »Ich war anderer Ansicht, obwohl wirklich etwas Trauriges an Kakot war.« Den Eindruck hat man auch beim Betrachten seines Porträtfotos an der Wand. Der Tschuktschen übernahm diverse Arbeiten an Bord, darunter Holz hacken und Putzen. Nach einiger Zeit half er Amundsen, der zeitweise die Rolle des Kochs übernahm, in der Kombüse aus.

Eigentlich wollte ich Jan gleich fragen, wie es Maud geht, doch Treffen mit dem Künstler haben ihre eigene Dynamik und sind unberechenbar wie das Meer – man hat Themen vor Augen, doch dann ändert er durch seine Geschichten den Kurs. Ich lasse mich gerne treiben, denn es kommen unerwartete Themen auf, durch die man ihn besser kennenlernt. Der inzwischen Sechzigjährige ist offen und zurückgezogen zugleich. »Als Junge wollte ich nie ein Kind sein und habe mich schon immer erwachsen gefühlt«, erzählt er.

Dies passt zu seinem Künstlerleben. In seiner Doku ›panta rei‹ sieht man in einer Szene seine damals noch kleinen Töchter am Strand auf den Lofoten spielen. Mittlerweile sind die beiden erwachsen und leben in Oslo. Eine seiner Töchter ist gerade schwanger. »Mein Enkel wird geboren, wenn ich wieder in Aasiaat bin«, sagt Jan bei einem Kaffee. Er lächelt.

Dann schauen wir auf die gezeichnete Karte. Amundsen blieb nur bis Juni 1922 an Bord, danach segelte seine Crew alleine weiter und stellte bei den langen Überwinterungen bis 1925 wichtige Forschungen an. »Die Reise war also ein Erfolg, nach außen hin ließ sie sich jedoch nicht so leicht vermarkten wie ein Rekord«, sagt Jan. Außerdem warf man Amundsen vor, seine Crew für seine verrückten Flugexperimente zu verlassen.

Im Laufe seiner Karriere erhielt der Polarforscher mehrfach Unterstützung von der Königsfamilie, vom Staat und von privaten Gönnern. Nansens Bruder war zeitweise sein Anwalt. Nach den ersten Errungenschaften war es natürlich einfacher, an Geld zu gelangen. Das Schiff Maud konnte er sich, dank der Spekulationen, alleine leisten. Und man erlaubte ihm, Teile der ausrangierten Fram zu verwenden – beispielsweise den Anker und einen Mast. Trotzdem mussten die Reisekosten, der Proviant und die Mitarbeiter bezahlt werden. Der Staat packte nicht so viel drauf, wie Amundsen wollte – was ihn persönlich enttäuschte.

Während der Maud-Expedition verlor er Geld, weil er in Flugzeuge investierte, mit denen er zum Nordpol fliegen wollte, nachdem sie auf dem Seeweg selbst nach drei Jahren nicht weit genug gekommen waren.

Auch Erling Kagge, der zu Fuß zu den drei Extrempunkten der Welt lief, sagte im Gespräch: »Die Suche nach Sponsoren ist eine der anstrengendsten Aktivitäten bei einer Expedition.« Und dass bankrott sein zu Amundsens Zeiten gesellschaftlich betrachtet viel schlimmer war als heute. Kurz vor seinem Tod konnte er immerhin seine Schulden tilgen. Jan interessiert sich nicht für Reichtum, wie er sagt. Er verfolge seine Projekte.

Wie geht es Maud? »Sie scheint den ersten Winter über dem Eis seit 1930 genossen zu haben.« Nach unserem Treffen im Frühjahr 2017 hatte er im kanadischen Cambridge Bay mit seinem Team den ersten Teil der Rückreise vorbereitet. »Maud hat sich auf den Pontons ausgeruht und die Minusgrade waren laut Experten die ideale Bedingung für den langsamen Trocknungsprozess.« Die Oberfläche des Holzes profitiert vom Gefriertrocknungsverfahren, weil man auf diese Weise die ursprüngliche Oberflächenstruktur des Holzes so weit wie möglich sichert.

Sobald es wärmer wurde, befreiten die Männer das Schiff vom Schlamm, den alten Motoren und versuchten, Maud so leicht wie möglich zu machen. »Wenn die Sonne durchkam, fühlte es sich wie der perfekte Ort an. Wir konnten das warme Holz der alten Dame riechen.« Auch nach all der Zeit entdeckten sie noch neue Details, insgesamt versandten sie vier Container mit Materialien nach Norwegen.

Maud thronte derweil auf den nach ihrem Schiffsbauer Jensen benannten Pontons und verließ am Morgen des 29. August Cambridge Bay. »Es fühlte sich surreal an«, gesteht Jan.

»Beim Segeln durch das Eis lag unser Hauptaugenmerk darauf, dichtes Treibeis durch kürzere oder längere Umwege zu vermeiden. Manchmal mussten wir uns trotzdem langsam durchdrücken und hoffen, dass wir genug Schub erhalten, um das Eis zu öffnen und passieren zu können.« Es klappte. Am 16. September erreichten sie nach teilweise stürmischen Zeiten erschöpft Aasiaat, wo Maud nun überwinterte.

In wenigen Wochen reist Jan wieder zu ihr, um dann die große Heimkehr nach Norwegen vorzubereiten. Die Crew will am 18. Juli 2018 ankommen. Noch sieht es gut aus.

GESELLSCHAFT

Friedensnobelpreis und die Bewältigung von Krisen

»Warum sind es so oft Verrückte, die ein Land regieren?«, fragt ein norwegischer Schüler und blickt Abdessattar Ben Moussa erwartungsvoll an. Der Tunesier ist Chef der Menschenrechtsliga und gehört zum Dialog-Quartett, dem für seinen Beitrag zum demokratischen Aufbau in Tunesien an diesem Tag der Friedensnobelpreis verliehen wird. Bevor sie gleich zur offiziellen Zeremonie ins Osloer Rathaus gehen, besuchen die vier Gewinner schon in Frack und schickem Kleid das gegenüber liegende Nobel Peace Center. Mit dabei sind auch Kronprinzessin Mette-Marit und ihr Sohn, Prinz Sverre Magnus.

200 Schüler sitzen auf rosaroten Kissen am Boden und hören Moussas ausweichende Antwort.

»Warum wollen Regierungschefs Diktatoren sein?«, hakt der Junge nach. Er moderiert mit drei Mitschülern am späten Vormittag die Save the Children's Peace Prize Party. »Lange Zeit haben westliche Staaten die Diktatoren unterstützt«, sagt der Tunesier, aber nun habe man in seiner Heimat ein neues Wahlrecht, wonach Staatschefs maximal zwei Amtszeiten absolvieren dürfen. Man hoffe auf eine bessere Zukunft. Kurz darauf ziehen die Ehrengäste weiter. Der norwegische König wartet schon, um 13 Uhr wird die Zeremonie live übertragen.

Zwei Mal im Jahr schaut die Welt nach Oslo – im Oktober,

wenn die Gewinner des Friedensnobelpreises bekannt gegeben werden, und dann am 10. Dezember bei der Verleihung. Die Norweger mögen ihr Image als »Hauptstadt des Friedens«. Und so machen sie daraus gleich ein zweitägiges Happening, damit jeder mitbekommt, dass das nordische Land außer Öl, der Königsfamilie und unendlicher Natur noch mehr zu bieten hat.

Für die meisten Norweger sind die Verleihung selbst und die ewige Debatte darüber, ob nun ein würdiger Preisträger gefunden wurde, nur Randaspekte. Aufregender ist, welche Weltstars kurz vor Weihnachten ihre Heimat besuchen, wer am nächsten Tag beim Konzert singt und die Show moderiert.

Im Nobel Peace Center wird jetzt nach der Kinderparty schnell umgebaut und eine Leinwand aufgestellt. Vor allem Tunesier treffen sich hier und schwenken ihre Flaggen. Bei der Übergabe der Urkunden und Medaillen an das Dialog-Quartett applaudieren sie. Vielen Männern und Frauen laufen Tränen die Wangen herunter.

Am frühen Abend sehen sie sich am Hauptbahnhof wieder. Gewerkschaftler, Politiker und Vertreter von Amnesty International halten flammende Friedensreden auf Norwegisch, während nebendran auf einem riesigen Bildschirm der Trailer für den bald startenden ›Star Wars‹-Film läuft. Von ihrer Bühne aus blickt das Dialog-Quartett auf den Nachbau eines rund fünf Meter hohen TIE Fighter, der schon in der originalen Trilogie zu sehen war.

Die Tunesier harren aus in der Kälte, obwohl sie die Reden nicht verstehen. Um 18 Uhr startet der traditionelle Fackelzug zum Grand Hotel, in dem die Preisträger übernachten und vom Balkon aus die Menschen grüßen. Während die Einheimischen ruhig ihre Fackeln halten, mischen die Tunesier mit ihren Gesängen und Tänzen die bedächtige Stimmung auf. Irgendwann öffnet sich die Balkontür und das Quartett winkt der Menge zu. Kurz darauf ist das Spektakel schon wieder vorbei.

Gerade mal tausend Menschen sind gekommen. Als Obama 2009 den Friedensnobelpreis erhielt, sollen es über 20 000 gewesen sein. »Für eine Gruppe ist es immer schwerer, dieselbe Aufmerksamkeit zu erhalten wie eine einzelne Person«, sagt Geir Helljesen. »Besonders, wenn sie so unbekannt sind wie das Dialog-Quartett.« Helljesen ist in Norwegen eine Reporterlegende. Über 30 Jahre lang moderierte er für den öffentlich-rechtlichen und lange Zeit einzigen Sender NRK die Zeremonie. Wir treffen uns in der weihnachtlich geschmückten Lobby des Grand Hotels, die von der Security bewacht wird. Im Saal nebenan findet gerade das Dinner der Königsfamilie mit den Preisträgern und ausgewählten Gästen statt.

Helljesen trägt einen Anzug, darüber eine regenfeste Jacke. Er nickt einem Kollegen des Privatsenders zu, der mit seinem Kameramann zwischen zwei Liveschaltungen eine Tasse Tee trinkt. Der Reporter bedankt sich bei Helljesen für ein paar Hintergrundinfos. Schließlich weiß niemand so viel über den Friedensnobelpreis und seine Preisträger wie der pensionierte Journalist, der weiterhin als Berater arbeitet. Jetzt muss er nicht mehr neutral berichten. War der Preis für Obama eine gute Entscheidung? »Man kann seine Wahl rechtfertigen, aber es war sicherlich zu früh«, sagt er.

Die Schweden sind ein bisschen eifersüchtig, dass die vier anderen zeitgleich verliehenen Nobelpreise nicht so sehr beachtet werden wie das Event in Oslo. Aber es ist nun mal der wichtigste und prestigeträchtigste Preis.

Die Norweger bekamen ihn übrigens zwei Mal: 1921 (damals war der Preisträger sogar ein Komitee-Mitglied) und 1922. Dieser ging an Fridtjof Nansen, der nicht nur als Diplomat arbeitete, sondern sich nach dem Ende des Ersten Weltkrieges auch als

Hochkommissar im neu gegründeten Völkerbund für Flüchtlingsfragen engagierte. Er führte für staatenlose russische Flüchtlinge und Emigranten den Nansen-Pass ein. Über 400 000 Menschen erhielten diesen vorläufigen Reisepass, darunter auch Prominente wie der Komponist Igor Strawinsky und der Maler Marc Chagall. Außerdem sammelte der ehemalige Polarforscher Spenden für Millionen durch Hungersnot bedrohte Russen.

»Später spielten beim Friedensnobelpreis die Ost-West-Beziehungen immer wieder eine Rolle«, sagt Helljesen, »etwa bei Willy Brandt, Lech Walesa, Gorbatschow und Obama.« Eine der bemerkenswertesten Verleihungen war für ihn im Jahr 1984 an Erzbischof Desmond Tutu. Weil bei der Zeitung ›Dagbladet‹ eine Bombendrohung eintraf, musste die Zeremonie gestoppt werden. Nach 45 Minuten ging es weiter. »Der König kam zurück, nur das Orchester war schon weg«, erzählt der Experte. »Tutu bat spontan einige südafrikanische Frauen auf die Bühne, die ein Lied sangen.« Der Erzbischof sagte, dass sich etwas in einem verändere, wenn man den Preis bekomme.

Damals füllte die Verleihung genau wie bei Obama die Titelseiten. Heute muss man am nächsten Tag bei der größten Zeitung ›Aftenposten‹ schon bis Seite 12 blättern, und in einer der Boulevardzeitungen wird lediglich darüber diskutiert, warum Mette-Marit bei der Zeremonie ihren Ehering nicht trug. Immerhin haben Kronprinz Haakon und sie die ganze Zeit Händchen gehalten. Vermutlich hatte sie den Ring beim schnellen Umstyling zwischen der Kinderparty und der Verleihung verlegt.

Das Kronprinzenpaar ist ebenso wie die Preisträger beim Abschlusskonzert, das der US-Comedian Jay Leno moderiert. »Die Nobelpreiszeremonie war sehr klein und intim«, sagt er der Presse. »Sie war bescheiden, stilvoll und ein sehr norwegisches Event.« Als Amerikaner kenne er es wesentlich größer und lauter.

Amerikanisch angehaucht ist dann das Konzert in einer Osloer Arena mit rund 10 000 Zuschauern. Weltstars wie Rihanna,
Bon Jovi und Wyclef Jean sorgten in früheren Jahren für Stimmung – dieses Mal schicken sie ihre alte Popband a-ha als Head-
liner ins Rennen. Und somit sehe ich erstmals den Keyboarder
Magne live auf der Bühne.

Zwischendurch werden bunte Luftschlangen herunterge-
schossen, mit denen Kinder durch die weiten Hallengänge hüpfen. Während die Bands spielen, verteilt Jay Leno an sie Süßig-
keiten, etliche wollen Selfies mit ihm machen.

Bei einigen seiner Moderationen mischt der US-Comedian
sich auch vor laufender Kamera unter das Publikum. Eine Norwegerin fragt er provokant: »Hast du Angst, dass wir den Frieden wirklich erreichen, weil es dann dieses Konzert nicht mehr
geben würde?« Sie lächelt verlegen.

Berührend hingegen ist der Protestsong der Tunesierin Emel
Mathlouthi, die das Publikum schon bei der Zeremonie im Rathaus bezauberte. Das Nobel-Peace-Prize-Konzert ist eine Mischung aus seichter Musikshow und politischen Statements, die
durch pointierte Kommentare von Leno aufgelockert werden.
Er ist der einzige internationale Star des Abends. Den Norwegern scheint es zu gefallen, sie springen gefühlt dreißig Mal von
ihren Sitzen auf. Am Ende fragt der Comedian: »Mal ganz ehrlich, wie viele von euch haben gedacht, das tunesische Dialog-Quartett sei eine Boyband?«

Der Friedensnobelpreis

Diese beiden Tage im Dezember 2015 waren meine ersten Live-
Erlebnisse rund um den Friedensnobelpreis. Damals war ich
Teil einer Pressegruppe, die vor dem Konzert mit einem Boot

zum Fram-Museum gebracht wurde. Auf dem Schiff Fram, was übersetzt »Vorwärts« bedeutet, servierten sie Häppchen und Wein, außerdem bekamen wir weiße Emailletassen mit der Aufschrift »Fram« geschenkt. (Sie sehen so aus wie die historischen Tassen im Skimuseum.) Was Amundsen und Nansen wohl davon gehalten hätten, dass ein Jahrhundert nach ihren Expeditionen Journalisten auf ihrem Schiff feiern?

Der Friedensnobelpreis begleitet mich, seit ich neun Jahre alt bin. Denn 1982 bekam die Schwedin Alva Myrdal, nach der ich benannt wurde, den Preis verliehen. Die Soziologin und Politikerin war gemeinsam mit ihrem Mann Gunnar die Architektin des schwedischen Wohlfahrtsstaates, arbeitete bei der UNESCO und engagierte sich gegen das Atomrüsten in der Welt. Für Letzteres erhielt sie die Ehrung, die damals noch in der Aula der Osloer Universität erfolgte. Dort hängt unter anderem Munchs imposantes, raumfüllendes Gemälde ›Die Sonne‹. Eine der kleineren Fassungen hatte der Schriftsteller Knausgård ja für seine Ausstellung im Munch-Museum ausgewählt.

In meiner Kindheit kannte in Deutschland niemand den Vornamen Alva. Meine Mitschüler machten sich über ihn lustig: Ich wurde Alfa Romeo, Alma, Alpha 5, Alba oder die »Alva, die im All war« genannt. Zu Grundschulzeiten bin ich einmal weinend nach Hause gelaufen und fragte, warum ich einen so komischen Namen trage. Viel lieber wollte ich Sabine, Heike oder Susi heißen.

Meine Eltern mussten im Standesamt sogar beweisen, dass der Name überhaupt existiert. Denn er stand in keinem Register. Und so war ich vermutlich eine der Ersten in Deutschland, die diesen Namen trug. Mein Vater, ein Sozial- und Wirtschaftswissenschaftler, hatte Myrdal als junger Doktorand in Münster kennengelernt. Er bewunderte sie sehr. Heute bin ich froh, nach einer so spannenden Frau benannt worden zu sein.

Im Nobel Peace Center, wo zuvor die Kinder mit den tunesischen Preisträgern sprechen konnten, gibt es eine dauerhafte Ausstellung und eine für die aktuell Geehrten. 2018 waren das der kongolesische Gynäkologe Denis Mukwege, der weltweit anerkannte Experte für die Behandlung von Verletzungen durch Vergewaltigungen, und Nadia Murad, die UN-Sonderbotschafterin für die Würde der Überlebenden von Menschenhandel. Die Irakerin überlebte den vom Islamischen Staat (IS) verübten Genozid an den Jesiden, einer religiösen Minderheit. Murad wurde monatelang von Mitgliedern der terroristischen IS-Miliz versklavt, vergewaltigt und gefoltert. Sie konnte in ein Flüchtlingslager im kurdischen Gebiet fliehen und erfuhr von einem Programm des Bundeslandes Baden-Württemberg für besonders schutzbedürftige Frauen und Kinder aus dem Nordirak. 1000 Traumatisierte erhielten eine Chance auf einen Neuanfang. Und so lebt Murad nun in Deutschland.

Die Nordirakerin und meine Namensgeberin sind zwei von gerade mal 17 Preisträgerinnen. Im Vergleich dazu gab es 89 Männer und 24 Organisationen. Ein fünfköpfiges Komitee, das vom norwegischen Parlament Stortinget bestimmt wird, entscheidet, wer den Preis erhält. Deren für sechs Jahre nominierten Mitglieder spiegeln die Zusammensetzung des Parlaments wider. So hat der Schwede Alfred Nobel es 1895, kurz vor seinem Tode, in seinem Testament festgelegt. Damals war Norwegen noch in einer Union mit Schweden. Theoretisch hätten diese also ebenfalls im Komitee sitzen können, seit der Unabhängigkeit im Jahr 1905 sind es nur Norweger.

Kurz vor der Preisverleihung treffe ich Berit Reiss-Andersen, die Chefin des norwegischen Nobelkomitees, im Osloer Nobel-Institut. Das Haus liegt am Rande des Schlossparks in der Henrik Ibsens gate 51. In der ersten Etage finden in einem kleinen Saal mit wuchtigen Kronleuchtern die Pressekonferenzen statt,

auf der die Mittsechzigerin die jeweiligen Preisträger der Welt-
öffentlichkeit bekannt gibt. »Anfang des 20. Jahrhunderts fand
in diesem Raum sogar die Zeremonie statt«, erzählt Reiss-Andersen beim Rundgang durch die geschichtsträchtigen Räume.
Nur zwei Zimmer weiter ist der Sitzungsraum, in dem die
manchmal umstrittenen Entscheidungen des Komitees getroffen
werden.

Reiss-Andersen steht nun im Jugendstilraum mit der grün
gemusterten Tapete und den edlen Holzmöbeln. »Ein Großteil
des Interieurs ist im Originalzustand«, sagt sie. An den Wänden
hängen Schwarz-Weiß-Fotos der Preisträger. »Dann wollen wir
doch mal schauen, wo deine Namensgeberin Alva ist.« Wir finden sie in einer oberen Reihe. Es ist für mich ein besonderer
Moment. Meine Eltern schrieben Myrdal damals einen Brief,
dass sie ihre Tochter nach ihr benannten. Die Schwedin sandte
einen persönlichen Dankesbrief zurück, der für meinen Vater
heilig war und zum Familienschmuck gelegt wurde. Als man
eines Tages bei uns einbrach, klauten die Diebe die Schatulle samt
Brief.

Seit 1905 fällt die Entscheidung in diesem intimen Sitzungsraum. Waren es anfangs noch ein paar Dutzend Vorschläge, müssen sie heute über 300 prüfen. Vor 80 Jahren war Adolf Hitler
auf der Vorschlagsliste, aktuell fanden einige den US-Präsiden-
ten Donald Trump preiswürdig. Reiss-Andersen und ihre Kollegen kommentieren weder die Liste noch ob das Votum für die
dann Geehrten einstimmig ausfiel oder nicht.

In der Mitte des Raumes stehen der Tisch und sechs Stühle.
Die Chefin sitzt am Kopf, rechts nimmt ihr Stellvertreter Platz
und links der Sekretär, der das Nobel-Institut leitet und Proto-
koll führt, das erst nach einem halben Jahrhundert veröffentlicht wird.

Die großen Fenster zur Straße sind durch blickdichte weiße

Berit Reiss-Andersen an ihrem Stuhl im Sitzungsraum –
im Hintergrund hängen Fotos früherer Preisträger

Jalousien verdeckt. »Schließlich könnte sonst jemand von einem gegenüberliegenden Gebäude unsere Treffen und Gespräche filmen«, sagt Reiss-Andersen. Die Frau mit der grauen Kurzhaarfrisur arbeitet im Alltag als Anwältin. Sie ist in der langen Geschichte des seit 1901 vergebenen Preises die erste Anwältin im Komitee, das sich meist aus Wissenschaftlern, Historikern und Politikern zusammensetzt.

Derzeit gehört unter anderem der ehemalige Ministerpräsident Thorbjørn Jagland dazu. In seinem Kabinett war Reiss-Andersen kurzzeitig Staatssekretärin unter Justizministerin Anne Holt. Die Ex-Justizministerin ist seit über 20 Jahren eine international erfolgreiche Krimiautorin, an zwei der frühen Romane schrieb Reiss-Andersen mit. Ihr Großvater Gunnar Reiss-Andersen war ein bekannter Dichter, der während des Zweiten Weltkriegs im schwedischen Exil lebte und flammende Antikriegsgedichte schrieb. Bei seinem Tod war sie zehn Jahre alt, aber sie erinnert sich noch an den engagierten Mann. »Literatur kann einen großen Beitrag zum Frieden leisten.«

Der Job als Komitee-Chefin ist für sie eine Ehre. »Der aufregendste Moment des Jahres ist sicherlich die Verkündung im Oktober. Als Anwältin bin ich es zwar gewohnt, vor Publikum zu sprechen und Plädoyers zu halten. Doch an diesem Tag schaut die Welt zu und die Presse sitzt vor mir und stellt Fragen, auf die ich mich nicht vorbereiten kann.« 2018 lautete eine der ersten, ob die #metoo-Bewegung ein Grund für Nadia Murads Wahl sei. »Doch es geht vor allem darum, Mukwege und Murad für ihren Einsatz gegen sexuelle Gewalt in Kriegen und bewaffneten Konflikten auszuzeichnen«, sagt die Komitee-Chefin.

Am Tag der Verleihung, dem Geburtstag von Alfred Nobel, übernachtet Reiss-Andersen wie die Preisträger im Grand Hotel. Anders ist es logistisch nicht zu machen. »Die Zeremonie im Rathaus ist ein Höhepunkt. Die Atmosphäre mit den festlichen Trompeten, die die Königsfamilie und die zu Ehrenden ankündigen, kann einen schon überwältigen«, sagt sie. »Deshalb gehen wir am Vortag mit den Preisträgern durch die Halle, sodass sie ein Gefühl für den Raum bekommen.«

Jay Leno fand die Osloer Zeremonie bescheiden. Tatsächlich wirkt sie in Schweden pompöser. Auch das Galadinner, das in

Norwegen ohne Kameras stattfindet, wird in Stockholm live übertragen. Ist der Friedensnobelpreis eine typisch norwegische Veranstaltung? Reiss-Andersen überlegt einen Moment. »Nicht wirklich. Vielleicht geht es bei uns ein bisschen relaxter zu. Aber die Kollegen müssen ja auch an einem Tag mehrere Preise vergeben.« 2018 sind es nur drei, da der Literaturpreis wegen eines #metoo-Skandals im dortigen Komitee ausfällt.

Am 10. Dezember stehe ich dann um 13 Uhr auf dem Balkon und blicke auf den Saal mit den 300 geladenen Gästen. Vor ihnen sitzt mittig in einer eigenen Reihe die Königsfamilie. Wir Journalisten und Fotografen haben von oben eine gute Sicht auf das Geschehen. Mit wem sich Ministerpräsidentin Erna Solberg unterhält, wie die Menschenrechtsanwältin Amal Clooney, die mit dem US-Schauspieler George Clooney verheiratet ist und

Nadia Murad bei ihrer Rede im Rathaus – die Königsfamilie sitzt in einer eigenen Reihe (rechts)

Nadia Murad vor dem Internationalen Gerichtshof in Den Haag vertrat, in ihrem pinkfarbenen Kleid auffällt, und wie viele der geladenen Gäste Selfies machen.

Jedes Jahr reisen zusätzlich Reporter aus den Ländern der Preisträger an. 2018 sind es Kongolesen, die am Ende von Denis Mukweges Rede ihre Nationalflagge herausholen, aufgeregt mit ihr wedeln, in die Luft springen und laut jubeln. Die Gäste inklusive Königsfamilie schauen zu uns hoch und lächeln. Die neben uns stehenden Sicherheitskräfte weisen die Kollegen darauf hin, sich ruhiger zu verhalten, doch die Kollegen sind so begeistert, dass sie bei nächster Gelegenheit ihre Flagge sofort wieder herausholen. Und irgendwie wollen die Norweger ihnen dann das Feiern nicht verbieten. Es geht ja schließlich um den Frieden.

Sowohl Mukwege als auch Nadia Murad halten bewegende Reden, die so manchen zu Tränen rühren und gleich mehrmals für Standing Ovations sorgen. Ich beiße mir auf die Lippen, weil ich nicht neben meinen Kollegen weinen möchte. Ein schwedischer Kollege, der über den Nobelpreis berichtet, seit Alva Myrdal ihn verliehen bekam, sagt, er habe noch nie so viele Beifallsstürme erlebt.

Die Ansprache auf der Zeremonie sei für sie einfacher, hat mir die Komitee-Chefin im Vorfeld erzählt, da sie allein schon für die Übersetzer nicht vom Text abweiche. Für Murad und Mukwege steht im Anschluss der Interviewmarathon an und ein Besuch im Schloss, bevor sie auf dem Balkon des nahe gelegenen Hotels Tausenden zuwinken, die in der Kälte mit ihren Fackeln warten. Im Dezember 2018 kamen rund 4000 Menschen.

Ein groß aufgezogenes Nobel-Peace-Prize-Konzert gibt es in diesem Jahr nicht, stattdessen organisieren Ehrenamtliche am Vortag eine kleine Veranstaltung vor dem Rathaus. Es spielen norwegische und samische Bands, die Irakerin und der Kongolese bibbern in Mäntel gehüllt auf einer seitlichen Tribüne. Dolmetscher übersetzen für sie die Gespräche – am Ende performt Schlagersängerin Wencke Myhre, die in ihrer Heimat noch regelmäßig auftritt, ihren Song ›Vi lever‹, wir leben.

Der bisher letzte deutsche Friedensnobelpreisträger ist übrigens Willy Brandt. 1971 wurde er für seine europäische Entspannungspolitik geehrt. Der gebürtige Lübecker hatte eine besondere Beziehung zu Norwegen. Mit 19 Jahren kam Herbert Ernst Karl Frahm, wie sein eigentlicher Name lautet, im Auftrag der Sozialistischen Arbeiterpartei Deutschlands nach Oslo, um bei der norwegischen Schwesterpartei, der Arbeiderpartiet, Gelder zu organisieren und die Lehren aus Deutschland zu vermitteln. Das war im Jahr 1933.

Ursprünglich wollte er nur kurz bleiben, doch er etablierte sich schnell in Norwegen, bewarb sich um die norwegische Staatsbürgerschaft und schrieb unter dem Namen Willy Brandt Artikel in den einheimischen Medien. Wenige Wochen nach der Besetzung Norwegens am 9. April 1940 durch die deutsche Wehrmacht floh Brandt nach Schweden. Erst 1948 erhielt er wieder die deutsche Staatsbürgerschaft und prägte in den folgenden Jahrzehnten unsere Geschichte.

Man könnte ein eigenes Buch über die Norweger unter deutscher Besatzung schreiben. Von einem Kodex der Wehrmacht erfuhr ich durch Zufall im Gespräch mit einer Freundin. Es stammt vom Oberkommando, das »Richtlinien für das Verhalten im persönlichen Verkehr mit der norwegischen Bevölkerung« herausgegeben hat. Ein Hinweis besagte: »Der Norweger ist äußerst freiheitsliebend und selbstbewusst. Er lehnt jeden Zwang und jede Unterordnung ab. Er hat keinen Sinn für militärische Zucht und Autorität. Also: wenig befehlen, nicht anschreien. Sachlich aufklären und überzeugen! Humorvoller Ton erreicht am meisten. Unnötige Schärfe und Bevormundung verletzen sein Selbstgefühl.«

Ein Facebook-Freund dieser Freundin postete den Beitrag und meinte, da hätten die Nazis die Norweger gut beschrieben.

Der 22. Juli 2011 – der Tag, der das Land veränderte

Schicksalshafte und bedeutende Geschichten des Landes werden auch im Foyer des Osloer Rathauses gezeigt. Die sozialistisch anmutenden Wandgemälde erzählen vom bäuerlichen Leben, der Fischereitradition, von der Okkupation während des Zweiten Weltkrieges und von der Befreiung. In diesem Gebäude hat Khamshajiny Gunaratnam, Kamzy, die stellvertretende Bürgermeisterin von Oslo, ihr Büro. Die oft fröhliche Politikerin der Arbeiderpartiet, mit der ich bereits entlang der Fjord City spaziert bin, hat trotz ihrer jungen Jahre schon mehrere existenzielle Krisen erlebt.

Als sie drei Jahre alt war, floh ihre Familie vor dem Krieg aus Sri Lanka und fand in Nordeuropa eine neue Heimat. Schon früh engagierte sie sich in der tamilischen Jugendorganisation von Oslo. Später war sie bei der Jugendorganisation der sozialdemokratischen Arbeiterpartei aktiv, die im Sommer ihr alljährliches Feriencamp auf der Insel Utøya veranstaltete.

Am 22. Juli 2011 war der See Tyrifjord Kamzys einzige Chance. Sie schwamm, so schnell es nur ging, von Utøya weg, Gewehrkugeln zischten an ihr vorbei. Die damals 23-Jährige schwamm einfach weiter, Zug für Zug, und konnte sich schließlich retten. Sie überlebte das Massaker nur knapp – an jenem Julitag verlor sie einige ihrer Freunde.

Es ist ein Tag, der das Land vermutlich für immer veränderte. Anders Behring Breivik zündete zunächst eine Autobombe im Osloer Regierungsviertel, die acht Menschen tötete, und fuhr kurz darauf zur Insel Utøya. Der rechtsextreme Norweger sah, so behauptete er, die Partei und die zunehmende Anzahl von Muslimen im Land als Bedrohung für seine Heimat an. Mit einer halbautomatischen Waffe richtete Breivik 69 Menschen hin. Die meisten waren Teenager. »Meine Freunde wurden wegen ihrer politischen Anschauung ermordet«, sagt Kamzy bei einem weiteren Treffen im Rathaus. »Ich möchte nicht als Opfer gesehen werden, ich bin eine Überlebende, und es gilt, nach vorn zu schauen.«

Ihr ist es wichtig, neue Impulse zu setzen, und dafür hat sie sehr gute Voraussetzungen. Seit drei Jahren ist die Norwegerin nun schon Vizebürgermeisterin. Da ihr Vorname Khamshajiny schwer auszusprechen ist und sie sich selbst immer Kamzy nennt, hat sie ihren Vornamen auch in den Pässen offiziell ändern lassen. Das verkündete sie, wie es für sie typisch ist, in den sozialen Medien, und garnierte die News mit lächelnden Emojis.

Die Politikerin gilt vielen als Hoffnungsträgerin für das moderne, multikultureller werdende Norwegen. Sie weiß genau, wie es sich anfühlt, in eine fremde Umgebung zu kommen. Vielleicht macht es einen Teil ihrer Beliebtheit aus, dass sie manchmal ein bisschen lautere Töne anschlägt. Ihr sei bewusst, dass sie deutlich vernehmbarer lache und spreche als eine typische Norwegerin, sagt sie und bestätigt beides im selben Moment. Was sie immer noch irritiert, ist der Janteloven-Kodex. »In meiner Studentenzeit habe ich mal für ein Jugendmagazin einen Artikel mit dem Titel ›*fuck janteloven*‹ geschrieben.« Für die einen ist die Bescheidenheit positiv besetzt, andere glauben, dass das ständige Denken ans Kollektiv die persönliche Entfaltung verhindere – und so nicht alle ihre Möglichkeiten nutzten, um zum Beispiel ihre Meinung zu sagen. »Ich möchte eine Stimme für diejenigen sein, die sich nicht trauen, sich offen zu äußern«, sagt die Politikerin.

Nach Utøya gelte es mehr denn je, den Dialog zu suchen. Wichtiger Teil ihrer Arbeit ist es, die Bürger zu besuchen: sei es im Seniorentreffpunkt, im Jugendclub oder im Flüchtlingszentrum des Stadtviertels Tøyen.

Tøyen zählte lange Zeit zu den ärmeren Vierteln Oslos. Doch nun, da in einer der am schnellsten wachsenden Hauptstädte Europas der Wohnraum eng wird, entdecken immer mehr junge norwegische Familien das zentral gelegene Gebiet. Dort leben sie neben pakistanischen Großfamilien und lassen sich beim »Bagdad Frisør« die Haare schneiden. Es ist eine Art von Gentrifizierung, die durchaus positive Auswirkungen hat. »Wir wollen in jedem Viertel neuen Wohnraum für alle Gruppen von Bürgern schaffen«, erzählt die junge Politikerin. »Wenn Menschen aus unterschiedlichen Kulturen und Bildungsschichten keinen Kontakt zueinander haben, fühlen sie sich wie Fremde. Sind sie aber direkte Nachbarn, gehen sie toleranter miteinander um.« So könne man dem Rassismus eher vorbeugen. Dann zitiert sie einen Spruch von Martin Luther King, der sinngemäß besagt, nur diejenigen könnten sich hassen, die einander nicht kennen.

Kamzy, die lange im Ostteil der Stadt lebte, mischt inzwischen den Westen auf. Sie zog nach Frogner, einem schicken Viertel mit zahlreichen Botschaften und Residenzen. Italienische, pakistanische und deutsche Flaggen wehen an den Villen und Gründerzeithäusern, davor parken frisch polierte Jaguars und Porsches. »Der Westen hat den Ruf, nur eine Reichengegend zu sein. Doch das ist nicht wahr.«

In einem der eher unscheinbaren Betonbauten Frogners lebte

auch Breivik. Bis heute bringt der Attentäter sich wiederkehrend in Erinnerung, wenn er beispielsweise gegen seine Haftbedingungen klagt. Schon Monate vor dem Utøya-Jahrestag erhält Kamzy zahlreiche Interviewanfragen. Manche Reporter wollen sogar den 22. Juli mit ihr verbringen. Doch die ansonsten gesellige Politikerin ist an diesem Tag am liebsten allein oder nimmt nur an einem offiziellen Termin teil.

Regelmäßig wird in den norwegischen Medien darüber diskutiert, wie man mit diesem Schicksalsschlag umgehen soll. Der damalige Ministerpräsident Jens Stoltenberg sagte 2011 bei seiner Trauerrede: »Wir sind noch immer erschüttert von dem, was uns getroffen hat, aber wir werden niemals unsere Werte aufgeben. Unsere Antwort lautet: mehr Demokratie, mehr Offenheit und mehr Menschlichkeit. Aber niemals Naivität.« Dieser Konsens gilt für die meisten weiterhin.

Im Stadtrat arbeitet die Überlebende unter anderem mit Geir Lippestad zusammen, der bis vor einem Jahr der Anwalt von Breivik war. »Geir und ich sind gute Freunde«, sagt sie. »Ich finde, das sagt auch viel über unser Land aus.«

Reiss-Andersen, die Chefin des norwegischen Nobelkomitees, gesteht beim Interview, dass sie froh ist, nicht von Breivik als Verteidigerin ausgesucht worden zu sein. Er wählte Lippestad, von dem er bereits gehört hatte, und dieser nahm seinem Berufsethos folgend das Mandat an. »Denn genau wie ein Arzt sich seine Patienten nicht aussuchen kann, müssen auch wir für jeden Beschuldigten einen fairen Prozess gewährleisten«, sagt die Anwältin.

Reiss-Andersen, die von der Arbeiderpartiet ins Komitee berufen wurde, hält Kamzy für eine wichtige Stimme in Oslo, ihr Engagement werde auch national wahrgenommen. Reiss-Andersen hat eine persönliche Beziehung zu Kamzy, denn diese vollzog die Trauung ihres Sohnes im Rathaus. Im holzvertäfelten

Munch-Raum in der ersten Etage hängt das Gemälde ›Leben‹ mit szenischen Darstellungen, die unter anderem zwei Frauen in weißen Kleidern an einem Baum zeigen. »Meine Schwiegertochter wollte unbedingt von ihr getraut werden und suchte den Termin danach aus, wann diese im Dienstplan stand.« Reiss-Andersen erzählte es Kamzy bei einer späteren Begegnung, was diese sehr rührte.

Es wird spannend sein zu sehen, wie sich die Karriere der engagierten Politikerin weiterentwickelt. Wer weiß, vielleicht folgt sie eines Tages ihrem Parteikollegen Stoltenberg im Amt, der seit einigen Jahren NATO-Generalsekretär ist. Jeden Sommer kommt er am 22. Juli nach Hause und gedenkt der Toten. Kamzy postete zuletzt ein Foto vom Gedenktag, wo die beiden einander herzlich umarmen.

Einer von uns

Einen wichtigen Beitrag zur Aufarbeitung des norwegischen Traumas leistet auch die Journalistin Åsne Seierstad. Sie lebte, ohne es zu wissen, nur zehn Häuser von dem Attentäter entfernt. Über drei Jahre lang gingen sie in Frogner vermutlich gelegentlich im selben Supermarkt einkaufen und warteten am Park auf dieselbe Tram. Ein Apartment in der Tidemands gate 31 war bis 2006 sein Zuhause. Unweit davon, in einem roten Holzhaus, lebt Åsne.

In ihrem Buch ›Einer von uns‹ rekonstruiert sie auf 544 Seiten minutiös die Ereignisse jenes Tages – und blickt zurück. Åsne bewahrt die journalistische Distanz und ist zugleich einfühlsam. Sie erzählt aus dem Leben und der Perspektive einiger Opfer, wobei man bis zum Ende nicht weiß, wer diesen Schicksalstag wirklich überlebt hat und wer nicht.

Seierstad spürt auch Breiviks verstörender Familiengeschichte nach. Sie erklärt seine Taten nicht, macht aber deutlich, aus welchen Verhältnissen er stammt.

Der Diplomatensohn stand schon früh unter Beobachtung des Jugendamtes und sollte eigentlich in eine Pflegefamilie kommen. Seine psychisch kranke Mutter war als Alleinerziehende überfordert, der Vater interessierte sich nicht für den jungen Anders. Bereits im Alter von vier Jahren beschrieben Psychologen ihn als ein Kind ohne besondere Freude. Wenn er aber mal Regungen zeigte, dann fielen sie heftig aus. Im Erwachsenenalter verrannte Breivik sich im rechten Hass, er hielt die zunehmende Anzahl von Muslimen in seiner Heimat für bedrohlich und fantasierte von einer neuen Bewegung.

Der Buchtitel ›Einer von uns‹ ist für manche Norweger eine Provokation. Will doch niemand glauben, dass ein Landsmann zu so etwas fähig ist. Ausgerechnet bei ihnen, wo jährlich der Friedensnobelpreis verliehen wird und einige selbst im belebten Oslo ihre Wohnungen nicht verschließen, weil sie einander vertrauen.

Die Mittvierzigerin wohnt mit ihrer Familie in einem historischen Haus. Es gehörte früher Gustav Amundsen, dem Bruder des Polarforschers. »Die Brüder sollen hier zeitweise zusammengelebt haben, und Roald plante hier seine Expeditionen«, erzählt Åsne, während sie in der Küche den Tee aufbrüht. Für die Journalistin ist es faszinierend, dass in ihrem Wohnzimmer vor rund hundert Jahren der Entdecker saß. Auch sie scheut keine Herausforderung. Als Kriegsreporterin berichtete sie für NRK aus mehreren Krisenregionen, sie schrieb Bücher über Afghanistan, Serbien und Tschetschenien.

Am schicksalshaften Julitag fuhr die Mutter zweier Kinder gerade mit Freunden und der Familie aufs Land. »Es kann sogar sein, dass wir nur wenige Meter von Breivik entfernt im Verkehr standen, als er nach dem Sprengstoffattentat unbehelligt in Richtung Utøya eilte.«

Persönlich kennengelernt haben Breivik und Seierstad sich nie, ein Interview verweigerte er der Journalistin. Aber sie las alle Unterlagen: seine Tagebücher, sein Manifest und die Blogbeiträge, in denen er seinen Hass verbreitete. Sie studierte die tausendseitigen Verhörprotokolle, Zeugenaussagen und begleitete später jeden Prozesstag. Seierstad sprach mit Breiviks Mutter, Überlebenden und Angehörigen. Mit manchen der betroffenen Familien verbrachte sie mehrere Tage, sie gingen gemeinsam auf Bergtouren. Die Journalistin tauchte ganz in ihre Welt und in ihr Leid ein.

War es für die erfahrene Kriegsreporterin eher möglich, so ein schwieriges Buch zu recherchieren? »Es hat mir sicherlich geholfen«, sagt sie. »Normalerweise habe ich Katastrophen im Ausland erlebt, plötzlich wurde ich zur Krisenreporterin in meiner Heimat.«

Bei aller professionellen Distanz, die Arbeit an dem Buch hat sie mitgenommen. So manchen Tag saß sie an ihrem Schreibtisch und wusste nicht, wie sie es beschreiben soll. Doch es war ihr wichtig, den Opfern und Angehörigen eine Stimme zu geben. Damit die 77 Toten nicht in der Masse untergehen.

Eine ihrer Protagonistinnen ist Bano Rashid, deren Familie aus dem Irak vor dem Krieg flüchtete. Mit sieben Jahren kam sie nach Norwegen. Bano war stolz auf ihre neue Heimat und deren Kultur und wie Kamzy früh in der Arbeiderpartiet aktiv. Am 22. Juli freute sie sich auf Gro Harlem Brundtland, die ehemalige Ministerpräsidentin. Weil es heftig regnete und Brundtland keine Gummistiefel dabeihatte, lieh Bano der Sozialdemokratin ihre. Kurz darauf rief sie ihre Mutter an: »Ich habe mit Gro gesprochen, Mama, ich habe eine lebende Legende gesprochen.«

Wenige Stunden später ist Bano tot. Hingerichtet von Breivik.

Der hatte sein Attentat über mehrere Monate geplant. Jeden Schritt inklusive seiner wirren Gedanken und seinem Verfolgungswahn schrieb er auf. In einer selbst geschneiderten Polizeiuniform verschaffte er sich Zutritt zur Insel. Mechanisch wie bei jenem Computerspiel, das er über Jahre spielte, schoss er um sich. Zeitweise tötete er einen Jugendlichen pro Minute. Auf der 500 Meter langen und 350 Meter breiten Insel konnten sie sich nur schwer verstecken.

Irgendwann ist Viljar Hanssen, ein 17-jähriger Norweger, an der Reihe. Seierstad beschreibt es so: »Insgesamt fünf Geschosse waren in seinen Körper eingedrungen und dort geplatzt. Die Kugel in seinem Kopf war zu kleinen Splittern zerborsten, die sich im Hirngewebe verteilt hatten. Ein Splitter war nur wenige Millimeter vor dem Hirnstamm stecken geblieben. Seine Schulter und sein Arm waren im wahrsten Sinne des Wortes weggeschossen. Die Hälfte seiner linken Hand fehlte. Doch er dachte nur an Torje. Seinen kleinen Bruder, um den er sich kümmern sollte.« Ihre Sprache ist direkt und dennoch nicht voyeuristisch.

Es erschüttert, die Details des Massenmordes zu hören. Und auch von den vielen Fehlern, die der Polizei unterlaufen sind. Sie hätten Breivik mehrfach stoppen können, wenn die Kommunikation der Einsatzkräfte besser geklappt hätte. Breivik rief sogar irgendwann die Polizei an, um sich zu stellen. Doch die Leitung brach ab, und da bei der Prepaidkarte des Handys die Nummer nicht sichtbar war, konnten sie ihn nicht zurückrufen.

Also tötete er weiter.

Trotz all der Pannen musste keiner der Verantwortlichen zurücktreten. Einige legten in den folgenden Monaten – offiziell aus familiären Gründen – ihre Ämter nieder. ›Einer von uns‹ ist zugleich ein Porträt der norwegischen Gesellschaft.

Wir schauen uns nun den ausgebreiteten Stadtplan von Oslo an. Seierstad markiert die Stationen des Attentäters: seine verschiedenen Wohnungen, in denen er aufwuchs und als junger Mann lebte sowie seine ehemalige Schule. Fünf Minuten Fußweg entfernt in der Oscars gate hat die deutsche Botschaft ihren Sitz, nur zwei Parallelstraßen davon entfernt residiert der Ministerpräsident.

Zur Zeit des Anschlags war es Jens Stoltenberg. Seit 1974 nahm er fast jedes Jahr am Feriencamp auf Utøya teil – anfangs als Jugendlicher und später als Parteivorsitzender. An jenem Tag wäre es sein 35. Besuch gewesen, doch am Vortag geschah das Massaker. Åsne sagt, dass die Trauerrede des Ministerpräsidenten zum Mantra wurde – zu Norwegens Antwort auf die Tragödie. Dem Hass mit Liebe begegnen, das war das Motto, nach dem das Land in der ersten Zeit mit dem Terrorakt umging. Diese Reaktion beeindruckte weltweit.

Åsne Seierstad steht noch immer in Kontakt mit den Familien. Viljar Hanssen überlebte den Anschlag knapp, er ist auf einem Auge blind, trägt eine Handprothese und hat weiterhin Splitter im Gehirn. Seine Familie lebt auf Spitzbergen, für einige Semester zog er zum Studium nach Oslo. Und wohnte in Frogner.

Wenn der Attentäter mal wieder in die Öffentlichkeit drängt, verfasst Hanssen via Facebook sarkastische Kommentare. Es ist ihm genau wie Kamzy wichtig, das Andenken ihrer Freunde zu bewahren, die am 22. Juli gestorben sind und denen Seierstad mit ihrem Buch ein Denkmal setzte.

Dem Hass mit Liebe zu begegnen, das ist eine anhaltende Aufgabe. Breivik war geografisch einer von ihnen, nicht jedoch geistig.

Norwegen und die Flüchtlingspolitik

Und dennoch gewinnen bei den Wahlen im Herbst 2013 nicht die Sozialdemokraten, sondern Erna Solberg von der konservativen Partei Høyre, die eine Koalition mit der rechtspopulistischen Fremskrittspartiet (FrP), Fortschrittspartei, eingeht. Auch wenn es lange Zeit den Witz gab, dass im Prinzip alle norwegischen Parteien Sozialdemokraten seien, nur mit verschiedenen Schwerpunkten wie Autos, Familie oder Öl, sorgt gerade die strenge Flüchtlingspolitik der neuen Regierung im Winter 2015/2016 für Unmut in linken Kreisen. Damals berichtete ich aktuell darüber. Ursprünglich wollte ich nur über das Kulturfestival Barents Spektakel in Kirkenes schreiben, bis ich einige Flüchtlinge und ehrenamtliche Helfer kennenlerne.

»Es ist schrecklich«, sagt der Syrer Ashraf auf die Frage, wie das Leben in der Flüchtlingsunterkunft sei. Eigentlich sollten sie dort nur zwei Tage bleiben. Nun harren sie seit fast einem Monat in dem provisorischen Containercamp aus. Für 200 Menschen gibt es gerade mal vier Duschen und drei Toiletten, warmes Wasser haben sie nicht. Ende Januar fallen die Temperaturen auf bis zu minus 30 Grad Celsius. Ashraf spricht ruhig und wirkt doch nervös. Der Mittdreißiger geht ein Risiko ein, sich öffentlich zu beschweren.

An diesem Februarabend steht eine Podiumsdiskussion auf dem Programm, im Transborder Café des Festivals debattieren unter anderem ein Politiker, ein Polizist und eine Menschenrechtsanwältin. Das Flüchtlingselend und die empörenden Zustände in einigen Camps haben in den vergangenen Wochen immer wieder für Schlagzeilen gesorgt.

Nun ist Ashraf dran, der als Vertreter der Betroffenen zu Wort kommt. Er atmet tief durch und zählt auf, woran es fehlt: Essen, warme Kleidung, Geld, Internetverbindung und Fahrgelegenheiten nach Kirkenes. Der Ort ist mit 3500 Einwohnern die größte Stadt der Region. Doch von diesem Außenposten der Zivilisation sind die Flüchtlinge weitgehend abgeschottet, ihr Camp Vestleiren, Westcamp, liegt rund 15 Kilometer entfernt direkt neben dem Flughafen. Die verschneiten Berge, zugefrorenen Flüsse und einsamen Wälder sind für die Asylsuchenden eine weiße Ödnis. Sie fühlen sich wie Gefangene. Da hilft es wenig, dass sie das Camp offiziell verlassen dürfen.

Ashraf ist einer von rund 5500 Flüchtlingen, die fast ausschließlich zwischen September und Ende November 2015 über die nahe gelegene russische Grenze nach Norwegen kamen – mit Fahrrädern, da Russland es verbietet, die Grenze zu Fuß zu überqueren, und Norwegen Strafen wegen Schleuserei verhängt, wenn jemand im Auto mitgenommen wird. Neben Afghanen und Irakern waren es insbesondere Syrer, die in einem der reichsten Länder der Welt Asyl suchten. Schon vor den Waffenlieferungen und der militärischen Koalition der Russen mit dem Assad-Regime hatten die beiden Länder eine enge Beziehung. Zahlreiche Syrer studieren deshalb in Russland. Ashraf kam ebenfalls mit einem befristeten Studentenvisum, um dem Bürgerkrieg in seiner Heimat zu entfliehen und seiner Familie mit Geld auszuhelfen. Doch als Student darf er in Russland nicht arbeiten, also wählte er die »Eisroute« nach Norwegen. Die konservative Regierung jedoch will Flüchtlinge wie Ashraf so schnell wie möglich zurück nach Russland schicken. In dem Fall droht ihnen Abschiebung in ihr Heimatland oder Untersuchungshaft, die sich bis zu zwei Jahre hinziehen kann. Denn mit dem Verlassen Russlands wurde ihr bisheriges Visum automatisch ungültig.

Zuerst übernahm die Kommune Sør-Varanger die Betreuung der ankommenden Flüchtlinge. In Kirkenes brachte man die meisten in der Sporthalle unter, tagsüber spielten sie mit den

Kindern der nahe gelegenen Schule Fußball. Die Stadt kümmerte sich warmherzig um die vielen Flüchtlinge, die von dort aus meist nach einigen Tagen oder Wochen innerhalb Norwegens weiter auf Unterkünfte verteilt wurden.

Als zeitweise bis zu 200 Asylsuchende pro Tag in Kirkenes ankamen, gelangte die Gemeinde jedoch an den Rand ihrer Kapazitäten. Bürgermeister Rune Rafaelsen mahnte damals in den Medien, er fürchte, seine Heimat werde zum »arktischen Lampedusa«. So weit sei es zum Glück nicht gekommen, sagte er später im Gespräch. Allerdings hat er nun selbst keinen Einfluss mehr auf die Geschehnisse. Denn mittlerweile werden die verbleibenden Flüchtlinge von der staatlichen Immigrationsbehörde Utlendingsdirektoratet (UDI) betreut und in Camps wie Vestleiren untergebracht, die von einer Privatfirma betrieben werden. Die Regierung hat trotz der Kritik des UN-Flüchtlingshilfswerks an ihrer Einstufung Russlands als »sicherem Drittland« festgehalten und will unter anderem Syrer mit russischem Visum ohne Anhörung abschieben.

Der Bürgermeister ist ebenfalls anwesend beim Diskussionsabend im Transborder Café und zeigt sich geschockt von Ashrafs Schilderungen. Er verspricht, umgehend die Immigrationsbehörde UDI zu kontaktieren. Und wird dies am nächsten Tag tun. Nach dem Talk berichtet Ashraf von einem kranken Landsmann. Nach langem Warten sei ein Arzt ins Camp gekommen und habe nur gesagt: »Solange du kein Blut spuckst, kann ich nichts tun.« Der bärtige Mann sitzt nun mit den ehrenamtlichen Helfern von »Refugees Welcome to the Arctic« zusammen. Eine von ihnen ist Merete Eriksson. Die Volkshochschullehrerin organisiert in ihrer Freizeit für die Flüchtlinge Ausflüge ins Schwimmbad, sie lädt Familien zu sich nach Hause ein, besorgt für sie Obst und warme Kleidung.

Den Zahnarzt Tarik und die Archäologin Laila bewahrte sie

sogar vor der Abschiebung. Im Januar 2016 sollte das Ehepaar mit einer Gruppe anderer Flüchtlinge abtransportiert werden. Merete stellte sich morgens vor das Camp, nahm die beiden Syrer und einen Dritten in ihrem Auto mit und fuhr los. Über Umwege gelangten die Flüchtlinge ins Kirchenasyl in Kirkenes und waren dort erst einmal sicher. Ihr russisches Visum sollte am nächsten Tag ablaufen. Als Merete und ihre Mitstreiter weitere Flüchtlinge am Camp einsammeln wollten, wurden sie verhaftet. Erst am Abend ließ die Polizei sie wieder frei. »Ich dachte, dass ich plötzlich keine Rechte mehr habe«, sagt die Mittvierzigerin. Doch ihr Engagement hat sich gelohnt. Die Abschiebungen der gesamten Gruppe wurden kurze Zeit darauf ausgesetzt, außerdem bekamen Tarik und die schwangere Laila nach einer Woche im Kirchenasyl eine Anhörung und durften bleiben.

Das Leid der Flüchtlinge spielt sich in einer abgeschotteten Welt ab, in der die Helfer nicht viel ausrichten können. »Selbst im Gefängnis darf man Besuch empfangen«, empört sich Merete, »doch das Camp ist für uns Ehrenamtliche Sperrgebiet.« Und das ist es auch für die Presse. Eigentlich. Bis es sich wenigstens einen Spaltbreit für Außenstehende öffnet: Im Rahmen des Barents Spektakel bemalen vier russische Künstler die Innenwände zweier Container, und der Festival-Fotograf darf ihre Arbeit dokumentieren. Er bietet mir an, ihn undercover zu begleiten, offiziell bin ich seine Assistentin.

Das Camp ist eine Ansammlung von weißen, leicht rostigen Containern sowie einem roten Hauptgebäude, das mal eine Militärkaserne war. Auf dem Hof türmt sich ein vereister Schneeberg, um den einzelne Männer schleichen.

Eine Camp-Mitarbeiterin schenkt den Künstlern zum Dank für ihre freiwillige Arbeit Pralinenschachteln. Ihre Kollegin, eine gebürtige Britin, führt uns über das Gelände zum zukünftigen Aufenthaltsraum für die Kinder. Einige von ihnen verfolgen stumm, wie einer der Männer eine Weltkugel und eine raumfüllende Friedenstaube zeichnet, die in die Freiheit fliegt.

Ein Syrer sagt: »Schaut euch nicht nur die Bilder an, sondern guckt mal, wie wir hausen müssen.« Kurz entschlossen gehen wir mit ihm in seinen Containerbereich. Zwei Stockbetten füllen den zellenartigen Miniraum, die Kleidung stapelt sich in blauen Müllsäcken. Hier lebt er mit seiner Frau und den drei Kindern. Der kräftige Syrer zittert, ihm stehen die Tränen in den Augen. »Darüber solltet ihr berichten«, bittet er. »Das ist nicht die Presse«, sagt die Mitarbeiterin streng und fordert uns auf weiterzulaufen. »Wenn es ihnen nicht passt, können sie ja gehen«, fügt sie hinzu. Ihr Mann ist beim norwegischen Militär, er war für ein Jahr in Afghanistan. »Ich habe Schlimmeres gesehen.« Dann führt sie uns in ihre Büroräume, wo es wesentlich wärmer ist als bei dem Syrer und seiner Familie.

Vier Tage nach diesem Besuch schreiben Merete und ihre Kollegen einen Beschwerdebrief an den *sivilombudsmannen*, den unabhängigen Petitionsbeauftragten des norwegischen Parlaments, um die Zustände im Camp anzuprangern, außerdem seien Flüchtlinge gedrängt worden, Papiere auf Norwegisch zu unterschreiben, ohne jeglichen Beistand von Anwälten und Dolmetschern.

Als die Wandgemälde fertig sind, wird die Presse in ausgewählte Bereiche des Camps gelassen. Der Betreiber und UDI, die schon öfter für ihre Einsparungen beim Unterhalt der Flüchtlingsheime kritisiert wurden, erklären sich. Mehr Duschen werden versprochen, außerdem sei eine Angestellte entlassen worden, die, wie später herauskam, einen Joghurtbecher nach einem Flüchtlingskind warf.

Merete und ihre Mitstreiter bleiben im täglichen Austausch mit den Flüchtlingen. »Es ist für mich immer noch schockierend, dass so etwas in Norwegen passiert«, sagt Merete.

Sylvi Listhaug, zu der Zeit Integrationsministerin, würde Immigranten am liebsten sofort abschieben. Als die Politikerin der Fortschrittspartei Ende April 2016 bei einer PR-Aktion vor der griechischen Insel Lesbos in einem orangefarbenen Überlebensanzug ins Mittelmeer springt, um zu erfahren, wie es ist, gerettet zu werden, höhnen einige Kritiker, sie solle erst mal lernen, sich in die hilfsbereite norwegische Gesellschaft zu integrieren.

In der neuen, wiedergewählten Regierung ist sie Anfang 2018 zunächst Justizministerin, muss das Amt aber kurz darauf niederlegen, weil sie in einem Facebook-Posting Opfer des 22. Juli verhöhnte. Danach stilisiert sie sich selbst zum Opfer. In der rechtspopulistischen Partei, mit der auch Breivik anfangs sympathisierte, ist Listhaug nicht die Einzige, die aneckt. Als bekannt wird, dass Kamzy ins Osloer Organisationskomitee für den 17. Mai, den Nationalfeiertag, berufen wurde, postet eine FrP-Politikerin ihren Unmut darüber, Kamzy sei keine Bürgerin mit norwegischem Blut. Die Antworten von Kamzys Followern in den sozialen Netzwerken und die Reaktion in der breiten Öffentlichkeit sind derart heftig, dass der Kommentar der rechten Politikerin genau ins Gegenteil umschlägt. Und so scheinen Stoltenbergs Worte zu wirken.

Auch der Mut von Ashraf wurde belohnt, er durfte in Norwegen bleiben. Der Syrer wohnt inzwischen in Bergen. Dort arbeitet er als wirtschaftlicher Berater in einem Seniorenheim. Und somit ist er einer jener Flüchtlinge, die Bürgermeisterin Marte Mjøs Persen willkommen hieß. Kurz nach dem Beginn ihrer Amtszeit kamen Tausende in ihre Heimatstadt. »Viele sind geblieben, das macht mich sehr stolz«, erzählte Persen bei meinem Besuch.

Der Steckbrief von Ashrafs Facebook-Profil sagt auf Norwegisch: »utdanning, optimistisk mann med store drømmer«. Was so viel bedeutet wie »gebildeter, optimistischer Mann mit großen Träumen«.

TRADITION

Eintauchen ins 19. Jahrhundert, in die Provinz und in den *julebord*-Rausch

Ich schaue mich kurz um, ob ich auch wirklich unbeobachtet bin. Dann klettere ich am späten Abend schnell durchs Fenster in das historische Holzhaus. Es gehört zum Freilichtmuseum in Seiersten bei Drøbak. Die Besucher können dort tagsüber in das Lebensgefühl des 18. und 19. Jahrhunderts eintauchen. Auf dem Gelände sind traditionelle Häuser aus der Region Follo zu sehen, die an diesem Waldrand wieder aufgebaut wurden. Neben einer Schule, einem Bauernhaus samt *stabbur*, dem auf Pfosten stehenden Lebensmittelspeicher, befindet sich hier unter anderem das lang gezogene Bryggerhus, Brauereihaus, das ursprünglich in Skjellerud stand. Der grau gestrichene Holzbau mit dem Ziegeldach wurde Mitte des 18. Jahrhunderts errichtet. Den größten Teil nahmen die Brauerei und das Kutschenlager ein, am Rand lag die Wohnung für die Arbeiter.

Davor stehen an diesem Sommerabend zwei Sitzbänke und neben der Eingangstür im Milchkübel ein Strauß Sonnenblumen. Das Follo-Museum ist auch jetzt, außerhalb der Öffnungszeiten, offen zugänglich und belebt. Da die Sonne zu dieser Jahreszeit kaum untergeht, bleibt es lange taghell. Manche Anwohner joggen über das Gelände, andere spazieren mit ihren Hunden hindurch und ein Pärchen relaxt auf der Wiese. Es ist also nicht so leicht, durch das Fenster einzusteigen, ohne aufzufallen.

Museumsleiter Henrik Smith hat Ende Juli eine Ausnahme gemacht und mir erlaubt, für ein paar Tage in dem rund 250 Jahre alten Haus zu übernachten. Er gab mir einen modernen Schlüssel für die Eingangstür. Doch erst nach Feierabend fiel mir auf, dass man das Bryggerhus zwar von außen abschließen kann, aber innen nur die alte Türklinke vorhanden ist. Jederzeit könnte jemand reinkommen.

»Dann schließ doch die Tür von außen ab und klettere durch das Fenster«, schlug Henrik vor, als wir telefonieren. »Morgen bringen wir innen ein neues Schloss an.« Einst gab es in der Stube keine Elektrizität, doch um in diesem Museumsgebäude gelegentlich für Besucher *flatbrød* herzustellen, wurde sie installiert. So kann ich zu später Stunde hinter zugezogenen Vorhängen lesen und meinen Laptop aufladen. Ansonsten ist das Haus mit den niedrigen Holzdecken eingerichtet wie seinerzeit – zum Beispiel mit einem gusseisernen Herd und Waschschüsseln aus Emaille. Im Schlafzimmer stehen neben dem Ofen das Bett und darunter ein Nachttopf. Zum Glück kann ich die sanitären Einrichtungen fürs Personal am Eingang des weitläufigen Museums benutzen. Das heißt, dass ich mehrmals das Bryggerhus verlasse und durch das Fenster einsteige. Keiner stoppt mich oder spricht mich darauf an.

Selbst nach 23 Uhr laufen mehrere Männer durch den Park – es wirkt fast so, als würden sie Runden drehen. Dabei starren sie ständig auf ihre Smartphones. Ist dies ein geheimer Treffpunkt für den lokalen Drogenhandel? Wenn ich in Flipflops und Pyjama an ihnen vorbeigehe, scheinen sie nicht besorgt, dass ich ihr Treiben stören könnte.

Die Nacht ist ruhig und in dem hölzernen Bett schläft man wunderbar. Am nächsten Morgen hat Henrik ein Frühstück mitgebracht, wir sitzen vor der offiziellen Öffnung im Café des modernen Hauptgebäudes, das, abgesehen von einer ständigen

Ausstellung in den hinteren Räumen, ein besonderes Archiv beherbergt. Denn zum Follo-Museum gehört ebenfalls das rund eine Autostunde entfernte Wohnhaus von Roald Amundsen. Im Herbst 2015 fanden die Museumsmitarbeiter eine über 80 Jahre lang unentdeckt gebliebene Holztruhe, die einen wahren Schatz barg: Darin lagen Hunderte Briefe, Telegramme und Bilder sowie alte Fotoplatten von den Expeditionen. Die Kiste blieb in Amundsens altem Zuhause. Den Großteil des Inhaltes jedoch deponierten sie hier bei Drøbak.

Gleich will Henrik mir das Archiv zeigen. Der gut trainierte Museumsleiter mit der Glatze ist Mitte 40. Er trägt Turnschuhe, blaue Shorts und ein T-Shirt. Wie bei so vielen Norwegern zeigt sein Facebook-Profilbild ihn auf dem Gipfel eines hohen Berges. Während die meisten dort mit ausgestreckten Armen stehen

Zurück ins 18. Jahrhundert – »mein« Haus im Follo-Museum, nur die Kaffeetasse ist modern

oder in die Luft springen, macht er auf einem Fels einen Handstand. Im Hintergrund sieht man die weiten Berglandschaften. Er schmunzelt, als ich ihn darauf anspreche. Ja, da sei er wohl typisch norwegisch. Gerne unternimmt er mit seiner Familie lange Touren durch die heimische Natur.

Ich erzähle dem Museumschef von den Leuten, die bis Mitternacht kreuz und quer umhergelaufen sind. »Wir haben einen Pokémon-Spot. Die Anwohner können bei uns virtuelle Figuren sammeln und es gibt zwei Kampfzonen.«

Ich komme mir ein bisschen albern vor, dass ich selbst in der norwegischen Idylle das Schlimmste annehme. 20 Jahre Großstadtleben prägen eben doch mehr, als man es sich eingestehen will. Nach dem Frühstück jage ich keine Fantasiewesen, sondern erkunde die Geheimnisse aus Amundsens Schatztruhe.

In weniger als drei Wochen soll Maud endlich nach Hause kommen. Ob Jan Wanggaard und seine Mannschaft zunächst in Vardø, im hohen Norden, anlanden und danach entlang der Küste ins 2500 Kilometer entfernte Oslo segeln oder ob sie direkt die Hauptstadt ansteuern, hängt beispielsweise von der Windrichtung ab. »Es entscheidet sich also erst kurz vorher. Du kannst uns auf Marine Traffic folgen und ich sage dir rechtzeitig Bescheid«, schrieb Jan mir aus Grönland.

Seit April bereiteten er und sein Team in Aasiaat den letzten Teil der Reise vor. Der Schlepper Tandberg Polar musste durch die routinemäßige Fünfjahresinspektion – und vor allem warteten sie auf gutes Wetter. Denn an der Westküste Grönlands wärmt kein Golfstrom das Meer auf, bis in den Juni herrscht dort Eiszeit. Und so kann die »alte Dame«, wie Jan sie liebevoll nennt, nur reisen, wenn es schmilzt.

Dieses Jahr war es besonders kalt, vor Ende Juni konnten sie nicht starten. Der eigentliche Plan, am 18. Juli, also auf den Tag genau 100 Jahre nachdem Amundsen und Maud den Hafen in

Vardø verlassen haben, dort einzulaufen, wird nicht mehr klappen. Das neue Datum: 18. August. Das Ziel: Vollen. Es ist jener Ort am Oslofjord, wo das Schiff einst gebaut wurde.

Seit Wochen verfolgt auch Henrik regelmäßig auf Marine Traffic, wo Maud beziehungsweise die Tandberg Polar sich befinden. Nachdem sie gut vorangekommen sind, legen Jan und seine Crew in diesen Tagen auf den Färöer-Inseln eine Pause ein. Am Vortag hat der Projektleiter von »Maud returns home« Henrik gemailt, dass sie an Amundsens Haus vorbeisegeln wollen, was ihn natürlich sehr freut.

Im Follo-Museum folge ich dem Museumschef nun in die hinteren Räume des modernen Flachbaus. Er kurbelt eines der Rollregale frei und zaubert aus dem Archiv einen schwarzen Zylinder, den Amundsen in London erstand. Außerdem eine eingerollte norwegische Flagge und Stiefel des weit gereisten Polarforschers, die Henrik mit seinen weißen Handschuhen behutsam aus einem Karton holt. In den meterhohen Regalen stehen zahlreiche beschriftete Schachteln. Wir nehmen einige mit in die angrenzende Bibliothek und öffnen sie dort.

In einer stapeln sich Zeitungsausschnitte von damals, in anderen liegen Briefe, Logbücher mit der akribisch geführten Liste über den noch vorhandenen Proviant, Telegramme und historische Fotoplatten. Ein Negativ zeigt Amundsen und seine Männer im Dezember 1911 am Südpol. »Es ist eine Variante des weltweit berühmten Fotos«, sagt Henrik und hält die schwarz-weiße Fotoplatte gegen das Licht: Darauf blicken Amundsen und seine Gefährten auf das kleine Zelt samt norwegischer Flagge.

Wir sehen uns die Schreiben und Telegramme genauer an. Spannend finde ich etliche der Briefe, die Amundsen aus Deutschland erhielt. Die Klepper Faltboot-Werft aus Rosenheim am Inn etwa sandte ihm drei Zweisitzer-Boote, die in zwei Kisten verpackt und mit Reserveschrauben sowie -hülsen versehen waren.

»Die Grönländer werden schauen, wenn sie ihre Kajaks in zusammenlegbarer Form wiedersehen«, vermerkte Klepper im März 1925.

Selbst in der rheinischen Provinz verfolgte man die Abenteuer des Norwegers. So schrieb der Kegelclub »Nordpol« aus Korschenbroich dem »hochverehrten Polarfahrer« im August desselben Jahres einen vierseitigen Brief, in dem der Schriftführer sein Dorf vorstellte, das für sein »vorzügliches rheinisches Bier ›Hannen-Alt‹« berühmt sei, ihn zu seinen Erfolgen am Nordpol beglückwünschte und zum Ehrenpräsidenten ernennen wollte.

Den ungewöhnlichen Namen trug der Club, weil er im Nordteil des Dorfes lag. »Als kleine Erkenntlichkeit und zur Unterstützung Ihrer Forschertätigkeit übersenden wir Ihnen beiliegend vorläufig 10 Kronen.« Die Summe hatte der Absender wie andere ihm wichtige Punkte im Brief unterstrichen und fuhr in schön geschwungener Handschrift fort: »Unsere Kasse kann augenblicklich keinen tieferen Griff leiden. Wir werden Ihnen aber später noch gelegentlich Zuwendungen machen.« Er hoffe, Amundsen werde die Wahl zum Ehrenpräsidenten annehmen und die Urkunde der nach ihm benannten Ehrenmedaille unterzeichnen. »Mit den besten Glück- und Segenswünschen für Sie und Ihre fernere Forschertätigkeit sind wir mit einem kräftigen ›Gut Holz‹ Ihre ergebene Kegelgesellschaft ›Nordpol‹ Korschenbroich (Rheinland).« Darunter vermerkte Amundsen mit Bleistift: »Besvart. Nei – 10 Kronen tilbake sent«. Das bedeutet: »Beantwortet. Nein – 10 Kronen zurückgesandt.«

Warum er es wohl abgelehnt hat? »Amundsen bekam viele dieser Anfragen und er konnte ja nicht allen zusagen«, denkt Henrik. Eine andere Möglichkeit wäre, dass er nach dem Ersten Weltkrieg nicht gut auf die Deutschen zu sprechen war. In der Truhe fanden die Museumsmitarbeiter auch das Programmheft zur ›War Lecture‹, dem Kriegsvortrag, den »Kapitän Roald Amundsen, Entdecker des Südpols« am 19. März 1918 in Chicago hielt. Mit dabei war der 28-seitige Schreibmaschinentext seiner englischen Rede, bei der er handschriftlich die Betonungen der Worte markiert und kleine Tippfehler korrigiert hatte. Dort schreibt er: »Als die Deutschen im letzten Oktober ohne Vorwarnung einen Konvoi norwegischer Handelsschiffe versenkten und auf die Rettungsboote feuerten, in denen die Besatzungen versuchten, sich zu retten, konnte ich nicht länger passiv bleiben und empfand es als meine Pflicht, meine deutschen Auszeichnungen an ein Land zurückzugeben, das alle Traditionen und Gesetze des Meeres so barbarisch verletzt hat.«

Er meint damit Ehrungen von Kaiser Wilhelm II. Eine erhielt er nach der Durchquerung der Nordwestpassage bei einer persönlichen Audienz im Berliner Schloss. Andererseits finden sich in Amundsens Nachlass nach Ende des Ersten Weltkrieges etliche Briefe von deutschen Freunden, die nach einer regen und vertrauten Konversation klingen. Vermutlich unterschied er zwischen dem Regime und seinen privaten Kontakten.

Nach einigen Stunden im Archiv machen wir eine Kaffeepause auf der Terrasse. Wie jeden Tag bietet das Café frisch gebackene Waffeln an. Der Duft lockt den Gockel und einige Hühner an, die zum angrenzenden Museums-Bauernhof gehören und nun zwischen den Tischen stolzieren und hoffen, etwas abzubekommen. Während Henrik weiterarbeiten muss, spaziere ich zurück ins 18. Jahrhundert und nutze den sonnigen Nachmittag, um mein Lieblingsshirt in der Emailleschale zu waschen und es im Freien trocknen zu lassen. Die Besucher lächeln mich an und halten mich wohl für eine Mitarbeiterin des Museums. Eine Anwohnerin fragt, ob heute wieder *flatbrød* gebacken wird, was ich verneinen muss.

Nicht nur im Freilichtmuseum bei Drøbak, einer kleinen Stadt am Oslofjord, die rund eine Stunde mit der Fähre von der Hauptstadt entfernt liegt, kann man in die norwegische Tradition eintauchen. In vielen Teilen des Landes stehen an ursprünglicher Stelle historische Gebäude, die weiterhin in Familienbesitz sind. Einige wurden zu Gasthäusern oder Partyscheunen umgebaut, andere werden als Bauernhof betrieben. Besonders in der Region Trøndelag, in der Nähe von Trondheim, wo es traditionell viel Landwirtschaft gibt. Etliche preisgekrönte Käsesorten werden dort hergestellt. Wie lebendig die Tradition und vor allem die Gastfreundschaft in diesem Landesteil sind, erlebte ich im Sommer zuvor.

Unterwegs mit dem Sommerzug

Anfang Juli versammeln sich am Bahnhof von Hommelvik Hunderte Menschen. Bürgermeisterin Ingrid Aune trägt zum rot leuchtenden Kleid ihre schwere, silbern glänzende Amtskette, die Anwohner schwenken freudestrahlend norwegische Flaggen oder halten selbst gebastelte Begrüßungsschilder hoch, während die Kinder aufgeregt um sie herumturnen. Einige tragen ihre *bunad*, die traditionelle Tracht, die sie sonst nur zum Nationalfeiertag aus dem Schrank holen.

Die Hommelviker erwarten nicht etwa die Königsfamilie, sondern einen mit Blumen bemalten Zug. ›Sommertoget – minutt for minutt‹ ist nach der Rentierwanderung das aktuelle Slow-TV-Projekt von NRK, bei dem die Welt live mitverfolgen kann, wie die Norweger sich selbst und ihre Kultur feiern. Und wie sehr sie ihre Heimat lieben.

Acht Wochen lang fährt der Zug mit dem NRK-Team sowie lokalen Stars an Bord durch 118 Gemeinden, abends gibt es stets eine Liveshow. Drei Tage lang will ich das Team begleiten und währenddessen die Region Trøndelag kennenlernen.

Vorab empfahl mir Projektleiter Thomas Hellum, den ich bereits im winterlichen Finnmark bei der Rentierwanderung traf, mich rechtzeitig um eine Unterkunft in den Dörfern zu kümmern. Denn nur ein Teil seines Teams von 60 Mitarbeitern kann im Zug schlafen, die anderen suchen sich Gästezimmer vor Ort. Also fragte ich im Verwaltungszentrum der Gemeinde an, ob es in Hommelvik jemanden gäbe, der mir für eine Nacht ein Sofa oder Gästezimmer zur Verfügung stellt. Kurz darauf kam eine Zusage von Ingrid, der Bürgermeisterin. Bei meiner Ankunft begrüßt sie mich fröhlich, drückt mir ihren Ersatzschlüssel samt Adresse in die Hand und sagt, ich solle mich wie zu Hause fühlen. Dann muss sie schnell weiter, denn bevor am Abend die Show stattfindet, organisiert die Kleinstadt noch Konzerte vor dem Rathaus und ein kleines Straßenfest mit Würstchenständen. Es ist sozusagen das *vorspiel*, wie es auch im Norwegischen heißt.

Während die Mitarbeiter von Thomas am Bahnhofsgelände die Technik für die abendliche Show ›Sommeråpent‹ aufbauen, führt er mich durch den umgebauten Zug, der sein temporärer Arbeitsplatz ist. Auf den Speisewagen samt Küche folgt ein Abteil mit regulären Sitzplätzen, im nächsten Waggon befinden sich die Regie und Technik, daran schließen sich Interview- und Schminkräume an sowie ein offenes Abteil, in dem die Redaktion gerade mit den Moderatoren das Programm durchgeht. Am Ende des Zugs liegen der Waggon, der sich abends zu einer Showbühne verwandelt, und die Schlafräume, wo das Kernteam übernachtet.

Thomas' Lieblingsabteil ist in der Mitte, der sogenannte »Pokerraum«, der neben dem Speisewagen eingerichtet wurde. »Wir wollten einen Ort haben, an dem wir uns nach den Shows und in den Pausen treffen und zum Beispiel Poker spielen können.« Und Bier trinken? »Na ja, so richtig wild feiern ist nicht drin, schließlich senden wir jeden Tag und es ist die zweite von acht Wochen«, sagt Thomas und schmunzelt. Er holt uns Kaffee. Im Abteil hängen bunte Girlanden und goldene Luftballons, deren Buchstaben »God tur« ergeben, derzeit sind wir die Einzigen dort.

NRK will mit den Slow-TV-Projekten das Land zusammenbringen, indem sie die Menschen ihre Geschichten erzählen lassen, sagte Thomas schon beim Rentier-Event, bei dem es 1:0 für die Natur ausging, weil es zahlreiche Verzögerungen und zwischendurch technische Aussetzer gab. »Jetzt steht es 1:1.« Denn sie konnten zumindest eine Woche zuvor pünktlich in Bodø, der nördlichsten Bahnhaltestelle des Landes, starten.

Nach einer kurzen Pause muss Thomas nun wieder los, ich stelle kurz in Ingrids Haus meine Sachen ab und mache mich frisch für den Abend. Mit meinem Pressausweis kann ich jederzeit in den Zug steigen.

Ab 21.30 Uhr ist Hommelvik live auf Sendung. Hunderte Menschen scharen sich auf dem Bahnhofsplatz um das mit Strohballen verzierte TV-Set, im Hintergrund steht der bunt bemalte Zug, wo ein Popstar zwischendurch in dem zur Bühne verwandelten offenen Waggon einen Song darbietet. Anwohner erzählen Geschichten aus ihrem Dorf, führen den Arbeitersong ›Rampasangen‹ vor und Einspieler zeigen Reporter Martin Giæver, wie er tagsüber Bürger in Hommelvik angesprochen hat und sie bat, ihn durch das Dorf zu führen.

Nach der Sendung treffe ich die Bürgermeisterin in einer Bar wieder. Jetzt kann sie sich im Kreis von ein paar Freunden und ihrer Mutter entspannen. Ich bedanke mich erneut, dass ich bei ihr übernachten darf. »Ach, das ist für mich selbstverständlich.« Ingrid Aune ist Mitglied der Arbeiderpartiet. Sie studierte Wirt schaft und internationale Beziehungen in den USA und Oslo. Später war sie politische Ratgeberin im Justiz- und im Außenministerium. 2013, mit 27 Jahren, beschloss sie, zurück in ihre Heimat zu gehen. »Ich wollte mich für die Kommune engagieren«, sagt sie und prostet mir mit ihrem Bier zu. Zwei Jahre danach wurde sie Bürgermeisterin.

Bevor wir zu ihr die zehn Minuten zu Fuß nach Hause laufen, schauen wir kurz beim Sommerzug vorbei, wo das Team nun im Pokerraum relaxt. Mit dabei ist Außenreporter Martin, den Ingrid durch Zufall kennt. Sie umarmen sich und so plaudern wir ein wenig. Als sie hört, dass Martin noch nicht weiß, wo er übernachten soll, lädt sie ihn spontan zu sich ein. Und so spazieren wir nun zu dritt durch Hommelvik, hinauf zu ihrem Haus auf einem kleinen Hügel. Von dort aus sieht sie direkt auf das Meer. Und dann beginnt in ihrem Esszimmer das traditionelle *nachspiel* mit weiteren Drinks.

Um zwei Uhr nachts legen wir uns schlafen, am nächsten Morgen müssen wir um neun Uhr am Bahnhof sein. Ingrid wird fürs Radio interviewt, Martin fährt mit dem Auto weiter und ich steige mit meinem Gepäck in den Zug ein. Dann geht es durch die Provinz, in Trondheim, der drittgrößten Stadt des Landes, wird nur kurz gehalten. Das NRK-Team will bewusst die Dörfer featuren.

An diesem Abend wollen sie aus Støren senden. Die Kleinstadt liegt weniger als eine Zugstunde von Trondheim entfernt. »Ich entdecke so viele Orte, in denen ich vorher nie war«, sagt Moderator Hans Olav Brenner. Im Alltag leitet er eine Literatursendung und spricht mit Jo Nesbø über seine Krimis oder interviewt Knausgård zu seinen autobiografischen Romanen. Die Stars in Støren sind die für ihr *wienerbrød*, ein Plundergebäck, berühmte Bäckerei sowie die historischen Stabkirchen.

Während wir uns unterhalten, bleibt der Zug auch schon wieder stehen. Hans Olav Brenner und Thomas Hellum steigen aus. Die Route des Tages wird vorab bekannt gegeben und der Sommerzug stoppt für zehn bis 15 Minuten an mehreren Stationen. Die Erlebnisse entlang der zweieinhalbstündigen Strecke und die Begegnungen werden »live on tape« aufgezeichnet und vor der Show ausgestrahlt.

Obwohl die Norweger im Alltag nicht so gerne auffallen wollen, tun sie während dieser Sommertour alles, um von einer der 16 Kameras am Boden oder in der Luft entdeckt zu werden: Teenager tanzen Salsa, Omas tragen lilafarbene Perücken, Musikkapellen spielen mal mehr, mal weniger gut, manche bringen Ziegen an den Bahnsteig und andere flechten Blumenkränze, die sie dem beliebten Moderator schenken. Vor allem aber winken sie, schwenken unzählige Flaggen – sogar während sie auf einem See Wasserski fahren.

»Jeder Ort ist anders. In Hommelvik war es toll, dass die Kommune ein Straßenfest organisierte«, sagt Projektleiter Thomas. Sein Team steht zwar mit den Verwaltungsangestellten der jeweiligen Dörfer vorab in Kontakt, was diese allerdings tagsüber und an den kurzen Stationen organisieren, weiß NRK nicht. Es ist jedes Mal eine Überraschung. »Du musst ein Herz aus Stein haben, wenn dich das nicht berührt«, sagt Thomas und lacht. Lediglich die Liveshows werden vorab geplant, so kann der Moderator Hans Olav sich vorbereiten.

Auch in Støren fand ich durch die Kommunalverwaltung eine gastfreundliche Familie, die mich für eine Nacht bei sich auf dem Bauernhof aufnimmt. Ingrid Anita Solem und ihr Mann Michael sind beide Lehrer. Ihr Vater ist der Kulturchef der Gemeinde und Interviewpartner von Hans Olav. Die junge Norwegerin hat mit ihren Schülern ein paar Lieder einstudiert, die diese tagsüber auf dem begleitenden Fest vortragen.

Nach dem »Sommeråpent« fahren wir kurz bei der nahe gelegenen Stabkirche vorbei, die Ingrid Anita mir gerne zeigen möchte, und dann zum Hof. Er liegt auf einem der grünen Hügel in Soknedal. Ihr Mann hat die beiden Kinder bereits ins Bett gebracht und serviert ein spätes Abendessen mit Käse, Wurst und Kräckern. Der Vater kommt kurz vorbei. Sie sind froh, dass alles gut geklappt hat.

»Es ist wichtig für unser Land und unsere Geschichte, dass man sich an kleine Gemeinden erinnert und sieht, wie kreativ wir sind und wie viel wir bieten können«, sagt Ingrid Anita.

Ihr Bauernhof ist ein gutes Beispiel dafür. Das Haus aus dem Jahr 1824 ist modern eingerichtet, kombiniert mit einigen historischen Möbeln. Im frisch renovierten Gästezimmer steht ein orangefarbenes Sofa, auf dem schon ihre Urgroßeltern Verlobung feierten. In Zukunft möchte die Familie auf ihre *sæter*, die Hütten bei ihren früheren Sommerweiden, Gäste einladen und sie ihre Tradition nacherleben lassen.

Doch zunächst geht für sie das Slow-TV-Abenteuer am kommenden Vormittag weiter, denn gleich wird der Sommerzug unweit von ihrem Bauernhof halten. Dafür erwecken sie die stillgelegte Station in Soknedal kurzzeitig zum Leben.

Die Anwohner sind gut vorbereitet. »Wir haben eine starke *dugnad*-Tradition, an freiwillige Arbeit sind wir gewöhnt. Wir sind so glücklich, dass es auch dieses Mal geklappt hat.« Rund 100 Leute trudeln nach und nach ein. Einige bringen ihre Pferde mit, andere haben frische Waffeln gebacken, die sie kostenlos verteilen. Michael ist mit einem roten Traktor vorgefahren, er hat ihn mit zwei Flaggen dekoriert und wartet gemeinsam mit den Kindern auf die Ankunft des Zugs. Ein älteres Ehepaar holte vom Dachboden die Kleider und Koffer ihrer Großeltern herunter, wie sie erzählen, um in eine Rolle zu schlüpfen: »Wir fahren nach Oslo«, sagen die beiden und strahlen.

Dann ist es so weit, der Zug hält. Wie bei jeder Station steigt

Für 15 Minuten wird die stillgelegte Station Soknedal wiederbelebt –
im Sommerzug fährt auch Fantorangen mit

der plüschige Fantorangen aus, ein beliebtes Fantasiewesen mit
Rüssel, auf den sich die Kinder stürzen. Die Außenreporterin
geht gleich auf Michael und seinen Traktor zu, auch das Ehepaar
kann seine Mini-Performance vorführen. Nach 15 Minuten pfeift
der Schaffner und ich steige wieder mit ein.

Es mag ein wenig kitschig klingen, doch bei Slow-TV-Events
fühlt sich der Besucher für einen Moment der Gemeinde zu-
gehörig und jeder kann daran teilhaben – sei es nun live vor Ort
oder am Bildschirm.

Hommage an die erste Fernsehköchin

Zur norwegischen Tradition gehört natürlich ebenso die Kulinarik, die weit mehr als Waffeln, *wienerbrød*, karamellisierten Käse, Stockfisch und klassisch zubereiteten Kabeljau zu bieten hat. Beim Straßenfest in Støren erinnert der Koch Inge Johnsen mit seinem grün gestrichenen Lieferfahrrad an die Heldin der norwegischen Küche: Ingrid Espelid Hovig.

Sie gilt in ihrer Heimat als »kulinarische Mutter«. Ab 1970 kochte sie in der Show ›Fjernsynskjøkkenet‹, der Fernsehküche, gemeinsam mit wechselnden Studiogästen traditionelle und exotische Gerichte. Zu der Zeit gab es in Norwegen nur einen Sender, und somit schaute die ganze Nation zu, wenn sie *fiskeboller*, Fischklöße, *rakfisk* aus fermentierter Forelle oder die süßen Pfannkuchen, *svele*, zubereitete.

Wie alle Köche ist auch Inge, im Norwegischen übrigens ein Männername, von ihr beeinflusst. Eigentlich führt er in Trondheim das bekannte Lian Restaurant, an diesem Tag besucht er für das Slow-TV-Happening die Gemeinde und verteilt kostenlos eine cremige Blumenkohlsuppe, die er mit reichlich Petersilie garniert. In einem Blumentopf steckt ein großes Büschel des Küchenkrautes, es war das Markenzeichen der Fernsehköchin, weil sie es auf viele ihrer Gerichte streute. Das Lieferfahrrad schmückt ein Bild der TV-Köchin, sie lächelt die Passanten an.

Espelid Hovig hat über 50 Bücher veröffentlicht. ›Den rutete kokeboken‹, das karierte Kochbuch, ist ein Dauerseller und wird oft zu Hochzeiten oder beim Auszug der Kinder verschenkt. »Ihre Bücher stehen nicht nur im Regal, sie werden wirklich genutzt«, sagt Runar Døving. Der Sozialanthropologe fertigte eine Studie über Espelid Hovig an, die im Sommer 2018 mit 94 Jahren starb. »Sie hatte den größten Einfluss auf unsere Esskultur«, erklärt Runar bei einem Treffen in Oslo.

Ihre Shows kann man sich in der NRK-Mediathek oder bei YouTube ansehen. In einer Folge streicht sie liebevoll über das Lachsfilet und prüft, ob alle Gräten entfernt sind. »Weißt du, Lachs ist gut fürs Herz«, sagt sie mit ihrer melodischen, sanften Stimme. Dann lächelt sie in die Kamera. Espelid Hovig erklärt jeden einzelnen Schritt, wie sie das Filet in schmale Stücke schneidet, diese in der Pfanne kurz anbrät und den Lachs nur leicht salzt.

Die Back- oder Kochzeit einiger Rezepte dauerte länger als die Sendezeit, was sie mit einem: »Så jukser vi litt ...«, also »Jetzt schummeln wir ein bisschen ...«, überspielte und aus dem Ofen das bereits dampfende Gericht hervorholte. Es war ihr wichtig, dass Rezepte einfach und schmackhaft sind und jeder sie nachkochen kann. Auf charmante und humorvolle Art vermittelte sie auch ihre Botschaft einer gesünderen Ernährung. »Sie wollte, dass wir weniger Salz verwenden und mehr Gemüse und Fisch essen«, sagt Runar. »Bei den ersten beiden Themen hatte sie Erfolg, beim Fischkonsum nicht so sehr.« Denn selbst wenn in Norwegen reichlich Fisch verzehrt wird, Fleisch mit dicker Speckschwarte ist ihnen noch lieber. »Ohne das Engagement der TV-Köchin wäre der Fleischanteil sicherlich höher«, fügt er hinzu.

Espelid Hovig bereitete die Sendungen akribisch vor. Manchmal verließ sie ihre Studioküche, reiste durch das Land und machte im Prinzip ihr eigenes Slow-TV-Event. In einer Folge besuchte sie im Norden eine Sámi-Familie und sah zu, wie die Mutter Rentierzungen kochte. Die TV-Köchin hatte die Gabe, mit jedem Gast eine persönliche und intime Atmosphäre zu kreieren. Sei es nun bei der Sámi-Familie, mit der US-Starköchin Julia Child oder einem Politiker. Die »Dame in der Küche«, wie sie beschrieben wird, war selbstbewusst und zugleich bescheiden.

Sie wuchs auf der Insel Askøy auf, unweit der Hansestadt Bergen. Bereits mit sechs lernte sie spielerisch das Kochen. Später besuchte sie eine Hauswirtschaftsschule, unterrichtete und machte von 1964 an erste Filmbeiträge.

Ihre Sendung ›Fjernsynskjøkkenet‹ lief 26 Jahre – also in einer Zeit, in der sich Norwegen von einer armen Bauern- und Fischernation in einen reichen Ölstaat wandelte. »Ingrid war erstaunlich selbstbewusst vor der Kamera und traute sich, selbst Premierministern freche Fragen zu stellen, aber auf ihre milde Art und stets mit ihrem herzlichen Mona-Lisa-Lächeln«, sagt Lars Røtterud vom Gyldendal Verlag. Er war ihr Verleger und enger Freund. Privat musste die zierliche kleine Frau einige Schicksalsschläge erleben, ihr Bruder starb im Zweiten Weltkrieg und ihr Ehemann, der Architekt Jan Inge Hovig, der unter anderem die berühmte Eiskathedrale in Tromsø entwarf, im Jahr 1977 – nur neun Tage nach der Hochzeit. Bis zuletzt trug sie ihren Ehering.

Røtterud besuchte seine Autorin, die ihn als ihren Sohn bezeichnete, regelmäßig in ihrer Osloer Wohnung. »Sie kochte für sich am liebsten vegetarische Gerichte mit Brokkoli und Kartoffeln.« Einfach durfte es also auch privat sein, manchmal gönnte sie sich ein Glas Champagner.

Ausgelassene Feste: *julebord!*

Champagner beziehungsweise Prosecco wird auch bei den traditionellen Weihnachtsfeiern in Firmen serviert – dem *julebord.* Das fetthaltige Essen stellt eigentlich nur die Grundlage für die alkoholgeschwängerten Betriebsfeste dar. Da der Alkohol in Norwegen teuer ist, trinken sie ihn meist nur an den Wochenenden. Einmal im Jahr aber, beim *julebord,* können sie kostenlos so viel trinken, wie sie wollen. Wer in den Wochen vor Weihnachten in einem Hotel übernachtet, hört immer wieder grölende Norweger, die diese Gelegenheit mehr ausnutzen als ihnen guttut. Bei meiner Frage zur *julebord*-Zeit verdrehte ein Hotelier in Bodø genervt die Augen: »Sie können sich einfach nicht benehmen. Die Formel ist simpel: gratis Alkohol + Norweger = Vollidioten.« Andere drücken es nicht ganz so radikal aus, vermutlich fürchten sie, zitiert zu werden.

Wir kennen ja ebenso Feste, auf denen manche über die Stränge schlagen und bei uns sind Weihnachtsfeiern ähnlich verrufen. Doch hier geht es angeblich ähnlich zu wie beim rheinischen Karneval. Es heißt, dass Leute unter den Tischen Sex haben, sich in der Öffentlichkeit übergeben und Fremden gegenüber etwas zu zutraulich sind.

Es ist schwer, als Außenstehende auf ein *julebord* eingeladen zu werden. Schließlich ahnen die Beteiligten, Arbeitgeber wie Angestellte, dass es Ausfälle geben wird, die Journalisten lieber nicht sehen sollten. Meine einzige Weihnachtsfeier war bisher die von Greenpeace in Oslo, doch sie verlief recht harmlos. Da es eine gemeinnützige Organisation ist, die ihr Geld zusammenhalten sollte, brachte jeder seinen Alkohol selbst mit und für das Essen zahlte man einen kleinen Unkostenbeitrag. Es war ein gemütliches Fest mit unterhaltsamen Spielen.

Doch eines Tages habe ich Glück. Terje Erstad von Ocean Sound Recordings lädt mich zum *julebord* ein. Auf der kleinen Insel Giske bei Ålesund betreiben seine Kollegen und er ein Studio am Meer, in dem die international gefeierte junge Sängerin Sigrid ihre ersten Songs vertonte und die Band a-ha ihr neues Akustikalbum einspielte.

Das Studio ist Teil einer Firma, die mehrere Musikfestivals organisiert sowie in Ålesund den Club Terminalen führt und die Bar Molo Brew. In letzterer findet Mitte Dezember das *jule-*

bord statt. Rund 100 Gäste sind gekommen. Viele Frauen tragen eng anliegende glitzernde Kleider und die Männer Anzüge, andere sind eher sportlich gekleidet.

Durch die großen Fensterfronten hat man eine schöne Aussicht auf das Ufer, das Meer und die umliegenden Berge. Die Organisatoren tauchen ihre Bar, die zugleich eine Brauerei ist, für den Abend in warmes Licht. In der Mitte des hohen Raumes haben sie eine schmale Bühne aufgebaut, auf der die sichtlich angeheiterten Chefs eine kurze Rede halten und zwischendurch einheimische Musiker auftreten, mit denen sie öfter zusammenarbeiten. Das Buffet ist wie üblich deftig: *svineribbe,* Krustenbraten, *pinnekjøtt,* gepökelte Lammrippe, Würstchen oder *lutefisk,* ein in Lauge gewässerter Trockenfisch, über den man eine Fett-Speck-Sauce träufelt. Zu den Beilagen zählen Rotkohl, Kartoffeln und pürierte Erbsen – und um den Magen wieder zu beruhigen warmer Aquavit.

Je mehr Alkohol fließt, desto lockerer wird die Stimmung. Die Chefs verkünden, wer die Mitarbeiter des Jahres in diversen Kategorien sind. Irgendwann kommen sie überraschenderweise auf mich zu sprechen. Ich werde spontan als »beste an der Weihnachtsfeier teilnehmende Journalistin« ausgezeichnet. Die Partygäste jubeln und sind gleichzeitig dezent vorgewarnt.

Nach dem Essen spielen sie am Fußballkicker, plaudern, tanzen zur Musik oder flicken ihre Hosen. Denn einer der Chefs hat sich am Hintern seine schwarze Jeans aufgerissen, sodass nun seine Boxershorts hervorlugt. Die Mitarbeiter grölen, er lässt sich bereitwillig fotografieren. Eine Kollegin hat kurzerhand dunkles Gaffa-Tape besorgt und repariert damit seine Jeans. Das Tape fällt immer wieder ab, und so kniet sie mehrmals vor ihm.

Später erzählt sie mir, dass er ihr Ex sei und sie mittlerweile gute Freunde sind. Ob seine neue Freundin, die zu Hause geblieben ist, dies ebenfalls lustig fände, weiß man nicht. Was beim *julebord* passiert, bleibt beim *julebord!* Es sei denn, jemand postet die Bilder vom Abend in den sozialen Medien.

Gegen Mitternacht kommt die Party richtig in Schwung, doch da klappe ich fast zusammen. Ich kann bei der Trinkfreudigkeit der Norweger einfach nicht mithalten. Wohl oder übel schleiche ich zu meinem Hotel, wo parallel mehrere Weihnachtsfeiern abgehalten werden, schick gestylte Paare torkelnd an mir vorbeilaufen und in meinem Nachbarzimmer bis um drei Uhr ein lautstarkes Nachspiel stattfindet. Scheinbar ist es wirklich so wild, wie man sagt.

ANKOMMEN

Die lang ersehnte Heimkehr von Amundsens Schiff und andere Wiedersehen

Kann man in ein Schiff verliebt sein? Zumindest habe ich Herzklopfen, wenn ich an Maud denke. Nur noch wenige Tage, dann soll sie in Vollen ankommen. Endlich!

Vorab besuche ich die einsam gelegene Villa von Amundsen rund 30 Autominuten außerhalb von Oslo. Bis zu seinem Tode im Jahr 1928 lebte der Polarreisende in dem zweistöckigen Holzgebäude am Ufer des schmalen Bunnefjord. Er nannte das weißgraue Haus im Schweizerstil mit den Holzschnitzereien an der Fassade »Uranienborg«, in Anlehnung an die Straße Uranienborgveien in Kristiania, dem heutigen Oslo, in der er die ersten Jahre seines Lebens wohnte.

Wer die Villa betritt, fühlt sich sofort in ein anderes Jahrhundert zurückversetzt. Es riecht wie bei Großeltern, die längst mal wieder hätten gut durchlüften sollen. Im Flur steht ein Schlitten und im Wohnzimmer bedecken flauschige Teppiche den Raum mit der eleganten, aber durchgesessenen Sofagarnitur. In einer Ecke sieht man ein Klavier, das auf der Fram mitsegelte, und in einer anderen die aus Walrosszähnen gefertigte Uhr, die Inuit Amundsen schenkten. Die Uhr war an Bord der Maud.

»Wir haben die Villa bewusst so erhalten, wie der Hausherr

sie einst hinterlassen hat, als er zu seiner letzten Expedition aufbrach«, sagt Anders Bache. Der Archäologe arbeitet beim Follo-Museum. Seit über zehn Jahren erforscht er die Polargeschichte in Norwegen und im Ausland. Anders war dabei, als die Museumsangestellten den Inhalt der Truhe auswerteten, der nun vor allem im Drøbaker Archiv lagert.

An der Wohnzimmerwand des Hauses Uranienborg hängen signierte Porträts von König Haakon VII. und Königin Maud sowie eine Kinderaufnahme des damaligen Kronprinzen Olav. »Die eingerahmten Fotos schmückten den Salon des Schiffes Maud«, sagt der Mittdreißiger, der in den Sommermonaten einmal die Woche Führungen durch das Heim des Nationalhelden anbietet.

Anders weist mich auf die Tür des Gästebadezimmers hin.

Marie begrüßt im Arbeitszimmer
von Amundsens Haus die Besucher

Ein Türfenster ziert ein koloriertes Foto von einem Inuit, der mit gespanntem Pfeil und Bogen im Schnee kniet. Wenn die Sonnenstrahlen es erfassen, leuchtet es auf. Wir laufen in die erste Etage und betreten den wichtigsten Raum – das Arbeitszimmer voller Andenken. Dazu zählen Fotos seiner Eltern auf dem Schreibtisch, an einer Seitenwand fallen ein signiertes Porträt des Landsmannes Fridtjof Nansen sowie ein Orden als Anerkennung für die Überquerung der Nordwestpassage auf.

Dominiert wird der Raum von einer riesigen Landkarte der Antarktis, davor steht auf dem Boden die ausgestopfte Marie. Es ist jenes Eisbärjunges, das der Norweger bei einer Überwinterung während der Maud-Expedition dressieren wollte.

Vom Arbeitszimmer aus geht es weiter in die privaten Gemächer mit geblümter Tapete, neben dem Ankleidezimmer liegt das Badezimmer samt Badewanne und Wandmalereien, die *nissen* zeigen – das sind im Norden berüchtigte Kobolde mit weißen Bärten und roten Mützen. Dem Volksglauben nach beschützen sie die Bauernhöfe, machen aber allerlei Schabernack, wenn sie sich nicht gut behandelt fühlen. Die *julenissen*, die dem Weihnachtsmann mit den Geschenken helfen, erwarten als Obolus eine Schale Milchreis. Und so wartet dann auch am Toreingang von meinem Hausblock Tysklandgården an Heiligabend frisch zubereiteter Milchreis. Die Nachbarn stellen gleich zwei Schalen hin. Sicher ist sicher.

Mein persönliches Highlight in Uranienborg ist das linker Hand abgehende Schlafzimmer. In den ursprünglich fensterlosen Raum, der fast komplett vom Bett ausgefüllt wird, ließ der Weltreisende mehrere Bullaugen einbauen. So war er selbst zu Hause noch auf hoher See und konnte den Fjord sehen.

Der Archäologe erzählt so begeistert und detailreich, dass der Nationalheld und sein Alltag in Uranienborg lebendig werden. Anders bewundert die Leistungen Amundsens, weiß aber zugleich um dessen Macken und Schlitzohrigkeit. Ein Beispiel dafür ist ein berühmtes Porträt. Es zeigt Amundsen auf Skiern und in Pelz gehüllt, wie er vermeintlich in der Antarktis steht. »Tatsächlich ist dieses Foto im Winter vor dieser Haustür aufgenommen worden«, sagt er und zeigt aus dem Fenster. »Die gegenüberliegende Halbinsel Nesodden wurde einfach wegretuschiert.« Da die Technik damals noch nicht so ausgereift war und man vor Ort nur wenige Fotos machen konnte, entstanden einige Aufnahmen erst nachträglich. Manche Bilder von Polarforschern sogar in einem Studio mit extra angefertigter Kulisse.

»Dieses Porträt ist nur eines von vielen Beispielen, das verdeutlicht, wie wichtig die Fotografie beim Aufbau einer Heldenlegende war. Das kommerzielle Produkt ›Roald Amundsen‹ wollte eben gut promotet werden.« Sein Geld verdiente der Norweger durch Bücher und internationale Vortragsreisen. Je berühmter er war, desto leichter konnte er für die nächsten Expeditionen finanzielle Unterstützung gewinnen – sei es von der Regierung oder von Privatpersonen.

Wie würde Anders den Charakter des Abenteurers in wenigen Sätzen beschreiben? »Oh, das ist schwierig. Er war so komplex«, sagt er und windet sich geschickt heraus, indem er den US-Amerikaner Lincoln Ellsworth zitiert, der 1925 zusammen mit Amundsen Flugversuche zum Nordpol unternahm und schließlich dank seines Erbes ein Jahr später in der Lage war, einen beträchtlichen Teil des Flugschiffes Norge zu finanzieren, mit dem Amundsen von Spitzbergen aus schließlich den Nordpol überflog. Ellsworth sagte über den Norweger in seiner Autobiografie ›Beyond Horizons‹ (1938): »Menschen, die ihn beiläufig trafen, beklagten sich über seine kühle Reserviertheit. Davon war beim echten Amundsen nichts zu spüren. Er war wie ein Kind, dessen Vertrauen so oft verraten wurde, dass er niemandem zutiefst traute. Also ummantelte er sich mit einer Schale aus

Eis. Wer aber sein Vertrauen gewann und das Eis zum Schmelzen brachte, sah ein anderes Wesen auftauchen.«

Unsere Tour durch das Haus führt uns nun ins Kinderzimmer von Kakonita und Camilla, Amundsens Ziehtöchter. Kakonita war die kleine Tochter von Kakot, einem seiner Angestellten auf der Maud, und Camilla die Tochter des amerikanischen Kaufmannes Charles Carpendale. Die Mädchen reisten mit dem Abenteurer um die Welt und lebten zwei Jahre in Uranienborg, der Polarreisende wollte ihnen eine gute Ausbildung ermöglichen. Als er 1925 pleite war, sandte er sie zurück zu Carpendale, wo beide blieben, weil Kakot sich nicht um seine Tochter kümmern konnte.

Im Raum riecht es wie im Krankenhaus. Das liegt an der Truhe, die Anders mit seinen weißen Handschuhen behutsam öffnet. Die rund 100 ordentlich nummerierten Döschen darin enthalten alles an Ampullen und Tabletten, was ein Medizinschrank seinerzeit hergab: von Arsen über Chloroform und Opium bis hin zu Zink. »Eigentlich sollte diese Medizinkiste mit auf die Maud-Expedition, doch sie blieb zurück.« Der Grund dafür ist unbekannt. »Amundsen wollte keinen Arzt an Bord haben, weil Mediziner seiner Erfahrung nach so eine lange Zeit des Nichtstuns für gefährliche Experimente nutzten und so mancher von ihnen opiumsüchtig wurde.«

Seit 1908 lebte Amundsen in dem Haus, zu dem Zeitpunkt war er schon ein gefeierter Mann. Das Grundstück mit den seitlich liegenden Scheunen samt Bootshaus diente ihm zugleich als Lager. Außerdem bereitete er von hier aus die Reise zum Südpol mit der Fram vor sowie die abenteuerliche Tour mit Maud.

Auch wenn er offiziell 20 Jahre in Uranienborg wohnte, war er doch die meiste Zeit unterwegs. Die Museumsmitarbeiter fanden einen handschriftlichen Zettel, der ihren Recherchen nach draußen über der Haustür gehangen haben soll. Darauf stand: »Meine lieben Freunde. Bedient euch. Alles ist offen. Nichts ist zugesperrt. Tut mir nur den Gefallen und bringt das Haus wieder in Ordnung, bevor ihr geht. Herzlich willkommen. Roald Amundsen.« Schade, dass es den Zettel nicht mehr gibt. Sehr gerne würde ich an diesem Ort für ein paar Tage bleiben.

Wer in den langen Wintern Norwegens einige historische Expeditionen nacherleben will, der kann mit Anders Bache und seinen Kollegen auf Tour gehen. Ihre Firma Yourway bietet mehrtägige Mini-Abenteuer für kleine Gruppen an. So stellen sie in Hardangervidda, der größten Hochebene Europas – wo Amundsen wochenlang eingeschneit war und seine erste Überlebensprobe knapp bestand –, den Wettlauf zum Südpol nach. Dafür errichteten sie in der Einsamkeit bei Finse die Hütte Framheim neu. Das Original diente in der Antarktis als Basislager, der Nachbau ist dies ebenfalls und zugleich ein lebendiges Museum. Dadurch können die Teilnehmer sich in die damaligen Abenteurer einfühlen. Denn die Natur um Finse ist und bleibt existenziell. Eröffnet wurde das neue Framheim 2011 vom damaligen Premierminister Jens Stoltenberg, der 2014 das Amt des NATO-Generalsekretärs übernahm. »Unsere Gäste reisen auf Skiern, sind aber auch mit Huskys und Schlitten unterwegs«, beschreibt Anders die Tour. »Wir übernachten in der Hütte und in Zelten. Am Ende stellen wir das berühmte Foto nach, auf dem die Männer beim Erreichen des Südpols neben dem Zelt mit der norwegischen Flagge posieren.«

An diesem Sommertag scheint der Winter weit weg. Nach der Besichtigung schlendere ich noch über das von hochgewachsenen Bäumen eingerahmte Gelände und beobachte, wie vereinzelt Segelboote am Horizont über den Fjord schippern. Die Linde in Ufernähe spendete schon zu Amundsens Zeiten bei Sommerfesten Schatten. Bevor die Fram gen Süden segelte, ankerte sie an dieser Stelle kurz. Maud kam bisher nicht vorbei.

Doch das soll sich Mitte August ja ändern. Anders Bache ist schon aufgeregt und das Museum plant ein Fest.

Auf Amundsens Spuren nach Vollen

Meine nächste Station auf den historischen Pfaden ist in diesen Augusttagen Vollen, der Ort am Oslofjord, wo Maud vor über 100 Jahren gebaut wurde. Musste man früher den Fjord und die Halbinsel Nesodden umsegeln oder relativ lange mit dem Auto fahren, um von Uranienborg nach Vollen zu gelangen, gibt es heute einen bis zu 134 Meter tiefen Unterwassertunnel, der einen schnell ans andere Ufer bringt.

Vollen gehört zur Gemeinde Asker, in der einige der reichsten Norweger leben. Dementsprechend hoch ist der Anteil von weitläufigen Anwesen, Jachten, Sportbooten und Luxusautos – seien es polierte Oldtimer oder windschnittige Teslas. Für die Heimkehr von Maud am 18. August werden Hunderte Besucher in dem kleinen Ort erwartet.

Elisabeth Bye ist Teil des Organisationskomitees von Mauds Willkommensfeier, sie zeigt mir ihre Heimat und stellt mir ihr Gästezimmer zur Verfügung. Die blonde Norwegerin ist Mitte 50, sie wuchs in Vollen auf. In ihrer Jugend war die Region nicht so wohlhabend. Das Haus auf einem Hügel außerhalb des Ortes gehörte zuvor ihren Eltern. »Als sie es vor über 25 Jahren kauften, wollte kaum einer dort wohnen, deshalb war es vergleichsweise günstig«, sagt die Gastgeberin beim Rundgang durch den verglasten Flachbau mit den schicken skandinavischen Möbeln. Ihr Zuhause ist ein kleines Paradies am Fjord. Der Garten führt direkt zu einer schmalen Anlegestelle am Meer.

Wir setzen uns auf die Terrasse und planen die nächsten Tage. Die Sonne geht langsam unter, in der Ferne glitzern die Lichter der Hauptstadt. So lässt es sich aushalten. Ihr Mann ist Pilot und oft unterwegs, ihre beiden Töchter sind längst erwachsen und ausgezogen.

Die Arbeit rund um Mauds Ankunft beruht auf freiwilligem Engagement. Sie gehört zum Freundeskreis des Oslofjordmuseet, des Oslofjord-Museums. Am nächsten Morgen fahren wir ins Zentrum von Vollen. Das ehemalige Wohnhaus des Reeders Christian Jensen, der einst Maud baute, ist wie Uranienborg ein Holzgebäude im Schweizer Stil. Mittlerweile dient es als Begegnungsstätte, in der man beispielsweise das Nähen erlernen kann, und in einem Aufenthaltsraum zeigen Grundschüler ihre aus Plastikmüll kreierten Arbeiten zum Thema »Schutz der Meere«. In den Seitengebäuden erzählt eine Ausstellung die Geschichte des Ortes, dessen Bewohner ursprünglich neben der Fischerei und dem Schiffsbau davon lebten, Eisblöcke aus den zugefrorenen Seen zu schneiden und an die Großstädter zu verkaufen, wie Elisabeth mir erklärt. Sie betreut das denkmalgeschützte Haus und hat darin ihr Büro.

Nur wenige Meter entfernt liegt am Hafen das Oslofjord-Museum, das die Geschichte der Segel- und Freizeitboote ebenso beleuchtet wie die Historie der Werft von Jensen und das *friluftsliv* am Fjord. In der Vortragshalle haben die Mitarbeiter und einige Freiwillige an diesem Morgen ein Meeting zum bevorstehenden Maud-Event. Schwarz-Weiß-Aufnahmen vom schneeumwehten Schiff im kanadischen Cambridge Bay sorgen für die passende Stimmung. Wo ist Maud gerade? Ich schaue schnell bei Marine Traffic nach. Noch auf den Färöer-Inseln.

Der Museumspädagoge Jon Aksel Aulie erzählt, er wollte eigentlich nach Cambridge Bay fliegen, um das Schiff dort noch zu sehen: »Doch es war zu teuer.« Beruhigend, dass eine derartige Reise nicht nur mein Budget sprengt. Jon Aksel raucht vor dem Museum schnell eine Zigarette und deutet auf die angrenzende Anlegestelle, wo an diesem Tag rund ein Dutzend Boote zu sehen sind: »Dort war das Werftgelände von Jensen.« Davon ist lediglich eine halb offene Scheune übrig geblieben, in der verstreut Bretter und Seile rumliegen und ausrangierte Maschinen stehen. Das Museum betreut das Areal. »In dieser Holzscheune wurde Maud in Teilen gebaut und dort wartete sie auf ihren Stapellauf.« Nur unweit davon am Pier soll Maud in einigen Tagen ankern, wenn denn alles klappt.

Elisabeth spaziert mit mir durch den Ort, es geht vorbei an Einrichtungsläden, Galerien und Boutiquen zu einem Café, wo sie mittags mit Krabben belegte Sandwiches servieren. Ihr Freund und Kollege Morten Gjeruldsen stößt dazu, er arbeitet bei der Hafenverwaltung. Die beiden haben zusammen eine Firma, Destinasjon Vollen, die sie künftig ausbauen wollen. Sie planen, Gästetouren anzubieten, ihr neuestes Produkt wollen sie mir abends zeigen. Ich solle mich überraschen lassen, sagen sie und zwinkern mir zu. Beim Lunch kommen einige Bekannte von ihnen an den Tisch. Findet die Party statt? Landet Maud rechtzeitig an? »Ja, es sieht gut aus«, antwortet Elisabeth und berichtet von der Sitzung. Nach dem Mittagessen kaufen wir kurz im Supermarkt ein, hier wiederholt sich das Frage-und-Antwort-Spiel.

Am Spätnachmittag erwartet uns Morten in der Marina, um mit uns im RIB eine Tour entlang der Küste und der Inseln des Oslofjordes zu unternehmen. Sie wollen mir das Dolce Vita im Norden, das Lebensgefühl während der Sommerferien zeigen. Morten braust los.

Nach nur wenigen Minuten sehen wir etliche Sportboote und Jachten, die mitten im Fjord Anker gesetzt haben. Auf einem Boot feiert eine Gruppe braun gebrannter Norweger, sie trinken Bier und hören Musik. »Willst du die Jungs kennenlernen?«, scherzt Morten und fährt zum Glück weiter. Auf manchen

Inseln stehen einfache Sommerhütten, andernorts sieht man weitläufige Anwesen. Wir kommen nun an der Insel vorbei, auf der Jon Aksel, der Museumsmitarbeiter, lebt. Man erreicht sie entweder mit einem privaten Boot oder nutzt die schmale Kabelfähre, die man selbst in Bewegung setzt.

Morten macht Tempo, Elisabeth und ich halten uns fest, damit wir nicht über Bord gehen.

In der Marina von Vollen zeigt Morten mir die schwarze Jacht von Magne Furuholmen, dem Keyboarder von a-ha und Künstler, den ich auf Spitzbergen getroffen habe. Er lebt in Nesøya, die Insel ist mit einer Brücke verbunden. Sein Gartengrundstück liegt direkt am Wasser, das Hauptgebäude wirkt unscheinbar. Protzen entspricht nicht der Natur der Norweger. Einige Minuten entfernt ist das Haus von Schlagersängerin Wencke Myhre, an deren Anleger zwar kein knallrotes Gummiboot festgemacht hat, aber immerhin ein kleines weißes. Wer wollte, könnte schon recht nah an ihr eingezäuntes Grundstück kommen und ihr in den Garten schauen.

Die meisten aus der Region wissen, wo ihre Prominenten leben, und lassen sie in Ruhe. Eines der wenigen auffallenden Anwesen ist das alte Wohnhaus von Sonja Henie auf Langøya. Die Norwegerin ist bis heute die weltweit erfolgreichste Eiskunstläuferin, nach ihrer Sportlerkarriere wurde sie in den Dreißiger- und Vierzigerjahren in Hollywood zum gefeierten Filmstar. 1939 ließ sie am Oslofjord die Villa mit ihren großen Säulen errichten, sie erinnert ein bisschen an das Weiße Haus. Die Diva brachte den mondänen Lifestyle an den Oslofjord.

Nach einer Stunde in der frischen Brise kommen wir mit zerzausten Haaren im Hafen an. Ich bitte Morten, einen Schlenker zu jener Stelle zu machen, wo Maud anlegen soll. Nebendran wohnt ein Freund von ihm, der gerade das abendliche Barbecue für seine Familie vorbereitet. »Wie findest du es, dass Maud bald zurückkehrt?«, frage ich den Norweger. »Wird ja langsam Zeit«, antwortet er mit trockenem Humor. Dann widmet er sich wieder dem Grill. Für den 18. plant er eine Privatparty.

Morten parkt das RIB an der Marina. Neben Magnes Jacht liegt an diesem Tag ein Segelboot namens »Palim, Palim«. Der Besitzer scheint früher Didi Hallervorden und ›Nonstop Nonsens‹ geschaut zu haben. Ob ich mal anklopfe und eine Flasche Pommes bestelle? Ich verwerfe den Gedanken schnell.

Wir gehen stattdessen in die beliebte Pizzeria am Hafen. Morten und Elisabeth wollen mir endlich ihre Überraschung zeigen, sie holen eine Flasche Aquavit hervor, den sie über ihre Firma vertreiben. Das Besondere: Es ist die »Maud Special Edition« ihres »Vollen Akevitt«. Der Gastronom kennt sie gut, so dürfen sie ihren Hochprozentigen ausschenken, der gut brennt und zusammen mit dem Wein für einen Schwips sorgt. Am späten Abend holt uns Mortens Frau im roten Cabriolet ab, sodass Elisabeth und ich schnell zu Hause sind. Auf der Fahrt hören wir Anita Hegerlands Schlager ›Schön ist es, auf der Welt zu sein‹, den sie Anfang der Siebzigerjahre als Mädchen mit Roy Black einsang. Die Norwegerin, wie sollte es anders sein, wohnt ebenfalls in der Gemeinde Asker.

»Das Schönste im Leben ist die Freiheit, denn dann sagen wir Hurra«, hallt es noch nach, als ich schon im Gästezimmer liege. Am nächsten Tag setze ich mich früh auf die Terrasse und sehe eines der Schiffe von Color Line vorbeifahren, die täglich zwischen Kiel und Oslo pendeln. Jeden Morgen um neun Uhr fährt es laut tutend in der Hauptstadt ein und um 14 Uhr wieder ab. Je nachdem wie der Wind steht, kann ich es sogar in meiner Wohnung hören. Einmal fuhr ich von Kiel, wo die Bewohner zum Spaß sagen, dass sie nach der Abfahrt ihre Uhr stellen, in die norwegische Hauptstadt. Am Ende besuchte ich Kapitän Svein Ove Trondsen auf der Brücke der M/S Color Magic, die sicherlich 150 Quadratmeter groß ist. Der Norweger war recht locker und drückte mir nach einigen Minuten seine Mütze und sein Jackett in die Hand. Für den Kapitän ist die Fahrt durch den Oslofjord der schönste Teil der Reise, sagte er damals. Nur noch wenige Tage, dann werden Jan und seine Crew hier entlangsegeln.

Nach der Zeit am Fjord geht es zunächst zurück in mein Basislager Tysklandgården. Ich bleibe im regen Austausch mit den Organisatoren und mit Jan, der schreibt, ich könne sein Team gerne am zweiten Tag, wenn sie nach Uranienborg und Oslo fahren, begleiten. Als ich diese Mail lese, klopft mein Herz.

Der heiß ersehnte Tag

Endlich ist der 18. August da.

Am frühen Morgen stehe ich am Pier in Vollen, das Segelschiff S/S Lady Mack wird gleich ablegen. Es fährt Maud entgegen. Sie wollen sie gegen Mittag auf der Höhe der Kleinstadt Drøbak treffen, wo ich im Follo-Museum übernachten konnte.

Das Segelschiff hat die Familie Tandberg extra für diesen Tag gemietet und rund 200 Gäste eingeladen. Immobiliengeschäfte brachten den drei Tandberg-Brüdern den Wohlstand, der es ihnen erlaubt, das abenteuerliche Projekt zu finanzieren. Die Brüder tragen orangefarbene Jacken mit einem historischen Foto von Maud. Ihre Mutter, die erfolgreich in der Bekleidungsbranche arbeitete und den Söhnen das Unternehmertum in die Wiege legte, steht mit den dreien am Pier und begrüßt jeden Einzelnen. Sie hat sich eine weiße Matrosenmütze aufgesetzt.

Da Jan und sein Team nach ihrer Abreise von den Färöer-Inseln schneller als erwartet vor der norwegischen Küste landeten, segelten sie mit der Tandberg Polar und Maud im Schlepptau von Bergen aus weiter über Stavanger und Kristiansand, wo sie jeweils neugierig empfangen wurden. Auf Facebook postete Jan einige Eindrücke. Doch heute ist jener Tag, auf den er und sein Team seit 2011 hingearbeitet haben.

Zur Begrüßung gibt es am frühen Morgen gleich ein Glas Prosecco für die Geladenen: Dazu zählen Familienangehörige der »Maud-returns-home«-Crew, ehrenamtliche Helfer, Anwohner und Freunde. Morten und seine Frau sind mit dabei, Jans Bruder, seine Töchter und sein Enkel, der einige Monate zuvor geboren wurde, während Jan im grönländischen Aasiaat die Heimkehr vorbereitete. Elisabeth ist nicht mit von der Partie, sie muss in Vollen die Feier organisieren. Die älteste Teilnehmerin ist die 103-jährige Tochter des Ozeanografen Harald Ulrik Sverdrup, der über sieben Jahre auf der Maud-Expedition wissenschaftliche Forschungen anstellte. Im Anschluss machte er eine internationale Karriere. Nach ihm wurde sogar eine Maßeinheit für Meeresströmungen benannt. Auf der Fahrt unterhält sie sich angeregt mit dem US-Wissenschaftler Walter Munk. Der aus Österreich stammende Geophysiker und Ozeanograf war ein Schüler Sverdrups.

Während der mehrstündigen Tour lautet eine regelmäßig wiederkehrende Frage, was einen mit Maud verbindet. Einige schauen auf ihren Smartphones, wo die alte Dame ist. Denn der Sender NRK hat eine Kamera am Mast angebracht und macht ein kleines Slow-TV-Happening aus der Einfahrt. Andere holen ihre Ferngläser heraus, das Deck füllt sich mehr und mehr. Ausgerechnet jetzt hat der Himmel sich zugezogen. Schwere Wolken hängen über uns, es ist recht kühl.

»Ich sehe sie«, ruft der Erste und winkt mit seinem Fernglas. Wir recken uns. Je näher wir Drøbak kommen, desto mehr Boote, Jachten und Segelschiffe sind zu sehen. Sie alle wollen die Königin nach Hause geleiten. Irgendwann sind wir neben Maud. Jan und seine Crew stehen auf dem Schlepper Tandberg

Polar und winken uns zu. Die Schiffe begrüßen sich mit einem Tuten.

So viele Bilder sah ich vorab, nun ist Maud in Reichweite. Die Gäste machen Fotos und plötzlich ertönt von einem der anderen Boote die norwegische Nationalhymne ›Ja, vi elsker dette landet‹. Der Anfang lautet: »Ja, wir lieben dieses Land / wie es aufsteigt / zerfurcht und wettergegerbt aus dem Wasser / mit den tausend Heimen.«

Auch Maud ist nach Jahrzehnten im Eis wettergegerbt aus dem Wasser aufgestiegen. Während der Nationalhymne, die der spätere Literaturnobelpreisträger Bjørnstjerne Bjørnson Mitte des 19. Jahrhunderts verfasste, wird es still an Bord. Die Norweger lieben ihre Nationalhymne fast so sehr wie ihre allgegenwärtige Flagge.

Endlich! Maud ist nach 100 Jahren zurück im Oslofjord

Maud hat trotz ihrer verbogenen und verrosteten Außenwand etwas Magisches. Um 14 Uhr segelt sie in den Hafen von Vollen ein. Genau dort, wo sie damals auslief. Tausende Schaulustige stehen am Küstenstreifen und am Pier. Zeitgleich fängt der Regen an. Als Jan und sein Team die Bühne betreten, jubelt die Menge. Der Projektleiter ist sichtlich erschöpft und zugleich glücklich, dass alles geklappt hat. Die Leute strömen auf ihn ein, NRK interviewt ihn, und ich halte mich im Hintergrund. Schließlich werde ich ihn am nächsten Tag nach Oslo begleiten.

Am späteren Nachmittag endet die Livesendung und die geladenen Gäste fahren nach Munkesletta. Die dunkle Holzvilla am Ortsrand gehört natürlich den Tandberg-Brüdern. Anfangs diente das Haus als Büro für das Projekt »Maud returns home«, nun ist es wieder ein Feriendomizil. An diesem Abend feiern wir auf dem Grundstück, das auf einem Hügel liegt. Von dort aus sieht man auf den Fjord, wo Maud samt Tandberg Polar über Nacht ankern wird, bevor es am nächsten Morgen weiter nach Uranienborg und Oslo geht.

Erstmals begegne ich der Kern-Crew, zu der unter anderem der Maschinist Terje Mørkved gehört, den Jan noch von seiner Zeit auf den Lofoten kennt. Terjes Tochter Anne-Birgith war tagsüber an Bord des Segelschiffs und fiel mir mit ihrer *bunad* auf, der norwegischen Tracht, vor allem aber dadurch, dass sie trotz der windigen Kälte keine Jacke überzog. Wer auf den Lofoten lebt, ist halt anderes gewöhnt. Anne-Birgith Mørkved ist Sozialanthropologin, Mutter von drei Kindern und Politikerin für die Grünen in der Ortschaft Ramberg. »Ich habe die *bunad* extra angezogen, damit mein Vater mich erkennen konnte«, sagt sie am Rande des Getümmels. Und natürlich, weil es ein festlicher Anlass ist.

Terje und Jan tragen ihre Wollpullis, es war keine Zeit, sich umzuziehen. Wir reihen uns gemeinsam mit seiner Freundin in die Schlange fürs Buffet ein. Auch Espen, einer der Tandberg-Brüder, stellt sich selbstverständlich an. Man sollte eben nicht denken, besser zu sein als die anderen. Für den Finanzier ist es ein besonderer Tag. »Ich werde genau wie Jan nie den Moment vergessen, als ich Maud das erste Mal in Kanada gesehen habe«, sagt er. »Das Team hat auf uns gewartet, sodass wir bei der Bergung dabei sein konnten.« Espen gibt selbst in der angeheiterten Feierlaune die Kosten für das Projekt nicht preis. Es wird wohl für immer ihr Geheimnis bleiben.

Bei Sonnenuntergang werden vor dem Haus einige Reden gehalten. Walter Munk sitzt im Rollstuhl und erzählt charmante Anekdoten von seinem Lehrer Sverdrup, der zudem ein guter Tänzer gewesen sein soll. Er ist so alt wie Maud, 100 Jahre. Während die Gäste beim Haus feiern, spaziere ich zum Fjord, wo das Schiff ruht.

In wenigen Stunden kann ich mit dem Team weitersegeln. »Wenn du nicht pünktlich um sechs Uhr früh da bist, fahren wir ohne dich ab«, sagte Jan bei der Verabschiedung gegen Mitternacht. Ich fahre zum Hotel und vor lauter Angst zu verschlafen, wache ich jede Stunde auf.

Am nächsten Tag stehe ich um 5.30 Uhr unten am Pier. Weil das Ufer an dieser Stelle sehr flach ist, ankern Maud und die Tandberg Polar rund 100 Meter weiter draußen. Die Sonne geht an diesem Morgen auf wie in einem expressionistischen Munch-Gemälde und spiegelt sich im Meer. Ich bin alleine, sanft schwappt das Wasser ans Land. Plötzlich wird die Stille durch ein Knattern durchbrochen. Über mir fliegt eine Drohne, ein Anwohner scheint den besonderen Moment von Mauds Anwesenheit einfangen zu wollen.

Kurz darauf kommt Jan an den Pier. Er ist gestresst, denn die anderen sind noch im Haus, dabei wollten sie zeitig ablegen. Nach und nach tauchen die Mitglieder des Kernteams am Pier auf: Terje und Bjørn Myrann sowie dessen Frau. Doch wo ist Stig Petterson? Der Norweger ist normalerweise so engagiert. Stig verbrachte noch mehr Zeit in Cambridge Bay und in Aasiaat als Jan und sorgte unter anderem dafür, dass die Motoren des Schleppers bei der Überwinterung funktionstüchtig blieben.

Immerhin sind der Kapitän und der litauische Mechaniker bereits an Bord, sie übernachteten auf dem Schiff. Mit einem motorisierten Gummiboot fährt Jan seine Freundin und mich zum Schlepper, danach holt er die anderen samt Proviant ab. Stig wird in letzter Sekunde von einem Freund zur Tandberg Polar gebracht. Die Gerüchteküche sagt, er habe nach der Party noch ein privates Abenteuer erlebt. Aber für Tratsch ist jetzt keine Zeit.

Skippertak heißt in der Seefahrt der Kraftakt kurz vor dem Ablegen eines Schiffes, wenn man gemeinsam anpacken muss. Auch im Alltag verwenden die Norweger diesen Begriff häufig – etwa beim Endspurt vor einer Deadline.

Ihre Deadline, die Jan einhalten will, ist 10.30 Uhr. Dann sollen sie in Uranienborg einlaufen und an Land gehen. Mit einer halben Stunde Verspätung geht es los. Es ist faszinierend zu erleben, wie die Crew Maud im Schlepptau manövriert. Und dass ein rund zehn Zentimeter dickes Seil selbst auf dem rauen Atlantik die einzige Verbindung war. »Bei Sturm haben wir es bis zu 500 Meter ausgerollt, weil man so den Wellengang besser auffangen konnte«, erklärt Jan, nachdem wieder Ruhe eingekehrt ist. »Bei gutem Wetter wie diesem und im Fjord reichen 100 Meter.« Ich hocke mich neben das Seil und beobachte Maud. Mit vier Knoten, also rund 7,5 Kilometern pro Stunde, ist unser Tempo recht langsam und so wird die knapp vierstündige Fahrt zu meinem Slow-TV-Moment. Die »Maud«-Flagge weht im Wind. In der Zwischenzeit erkunde ich den Schlepper, an einer

Seite sind die Beiboote befestigt. Eines taufte Jan »Kakonita«, nach dem Ziehkind von Amundsen. Ein verbeulter und zerkratzter Container auf dem Deck dient als Werkstatt.

Im Inneren bietet ein schmaler Aufenthaltsraum Platz für die Crew, an der Wand hängt ein Foto von Königin Maud in Anlehnung an Amundsens Salon. Der Polarreisende selbst ist neben der Treppe zu den spartanischen Kajüten verewigt: Es ist eine Variante jenes »Fakebilds« mit wegretuschierter Halbinsel Nesodden, die an diesem Augusttag schon in Sichtweite ist. Jans Freundin kocht Kaffee und bereitet das Essen für die Männer zu. In den Pausen sitzt Bjørn an Deck auf einem Sofa. »Es stand in Cambridge Bay an der Küste«, sagt er. »Wir haben es an Bord genommen und wollten mal schauen, was die Couch aushält.« Nach etlichen Stürmen während der Überfahrt ist die Sitzfläche ziemlich zerfetzt und an manchen Stellen lugen die Sprungfedern hervor, aber sie hat es bis nach Norwegen geschafft.

Bjørn ist Mitte 60, er trägt einen weißen Bart und stets eine rote Mütze und wird scherzhaft *nisse*, also Kobold, genannt. Björn war schon im Dokumentarfilm ›panta rei‹ an der Seite des Künstlers Jan zu sehen. Die Männer verbindet eine lange Freundschaft und ein Faible für außergewöhnliche Projekte. Ich frage Bjørn und seine Frau, ob ich ein Foto von ihnen auf der Couch machen könne. Er nickt und greift seiner Liebsten beherzt an die Brust. Beide kichern.

Bald darauf erreichen wir Uranienborg. Für Jan ist dieser Teil der Reise der emotionalste Abschnitt, ihm kommen die Tränen. Mir geht es ebenso, deshalb lenke ich mich mit dem Fotografieren ab. Die Beiboote bringen uns an Land, wo Jan und seinem Team ein begeisterter Empfang bereitet wird. Einige der Schaulustigen sind in Kleider im Stile der damaligen Zeit geschlüpft.

Bjørn mahnt, ich solle nicht nur Bilder machen, sondern den Moment genießen. Recht hat er, doch dann kullern mir sofort wieder die Tränen runter. Und ich will nicht heulend am Museum stehen, zumal ich einige der Leute dort kenne. Anders Bache hält eine Ansprache und auch Jan steht nun auf den Stufen vor dem Eingang und sagt einige Begrüßungsworte.

Die Crew hat als Geschenk für das Museum einen langen Schiffsnagel in ein Lederstück eingewickelt und das Leder signiert. Jan, Terje, Bjørn und Stig legen ihn im Arbeitszimmer auf Amundsens Schreibtisch.

Danach schießt Jan ein Foto von der Zuschauermenge und Maud auf dem Fjord. Sobald wir weiter gen Oslo reisen, postet er es auf Facebook und betitelt es »Das epische Bild«. Weiter schreibt er: »Roald Amundsens Polarschiff Maud vor seinem Haus am Bunnefjord, am 19. August 2018. Mein Traumbild ist wahr geworden, es ähnelt dem klassischen Foto von der Fram.« Am Ende bedankt er sich für den wunderbaren Empfang. Danach bleibt dem Team eine kurze Verschnaufpause, bevor sie um 14 Uhr in der Hauptstadt erwartet werden.

Terje isst ein Sandwich. Ich erzähle ihm, dass ich am Vorabend mit seiner Tochter verabredet habe, sie bald auf den Lofoten zu besuchen und es klasse wäre, ihn dort ebenfalls zu treffen. »Klar«, sagt Terje. Dann muss er wieder weiterarbeiten. *Skippertak.*

Ich gehe an Deck und beobachte die Einfahrt. In einem der zahlreichen Boote, die uns begleiten, sitzt Hans Jørgen, der in der Osloer Fjord City die Sauna Sørenga Badstuflåte betreibt. Der Lehrer lebt seit einer Weile auf seinem Segelboot. Ich gebe ihm ein kurzes Zeichen per SMS, später telefoniere ich mit unserem gemeinsamen Bekannten Sverre Jervell. Der pensionierte Diplomat, der fünf Kilo schwere Lachse von seinem Balkon aus angelt, steht nun genau dort und schaut durch sein Fernglas.

»Ich habe dich entdeckt«, sagt er übers Telefon. Wir winken einander zu.

1889 begrüßten Tausende Nansen nach seiner Rückkehr aus Grönland, später jubelten sie Amundsen zu. Jetzt haben Maud und Jan ihren großen Auftritt. Wieder warten Menschenmassen am Pier. Das Schiffswrack trifft auf die moderne Oper, und die aus Brettern zusammengebastelte Sauna Sørenga Badstuflåte, die direkt daneben ankert.

Maud bleibt für einige Stunden, dann segelt sie nach Tofte, einen beschaulichen Ort am Oslofjord, wo ihr Übergangsquartier sein wird. Das Museum in Vollen muss ja erst noch gebaut werden, sieben Jahre werden dafür veranschlagt. Ich habe vor, Jan und Maud in ein paar Wochen dort zu besuchen.

Maud trifft das moderne Oslo mit der Oper,
die einem Gletscher nachempfunden wurde.
Insofern kann sie sich selbst in der Hauptstadt
ein bisschen wie in der Arktis fühlen

Gerne würde ich sie noch den Tag über in Oslo begleiten, doch ich fliege wenige Stunden darauf nach Haugesund. Also bleibt nur Zeit für einen Schnack mit Hans Jørgen und Sverre.

Schmetterlingsinsel

Es zieht mich hinaus aufs Meer, diesmal zur Insel Utsira. Sie ist mit ihren knapp 200 Einwohnern die kleinste Gemeinde des Landes. Vor 15 Jahren war sie die erste, die ihr Stromnetz nur mit Wasserkraft und Wind betrieb. Schlagzeilen machten die Insulaner auch, weil sie beim jährlichen TV-Spendenmarathon, der stets eine andere Organisation unterstützt, pro Kopf gesehen mehrmals das meiste Geld gegeben haben und einmal mit 99 Prozent die höchste Wahlbeteiligung verzeichnen konnten.

Utsira liegt weit draußen in der Nordsee und ist geformt wie ein Schmetterling, fast scheint es, als würde sie gleich wegfliegen. 70 Minuten braucht die Fähre von der Kleinstadt Haugesund an der Westküste. Selbst bei gutem Wetter ist die Überfahrt sehr wackelig und die Wellen lassen das kleine Linienschiff kräftig schaukeln. Die Anwohner haben einen Trick: Sie legen sich sofort hin, am besten in den hinteren Reihen in der Mitte. Sie tragen Kissen bei sich, dann ziehen sie ihre Schuhe aus und relaxen auf den Bänken. Da die Fähre selten voll ist, findet jeder Passagier sein persönliches Fleckchen.

Rund 80 Sitzplätze hat die Fähre, es gibt eine Spielecke und ein paar Pflanzen. Überall stehen leere Becher, falls der Seegang den Magen überfordern sollte. An einer Pinnwand wird über die nächsten Events informiert – zum Beispiel das Strickcafé. Darunter hängt ein Strickkorb mit Wolle und Nadeln. Außerdem läuft der Fernseher, so ist man abgelenkt. Ich bin die Strecke mehrmals gefahren und war anfangs nervös, weil die Leute am Festland Schauergeschichte erzählten. Doch Tove Grimsby, eine der Bewohnerinnen von Utsira, ging damals mit mir zum Kapitän und stellte mir die Crew vor. »Sie wollen ja auch zu ihren Familien nach Hause, und fahren Sie nur, wenn es sicher ist.« Der Kapitän lächelte mich beruhigend an.

Ihre hübsche Insel lockt Touristen unter anderem mit idyllischen Wanderwegen und einem historischen Leuchtturm, in dem daran angrenzenden ehemaligen Wärterhaus können Künstler als Artist in Residence wohnen. Man wünscht der Gemeinde so viele Touristen, wie sie wollen, gleichzeitig frage ich mich, ob ihr Einklang mit der Natur nicht zerstört wird, wenn die Besucher sie eines Tages überrennen. Als ich Tove von meiner Befürchtung berichte, beruhigt sie mich. Denn außerhalb der Sommermonate sei es recht ruhig. In Zukunft möchte Utsira auch mit ihren stürmischen Zeiten werben, sagt sie und grinst. »Der Besuch bei uns ist ein sicheres Abenteuer.« Die rothaarige Endvierzigerin arbeitet im Tourismus und ist somit auf Gäste angewiesen – und seien es nur Tagesbesucher. »Jeder, der die Fähre nimmt, hilft unserer Gemeinde«, erzählt sie. »Denn dadurch bleibt es möglich, dass das Linienschiff mehrmals am Tag zwischen Haugesund und Utsira pendelt.«

Mit Fähren habe ich mittlerweile Routine und lege mich wie eine Einheimische auf der Sitzbank hin. Ein eigenes Kissen besitze ich zwar noch nicht, aber mein zusammengerollter Wollpulli tut's auch.

Am Pier wartet Tove auf mich. Bei meinem ersten Besuch lernte ich durch sie und ihren Mann Atle die Insel schon ein bisschen kennen. Atle arbeitet bei der Kommune in der Kulturabteilung und war nebenbei noch Bauer, inzwischen hat ihr Sohn die Landwirtschaft übernommen. Zumindest wenn dieser nicht als Fischer auf hoher See ist. Das Inselleben erfordert Flexibilität, aber es ist zugleich alles um die Ecke.

Atle führte mich zu den Windrädern, zeigte mir Kunstwerke aus Plastik sowie die Überbleibsel einer Wikingersiedlung und stellte mir die Vogelwelt vor. Der passionierte Ornithologe trägt, sobald er das Haus verlässt, stets ein Fernglas um den Hals.

Mit dem gebräuchlichen »takk for sist«, danke für das letzte Mal, begrüße ich Tove. Ich möchte die Tage hier nutzen, um den Alltag auf Utsira noch besser kennenzulernen. Gefühlt habe ich bereits beim ersten Mal die Hälfte der Bevölkerung getroffen – im Rathaus, im einzigen Supermarkt und während meiner Fahrradtouren. Die Insel ist eigentlich nur ein größeres Schiff, denn das Meer liegt stets in Sichtweite.

Tove hat schon einen Plan gemacht. Für den Abend lädt sie mich zu sich und Atle in ihr gemütliches weißes Holzhaus ein, an der Fassade prangen einige Graffiti. Wie in Vardø, der nordöstlichsten Kommune, wo das Street-Art-Festival stattfand und der Koch sich die Vorliebe für den Kabeljau auf den Arm stechen ließ, laden die Anwohner von Utsira immer wieder Künstler ein, ihre Häuser oder Gebäude zu veredeln.

Als ich den beiden von Mauds Heimkehr berichte, steht Tove plötzlich auf und kommt mit zwei eingerahmten Fotos wieder. Sie zeigen Haakon VII. und Maud in jungen Jahren. »Freunde von mir fragten, ob ich sie haben möchte. Sie wissen, dass ich historische Bilder mag.« Die Norwegerin muss noch den richtigen Platz dafür finden. Zum Nachtisch servieren sie das in dieser Region beliebte Dessert »Hjemmelaget Dronning Maud fromasj« aus Schlagsahne, Portwein und Schokoladenstreuseln, das an die damalige Königin erinnert. Kreiert wurde es im Jahr 1906, als das Königspaar durch seine neue Heimat reiste.

Am nächsten Morgen treffe ich Bürgermeisterin Marte Eide Klovning. Die Mittdreißigerin hat mit ihrem Mann drei Kinder und ist seit 2012 im Amt. Vor dem Kommunalgebäude, das außer dem Rathaus auch die Bibliothek und das Schwimmbad

Bürgermeisterin Marte mit ihrer Vorgängerin Aasa.
Diese war seinerzeit die erste norwegische Frau im Amt

beherbergt, steht eine Statue von Aasa Helgesen. Sie war 1926
die erste weibliche Bürgermeisterin Norwegens. Danach war der
Job auf Utsira wieder eine Männerdomäne, bis Marte kam. Die
Gemeinde setzt auf die Windkraft. »Wir überlegen, zu den zwei
bestehenden Windrädern noch ein drittes zu bauen«, erzählt
Marte. »Das Motto unserer Kommune ist schließlich: Utsira gir
energi, Utsira gibt Energie.«

Ich kenne sie bereits von meinem vorherigen Besuch. Damals stand eine Gemeindereform bevor, bei der manche Regionen zusammengelegt werden sollten, sodass Marte neben ihrer täglichen Arbeit außerdem dafür kämpfen musste, dass Utsira eigenständig bleibt. Die Kommune ist immerhin der größte Arbeitergeber der Insel. Sie hat es geschafft.

Für mich hat die Insel einen gewissen Reiz, ich könnte mir vorstellen, länger hier zu bleiben, denn in Oslo vermisse ich manchmal das raue Meer. Als ich Marte bei meiner Stippvisite davon erzähle, sagt sie: »Klar, mach das«, und erwähnt nebenbei scherzhaft, dass ihr älterer Bruder gerade wieder Single sei.

Im Anschluss gehe ich bei der gut sortierten Bibliothek vorbei, sie haben sogar ein deutsches Buch: Hauke Trinks ›Das Spitzbergen-Experiment‹. Darin schildert der deutsche Physiker, wie er in die Einöde Spitzbergens reist, um seine These zu erforschen, das Leben könnte dort vor vier Milliarden Jahren entstanden sein. Es begleitet ihn eine Frau, die er kaum kennt. »Ein in jeder Hinsicht mutiges Experiment beginnt ...«, endet der Klappentext. »Hauke hat die letzten Jahre seines Lebens vor allem auf Utsira gelebt«, berichtet die Bibliothekarin. Ich leihe mir das Buch aus und sie stellt mir sogar einen Ausweis aus. »Der gilt allerdings nur auf Utsira«, sagt sie. Kein Problem.

Mittags fahre ich mit dem Fahrrad zum Supermarkt, wo sich viele Einheimische wie jeden Werktag ab 11.30 Uhr auf einen Kaffee oder zum Lunch treffen. Dort sehe ich Tove, die mir nach dem Essen ein neues Graffito am südlichen Hafen zeigen will. Unterwegs kommen wir an dem ehemaligen Haus von Hauke vorbei. »Er war ein kauziger Typ, wie es sich für einen echten Abenteurer gehört«, erzählt sie. Regelmäßig fuhr er nach Spitzbergen, wo er eine abgelegene Hütte hatte. Dort starb er auch.

Jeder einzelne Bürger zählt in dieser Gemeinde. Da es auf Utsira kein Krankenhaus gibt, reisen Schwangere kurz vor der

Geburt nach Haugesund. Bei ihrer Heimkehr begrüßen die Insulaner die Familie mit Flaggen am Fährhafen.

Am Abend begleite ich Tove zum *strikkekafe*, Strickcafé, in Dahmsgård. Die ehemalige Schule des Orts ist mittlerweile ein Restaurant, das seit einigen Jahren von einem niederländischen Ehepaar geführt wird. Bevor sie die Insel entdeckten, lebten sie in Vardø. Natürlich kennen sie den Koch Tor-Emil und »Cod is great«. Vermutlich ziehen besondere Plätze wie Vardø und Utsira – zumindest für mich – interessante Menschen an.

Beim Strickcafé sitzen am Abend dem Klischee entsprechend nur Frauen. Rund 15 Einheimische stricken ihren nächsten Schal, Pulli oder ihre Jacke – nebenbei wird eine Tombola veranstaltet. Ich entdecke alte Schülerzeitungen, mit Fotos von Tove und dem älteren Bruder von Bürgermeisterin Marte. Das findet auch eine Dänin mir gegenüber spannend. »Ich bin mit dem jüngeren Bruder von Marte verheiratet«, erzählt die Kindergärtnerin. Die alleinerziehende junge Mutter fühlte sich auf der Insel sofort gut aufgehoben. Eigentlich suchte sie nicht nach einem neuen Partner, aber Marte machte ihr ihren Bruder schmackhaft. Nun sind sie eine Patchworkfamilie und haben ein gemeinsames Kind.

So hält die Bürgermeisterin geschickt die Einwohnerzahl stabil. Zwar besteht bei mir kein Bedarf, verkuppelt zu werden, aber eine Info reizt mich dann doch sehr. Tove sagt, dass Anwohner einen eigenen Schlüssel fürs Schwimmbad erhalten und es jederzeit nutzen können.

Leider muss ich nach drei Tagen zurück ans Festland, von der kleinsten Gemeinde in die größte und in einen tiefen Fjord.

Wiedersehen auf den Lofoten

Die Gefahr, das wilde Meer zu vermissen, besteht nicht, denn kurz darauf reise ich zu den Lofoten. Dieses Mal zieht es mich zunächst in den Westen der Inselgruppe. Dort besuche ich Terje und seine Tochter Anne-Birgith, die ich bei Mauds Ankunft kennengelernt habe. Die Sozialanthropologin sagte, dass sie im Gegensatz zur Mehrheit ihrer Landsleute nicht ständig durch die Natur wandere. Aber mein Besuch wäre ein willkommener Anlass. Unser Treffpunkt ist Fredvang.

Da es die Tage davor stark geregnet hat, ist der schmale Pfad auf den rund 500 Meter hohen Berg sehr matschig. Wie sagte der Abenteurer und Verleger Erling Kagge: Setze einfach einen Schritt vor den anderen und trainiere so deine Balance. Die Mittdreißigerin geht voran. Die meisten sind jetzt am frühen Nachmittag schon beim Abstieg. Wir lassen uns Zeit.

Je höher wir kommen, desto mehr erinnert mich die Form der winzigen Insel, die vor einer Sandbucht liegt, an einen Hund. »Stimmt, sie sieht wie ein Terrier aus«, sagt sie und macht ein Foto.

Anne-Birgith ist gerade im Umbruch. Sie hat einen neuen Partner und plant, mit ihren Kinder zu ihm in den Süden Norwegens zu ziehen. Das Paar hat sich online kennengelernt: Er suchte nach einer Frau für »Wikinger-Dinge«. Das machte sie neugierig. Auf ein Gespräch folgten Begegnungen und dann wurde mehr daraus. Für eine Weile wohnte er bei ihr in Ramberg, wo sie für die Gemeinde arbeitet und dort das Flüchtlingsprogramm betreut, doch für ihn ist die Joblage im Süden besser. Was genau die Wikinger-Dinge sind, verrät sie nicht. »Das bleibt geheim«, sagt Anne-Birgith und grinst.

Ansonsten ist sie redselig und offen. Wir legen bei der Wanderung regelmäßig Pausen ein und machen uns darüber lustig, dass viele Norweger Fotos von sich auf dem Berggipfel posten. Oben angelangt, machen wir genau das. Die Norwegerin reißt die Arme in die Höhe, springt in die Luft. Dahinter fällt der Berg steil ab. Wir sind ganz alleine und bleiben eine Weile sitzen, der weite Blick über die Bucht ist wunderbar, zwischendurch verputzen wir unsere *matpakke*. Ich erinnere mich an Jans Spruch, dass alle, die sagen, der Weg sei das Ziel, nie das Gefühl erlebten, auf dem Gipfel zu sein.

Am Abend fahren wir bei Anne-Birgiths Eltern vorbei, die an diesem Tag ihre drei Kinder betreut haben. Terje begrüßt mich herzlich. Seine Frau gesteht, dass sie froh über das Projektende ist. Schließlich war ihr Mann manchmal monatelang weg. Mein Blick fällt auf eine bestimmt 30 Kilo schwere Schraubenmutter in der Ecke des Wohnzimmers. »Sie ist ein Mitbringsel aus Cambridge Bay«, erzählt Terje. »Ich fand sie schön und dekorativ.« Seine Frau verdreht die Augen und lächelt.

Anne-Birgith zeigt mir nach dem Abendessen Jans Haus am Rande des Ortes Reine, wo der Künstler früher lebte und mittlerweile nur noch im Urlaub anzutreffen ist. In Reine sind ihm zu viele Touristen. Vor einigen Jahren baute er auf den Lofoten ein zweites, einsam gelegenes Haus, das man nur nach dreistündigem Fußweg erreicht.

Auch die Busfahrerin klagt am nächsten Morgen während der mehrstündigen Fahrt über die mit Brücken verbundene Inselgruppe, dass immer mehr Touristen auf den schmalen Straßen parken, um die spektakuläre Natur zu fotografieren. Anstatt den öffentlichen Nahverkehr zu nutzen, mieten die meisten ein Auto.

Zurück nach Skrova

In Svolvær steige ich aus und nehme von dort die Fähre nach Skrova. Nach zweieinhalb Jahren sehe ich Hugo und Mette erneut. Morten A. Strøksnes hatte ich zuvor noch einige Male getroffen – anfangs in Oslo und später in Lillehammer. Der Autor des Buches vom Meer lebt inzwischen ausgerechnet im tiefen Binnenland. Zwar grenzt Lillehammer an Norwegens größten See Mjøsa, doch es fehlt das Salz im Wasser.

Um den 17. Mai, den Nationalfeiertag, verbrachte ich zwei Tage mit ihm, seiner Freundin Cathrine und ihrem quirligen Sohn August. Morten kochte an einem Abend für uns gut gesalzenen Skrei und erzählte, wie es seinen Freunden im Norden geht. Hugo sei geknickt, weil NRK inzwischen wochentags keine ›Derrick‹-Folgen mehr ausstrahlt. Manchmal vergesse er, für Mette und sich das Abendessen zu machen, weil sein Rhythmus durcheinandergeraten sei. In Mortens Wohnzimmer hängt Hugos abstraktes Gemälde von einem Hai, das wie die meisten seiner Werke in Erd- und Blautönen gehalten ist. Der internationale Erfolg des Buches brachte dem Künstler Aufmerksamkeit.

Vor meiner Reise zu den Lofoten erkundige ich mich, ob der Künstler und seine Frau Mette ebenfalls dort sind und ob ich vorbeikommen könne. Mette, schreibt, dass sie sich auf meine Rückkehr freuen. Was soll ich den beiden mitbringen? »Hugo ist ein passionierter Rotweintrinker«, antwortete Morten auf meine Frage per Mail. Da ich mich eher mit Weißwein auskenne, suche ich eine Flasche mit einem besonders schönen Etikett aus, der zugleich gut sein soll. Bei der Überfahrt begegne ich zufällig Mette, die mit ihren Schülern einen Ausflug gemacht hat. Seit sie auf Skrova eine Stelle als Lehrerin angenommen hat, lebt das Paar den überwiegenden Teil des Jahres auf dem Gelände von Aasjordbruket.

Bevor wir zu ihnen nach Hause gehen, muss Mette noch schnell etwas für die Schule einkaufen, wo sie am nächsten Tag gemeinsam mit den Kindern kocht. Wir spazieren in wenigen Minuten über die Insel zum Schulareal. Dazu gehört ein Fußballplatz in Ufernähe; meterhohe Netze verhindern, dass die Bälle in den Vestfjord fallen. Wie auf Utsira ist man hier stets nah am Meer.

Bei einer Bekannten besorgt Mette noch frisches Brot und bezahlt es mit Vipps, einem SMS-Bezahlservice. Sie klopft an der Tür, die Norwegerin gibt ihr die Laibe in Butterbrotpapier verpackt und mit Wollfaden wie ein Geschenk verschnürt. Stimmt es wirklich, dass Hugo ohne ›Derrick‹ manchmal vergisst, das Abendessen zu machen? Mette nickt und schmunzelt. Aber es sei besser geworden.

Kurz darauf laufen wir durch Aasjordbruket, die ehemalige Tran- und Fischfabrik, zu dem roten Holzhaus, in dem Hugo und Mette wohnen. Ich übernachte wie einst in dem kleinen Apartment der Fabrik. Während Mette in ihr Wohnhaus geht, schaue ich mich auf dem Gelände um.

An den Wänden der ehemaligen Fischannahmestelle hängen einige Gemälde von Hugo, ein Schlagzeug kündet von einem Musikabend, und die Stelle, wo einst eine Planke fehlte und man aufs Meer hinunterschauen konnte, wurde mit einem Holzstück und Gaffa-Tape geschlossen. In eine Ecke sind Artikel über Mortens Buch und Hugo gepinnt, mit dabei ist meine Reportage von damals.

Das Ehepaar organisierte im Sommer einige Konzerte und Diskussionsrunden. »Wir wollen Aasjordbruket in Zukunft öfter für Events nutzen«, erzählt Mette am Abend. Sie ist auf Hammarøy aufgewachsen, wo auch der Literaturnobelpreisträger Knut Hamsun herkommt. Als Kind sah sie Touristen, die auf den Spuren des Autors und seiner Romane wandelten. Heute klopfen öfter Besucher aus aller Welt an ihrer Tür, um mit Hugo zu sprechen und sich das Haus am Meer anzusehen.

Der Künstler ist ständig aktiv. Er malt nicht nur auf Leinwand, sondern verziert auch Steine vor seinem Grundstück sowie an weiteren Uferplätzen mit großen weißen Kreisen und schwarz umrandetem Auge. Diese Ringe sind wichtige Landmarken, die einst Seefahrern bereits von Weitem zeigten, wo sie sichere Plätze zum Ankern ihrer Schiffe fanden. Es gibt Tausende davon entlang der norwegischen Küste – vom Nordkap bis in den Süden nach Lindesnes. Die meisten Ringe sind inzwischen verblasst. »Für mich ist es wichtig, an diese Tradition zu erinnern«, sagt Hugo und geht mit mir zu einem der Ringe neben seinem Haus. Wie bedeutend die Symbole einst waren, sieht man daran, dass demjenigen, der sie zerstörte, drei Jahre Gefängnis drohten. Die Gefahr besteht heute nicht mehr. Unterstützt wird sein Projekt vom Kystverket, dem norwegischen Küstenamt, und dem Nordnorsk kunstsenter. »Morten begleitete mich im Sommer, als ich einige der Dinge malte«, sagt er.

»Es ist schön, mal wieder Deutsch zu sprechen.« Sicherlich könnte er andere deutsche Serien konsumieren, aber die interessieren ihn nicht. »»Derrick‹ erinnert mich eben an meine Jugend.« Bei einem Tee reden wir über meine Erlebnisse der vergangenen Jahre und das Projekt »Maud returns home«. Hugo findet es spannend, mit Amundsen selbst kann er aber nicht viel anfangen.

Am folgenden Tag sind meine Gastgeber beschäftigt. Mette arbeitet in der Schule und Hugo muss trotz starker Brise zum Zahnarzt im drei Stunden entfernten Bodø. Wenigstens geht die Fähre. Ich sitze in ihrem Wohnhaus und schreibe. Es läuft das Radio, das beruhigt ihren Hund Skrubbi.

Sonne, Regen, Sturm, Hagel, Schnee – alle Phänomene in wenigen Minuten, intensiv und mit einer Selbstverständlichkeit,

Die ehemalige Fabrik Aasjordbruket
liegt schon fast im Meer

als wäre es immer so. Die Regentropfen bleiben an den Fensterscheiben hängen, bis der nächste Windstoß sie erwischt. Wusch. Schon prasseln neue ans Fenster. Die Umgebung ist inspirierend und man hat das Gefühl, als würde das Meer auf Aasjordbruket zukommen.

Ich frage mich, ob ich mittlerweile seetauglicher bin. Zumindest habe ich einige Bootsfahrten gemeistert, die selbst manche Norweger kreidebleich werden ließen. Meine größte Angst bei wackeligen Touren ist, mich zu übergeben. Dann dachte ich stets an Hugos Worte, der meinte, wer Panik habe, könne nicht kotzen. Es funktioniert. Das Motorboot von unserem Angelausflug mit Morten schaukelt jetzt draußen am Pier hin und her. Eigentlich würde ich gerne noch mal raus, aber hier entscheidet die Natur. Dann eben beim nächsten Mal.

Der mitgebrachte Wein steht am Fenster neben dem Gerippe eines Kabeljaus. Damit habe ich ins Schwarze getroffen, sagt Morten, dem ich ein Foto schicke, es ist Hugos Lieblingswein.

Zu Besuch bei Maud

Einige Wochen nach Mauds Rückkehr besuche ich Jan Wanggaard in Tofte, wo das Schiff in einem abgesperrten Fabrikgelände am Pier liegt, gleich neben dem Schlepper Tandberg Polar. Nun beginnt also das Abenteuer Alltag. Jan mag den Begriff »Abenteuer« nicht. »Ich arbeite an Projekten und die haben auch mal abenteuerliche Züge. Ich verstehe den Sinn nicht, wenn jemand nur nach einem Rekord jagt.« Manche unterstellten Amundsen genau dies. Doch Jan zufolge stimmt das nicht, wie er noch mal betont. »Er verfolgte Forschungsziele und manchmal bekam er die finanziellen Mittel eben nur mit dem Aufhänger eines Rekordes, den Nor wegen dann für sich verbuchen konnte.«

Wir sitzen im Aufenthaltsraum des Schleppers. Die rote »Maud«-Flagge liegt eingerollt auf der Bank, am Tischende steht ein Modell des Dreimasters. Ich werde unruhig, weil ich gleich zum ersten Mal tatsächlich an Bord von Maud gehen kann.

»Sollen wir?«, fragt Jan.

»Sehr gerne.«

Wir klettern vom Schlepper aus auf die Pontons. Jan zeigt auf die Reste eines kräftigen Holzstamms: »Das ist ein Teil eines Mastes der Fram, den Amundsen für Maud verwenden durfte. Ebenso wie den Anker. Sie haben schon die ganze Welt von der Arktis bis zur Antarktis gesehen.«

Nun berühre ich Maud vorsichtig und sehe die vielen Nägel, die in das Schiff geschlagen wurden. Die rostig rote Außenwand ist für mich ein kultureller Schatz. Über eine Holzleiter im hinteren Teil kann man leicht hinaufsteigen. Die Sonne scheint an diesem Spätsommertag. Wie Jan es zuvor beschrieb, ist es warm in ihrem Inneren. Ich laufe durch das Schiff, die Etage mit dem Salon und den Kajüten der Polarreisenden existiert nicht mehr, dafür aber die unteren Räume, wo sich früher unter anderem das Lager und der Maschinenraum befanden. An einigen Stellen kann man in die Tiefe schauen, einzelne Teile ragen spitz hervor.

Auf dem Deck stehen mehrere kleine Kisten mit Kohlebriketts, Glühbirnen und alten Werkzeugen. Auch wenn sie bereits vier Container voller Materialien gesammelt haben, entdeckt Jan weiterhin Details. In den Ecken der Innenwand kleben einige Muscheln, die als blinde Passagiere mit ihnen nach Norwegen gereist sind.

Neben der bereits erwähnten Wachskerze fand Jan auch ein Buch des deutschen Krimiautors Ewald August König, der Mitte des 19. Jahrhunderts lebte. ›Forbandelsen‹, Fluch, hieß sein Roman auf Norwegisch. Maud steht unter keinem Fluch, sagt Jan, schließlich ist sie zwar als Wrack, aber doch heil heimgekehrt.

Auf dem Boden im Schiffsinneren liegt ein schmales Stück Holz, es ist eher ein abgebrochener Splitter. »Darf ich das mitnehmen?«, frage ich schüchtern. »Wenn du mich fragst, muss ich Nein sagen«, sagt Jan und schaut für einen Moment weg. Dann stibitze ich es und stecke es wie eine Archäologin in eine Plastiktüte.

Amundsen hätte sicherlich nichts dagegen.

Früher war Mauds Expedition nicht so stark in der Erinnerung der Norweger verankert, weil die anderen Touren erfolgreicher verliefen, doch Jan und sein Team haben der Reise zu neuem Glanz verholfen.

Ist Maud nun zu Hause? »Noch nicht, wir müssen ihr erst ein richtiges bauen«, sagt Jan.

Und so ähnlich geht es auch mir. Ich fühle mich sehr wohl im Land und ein Stück weit zu Hause, aber Tysklandgården muss ich vorerst verlassen. Meine Vermieterin Elisabet kehrt nach Oslo zurück. Mal gucken, wohin der Wind mich trägt und wo mein Hafen ist. Vielleicht ja auf einer kleinen Insel wie Utsira oder Skrova? Ich werde mich treiben lassen und weiter auf das Abenteuer Norwegen einlassen.

ANHANG

An dieser Stelle könnte ich zahlreiche Bücher empfehlen. Diese sind meine persönlichen Favoriten.

Morten A. Strøksnes – ›Das Buch vom Meer‹ (DVA)
Haben Morten und Hugo tatsächlich einen Eishai gefangen? Im Buch verwebt der Journalist gekonnt seine persönlichen Abenteuer vor den Lofoten mit Geschichten über die Ozeane, er erzählt von mutigen Fischern und von früheren Gelehrten, die knallrote Riesenseeschlangen gesehen haben wollen. Wir erfahren, dass Plankton weit über die Hälfte des Sauerstoffs erzeugt, den wir einatmen. Der Autor kritisiert aber auch Lachszuchtfarmen, die Gift in die Fjorde fließen lassen, und die Vermüllung der Meere. Dabei schreibt er mal faktenreich, mal poetisch: »Als wir anfingen zu angeln, war der Rhythmus der Wellen ruhig und regelmäßig wie der Atem eines riesigen schlafenden Wesens.«

Nina Lykke – ›Aufruhr in mittleren Jahren‹ (Nagel & Kimche Verlag)
Ihr Nachname »Lykke«, also Glück, passt perfekt zu ihrer Heimat. Die Norwegerin schreibt aber am liebsten über Protagonisten, die an einem Tiefpunkt angelangt sind. Nina hat einen cleveren und ironischen Roman über norwegische Mittelstandsfamilien verfasst. Er erzählt aus der Perspektive von drei Personen: der gestressten Lehrerin Ingrid, die nach fast 25 Jahren von ihrem Mann Jan verlassen wird, der wiederum einen Karrieresprung macht und eine Affäre mit der 35-jährigen Kollegin Hanne

anfängt. Letztere sehnt sich nach Geborgenheit und einer eigenen Familie, die Jan mit zwei erwachsenen Söhnen bereits hat. Die Geschichte klingt nach Klischee, doch die Art, wie Nina sie erzählt, bietet ein interessantes Porträt der norwegischen Gesellschaft, in der vermeintlich alles so einfach, sicher und hyggelig ist.

Åsne Seierstad – ›Einer von uns‹ (Kein & Aber)

Wie konnte einer von ihnen so ein Massaker begehen? Auf 544 Seiten arbeitet die norwegische Journalistin den Massenmord vom 22. Juli 2011 auf. Sie rekonstruiert minutiös die Ereignisse jenes Tages, an dem Anders Behring Breivik 77 Menschen tötete, und sie blickt zurück. Falls du dich fragst, ob du dieses Buch wirklich lesen willst, so ist dieser Gedanke nachvollziehbar. Die Antwort lautet jedoch: auf jeden Fall. Åsnes Sachbuch bewahrt die journalistische Distanz und ist zugleich einfühlsam. Sie erzählt aus dem Leben und der Perspektive einiger Opfer, wobei man bis zum Ende nicht weiß, wer diesen Schicksalstag wirklich überlebt hat und wer nicht. Seierstad spürt auch Breiviks verstörender Familiengeschichte nach.

Stefanie Lind – ›Reise nach Norwegen‹ (Unionsverlag)

Dieser »Kulturkompass fürs Handgepäck«, wie es im Untertitel heißt, ist eine unterhaltsame Lektüre mit kleinen Geschichten von Norwegern und jenen, die das Land früher und heute bereisten. So erzählt der Däne Sophus Tromholt darin von seiner Fahrt mit dem Postschiff im Jahr 1882 und vergleicht diese bei schönem Wetter mit »einer Rheinreise in vergrößertem Maßstabe«. Der Anthropologe Runar Døving erklärt die Tradition der *matpakke*, anhand von Fridtjof Nansens Tagebucheinträgen kann man mehr über seine Reise mit der Fram zum Nordpol erfahren, und es gibt Auszüge aus Asbjørnsens Märchen ›Per

Gynt‹. Das norwegische Wort *eventyr* bedeutet übrigens Märchen, aber auch Abenteuer. Sicherlich vermischt es sich in so mancher Beschreibung.

Tor Bomann-Larsen – ›Amundsen‹ (mare)

Wer war Roald Amundsen wirklich? Der norwegische Journalist und Historiker erzählt auf 704 Seiten seine literarisch spannend geschriebene Version. Eine Biografie über den Polarreisenden ist ein riskantes Unterfangen, wo doch so viele eine Meinung über ihn haben. Ohne falsche Ehrfurcht zeigt Tor die vielen Gesichter des Entdeckers, der nicht nur Held und Idol, sondern auch, wie er findet, »ein kaltschnäuziger Lügner, ein skrupelloser Geschäftsmann und nicht zuletzt ein brillanter Vermarkter seiner selbst war«. Der kinderlose Amundsen war ein Rastloser, der sein Leben lang das Abenteuer suchte und darüber schließlich zum Mythos wurde. Etliche meiner Protagonisten kritisierten Tors Buch, weil es bestimmten Thesen folge und er dabei die sanfte Seite Amundsens außer Acht lasse. Aber allen kann man es nie recht machen, keiner wusste das besser als der Polarheld selbst.

Serien- und Filmtipps

Wenn ich ein neues Land kennenlerne, mache ich anfangs stets drei Dinge: Ich gehe in den Supermarkt, schaue Fernsehen und finde heraus, wer die beliebtesten Komiker sind. Meine fünf Tipps sind daher auch geprägt von diesen Kategorien.

›Lilyhammer‹

Die international erfolgreiche Serie erzählt von einem New Yorker Mafioso, der in der norwegischen Idylle von Lillehammer untertauchen will, aber an der friedlichen und gleichberechtigten Welt fast verzweifelt und die Kleinstadt ordentlich aufmischt. Gespielt wird der Mafioso von Steven van Zandt, einem ›Soprano‹-Darsteller und dem Gitarristen von Bruce Springsteen. Den Ort wählt der Mafioso aus, weil er die Olympischen Winterspiele in Lilyhammer, wie er die Stadt nennt, toll fand. Die ironische Darstellung der norwegischen Gesellschaft ist gespickt mit lustigen Szenen: In einer glaubt Johnny Henriksen, so sein Tarnname, eine Morddrohung zu erhalten, dabei ist der Nachbarin nur der gekochte Schafskopf aus der Tasche gefallen. In einer anderen ist der Polizeichef sauer, weil seine Kollegen ihn ausgerechnet während des Birkebeinerrennet stören und er dadurch womöglich die begehrte Marke für eine gute Langlauf-Zeit verpasst.

Slow-TV

Mit dem Slow-TV bringt der öffentlich-rechtliche Sender NRK nicht nur das eigene Land zusammen, sondern bietet auch dem internationalen Publikum die Gelegenheit, in die norwegische Lebensart einzutauchen. Marathon-Happenings wie die Rentierwanderung und den Sommerzug kann man sich auf deren Mediathek https://tv.nrk.no – natürlich in voller Länge – ansehen. Außerdem kommen jedes Jahr neue Events hinzu, im Sommer 2018 wanderten sie zum Beispiel mit dem in ihrer Heimat bekannten Abenteurer Lars Monsen wochenlang durch norwegische Gebirgslandschaften.

›Was werden die Leute sagen‹

Der Spielfilm von Iram Haq ist eine fiktionalisierte Version ihrer eigenen Geschichte. Irams pakistanische Eltern kamen in den Siebzigerjahren als Immigranten nach Norwegen. Sie wuchs mit zwei unterschiedlichen Kulturen auf, die regelmäßig miteinander kollidierten. Als sie 14 war, wurde sie von ihren Eltern entführt und gezwungen, für eineinhalb Jahre bei Verwandten in Pakistan zu leben. Nach der Rückkehr wird das Verhältnis nicht einfacher. Kurz vor dem Tod ihres Vaters konnten sie Frieden miteinander schließen und er ermutigte sie, den Film zu machen. Der Regisseurin und Autorin des Films ist es wichtig, dass ihre Protagonistin Nisha nicht nur das Opfer ist und ihre Eltern nicht bloß die Täter sind. Iram lässt die Story bewusst in der Gegenwart spielen, denn Entführungen wie diese geschehen auch heute noch.

›Tungeskjærerne‹

Die charmante Dokumentation ›Tungeskjærerne‹, die Zungenschneider, begleitet die neunjährige Ylva, die im Winter ihre Großeltern im Norden besucht und versuchen möchte, wie zuvor ihre Tante, Mutter und ihr Großvater in der Skrei-Saison zu arbeiten. Mit dem Zungenschneiden verdienen Kinder dort schon in frühen Jahren ihr Geld. Anfangs ekelt Ylva sich in der Fischfabrik vor den glitschigen Gedärmen, den abgetrennten Köpfen und Bergen von Zungen. Doch dank der Hilfe des zehnjährigen Tobias wird sie bald zum Profi. Die beiden Kinder freunden sich an und entdecken einige Gemeinsamkeiten.

›Stories from Norway‹

Die Brüder Vegard und Bård Ylvisåker sind in ihrer Heimat Superstars. Obwohl sie noch in ihren Dreißigern sind, stehen die Komiker, die sich als Duo Ylvis nennen, seit fast 20 Jahren auf der Bühne und vor Kameras. Nach einer Late-Night-Show und ihrem Musikclip ›What Does The Fox Say?‹, der über 750 Millionen Mal aufgerufen wurde, folgt nun die TV-Show ›Stories from Norway‹. Darin erzählen sie in einer Mischung aus Musical und Doku von lokalen Ereignissen, die für Skandale oder Furore sorgten: etwa einem Sprungturm am See im kleinen Ort Hamar, der nach sieben Jahren fertiggestellt wurde und am Ende unfassbare 28 Millionen Kronen kostete. In weiteren Episoden schlüpfen sie in die Rolle von Justin Bieber, der einst ein Konzert in Norwegen nach nur einem Song abbrach, und von Skilanglaufstar Petter Northug, der 2014 betrunken einen Autounfall verursachte und Fahrerflucht beging. »Es ist lustig, dass wir unsere Skihelden so hochhalten«, sagt Bård. »Sie können wirklich dumme Sachen machen, solange sie nur wieder aufstehen und danach eine Goldmedaille gewinnen.«

Mit 15 Fragen kannst du dein Wissen fast so schnell testen wie die Norweger Ski fahren. Und los geht's!

1. Warum dürfen auf Spitzbergen keine Kinder geboren werden?
2. Wie heißt das Skirennen, das nach den Rettern des Königssohns benannt wurde?
3. Was nehmen die Norweger traditionell auf eine Ski- oder Wandertour mit?
4. Durch wie viele Gemeinden fährt der Sommerzug beim Slow-TV?
5. Wie heißt das norwegische Wort für Nachspiel?
6. Woran erinnert die Architektur der Osloer Oper?
7. Wie heißt der tiefste und längste Fjord Europas?
8. Wo hat Hans Magnus Enzensberger in den Fünfzigerjahren gelebt?
9. Wie heißen die feuchtfröhlichen Weihnachtsfeiern?
10. Wie viele Frauen erhielten bisher den Friedensnobelpreis?
11. Womit verdienen die Kinder an den Küsten Nordnorwegens ihr erstes Geld?
12. Wo befindet sich Amundsens Eisbär Marie heute?
13. Welchem Theaterstück von Ibsen wird jedes Jahr ein eigenes Festival gewidmet?
14. Nansen wird wie ein Heiliger gefeiert. Welche ungewöhnliche Leidenschaft wurde nachträglich entdeckt und sorgte posthum für Furore?
15. Was ist abgesehen vom Wandern und Skilaufen eine der beliebtesten Freizeitaktivitäten?

Auflösung und Auswertung auf Seite 302.

Dank

Auch wenn man Norwegern nachsagt, sie seien eher zurückhaltend, so ist dieses Buch doch vor allem von ihrer Hilfsbereitschaft und Gastfreundschaft geprägt. *Tusen takk!* Es bedeutet sinngemäß »vielen Dank«, genau übersetzt aber »tausend Dank«. In einem wohlhabenden Land denkt man eben selbst bei einer Bedankung in großen Maßstäben.

Ein im deutschen Sinne tausendfacher Dank geht an Martin Norman, Michael Noah Weiss, Astrid Sverresdotter Dypvik, Morten A. Strøksnes, Hugo Aasjord, Mette Bolsøy, Marita Aanekre, Eskil Hovland, Sverre Jervell, Marit Borkenhagen, Halldór Guðmundsson, Ellinor Utsi, Marit Paasche, Tove Grimsby, Kari Ryan, Ingvild Bø, Thomas Hellum, Jan Wanggaard und viele weitere. Sie alle ließen mich an ihrem Alltag und an ihren Projekten teilhaben. Wir philosophierten stundenlang über die Eigenheiten ihrer Heimat beziehungsweise Wahlheimat und ich bekam praktische Tipps, zum Beispiel sich bei winterlichen Touren in der Tradition Nansens in mehreren Schichten zu kleiden.

Wie einst die Polarforscher musste auch ich hart daran arbeiten, meine Reisen zu finanzieren. Da die meisten meiner Auftraggeber mittlerweile keine Budgets mehr für Reisekosten haben, war ich – wie es im Journalismus inzwischen üblich ist – bei einigen Touren auf die Unterstützung von Visit Norway angewiesen. In Reportagen für deutsche Medien wird am Ende stets offengelegt, dass die Tourismusverbände bei Flug- und Hotelkosten aushalfen, dies aber keinen Einfluss auf meine unabhängige Berichterstattung hat. So ist es auch bei diesem Buch. Visit Norway gehört zur staatlichen Organisation Innovation Norway, die ich im Wirtschafts-Kapitel kurz erwähne.

Das Literaturhaus mit der Schreibstube war mein erstes Basislager und unerschöpfliche Quelle guter Tipps. Die Mitglieder dort erleichterten mir den Start ebenso wie das Team von Norla, Norwegian Literature Abroad. Mette Børja und ich gründeten unser eigenes Sprachcafé, wo wir spielerisch die Sprache des anderen entdeckten und ich Wörter wie *skippertak* kennenlernte. So manchen Abend saßen wir kichernd im Norla-Büro. Elisabet Topp danke ich sehr für die Möglichkeit, in Tysklandgården ein neues Zuhause gefunden zu haben – und so die dortige Gemeinschaft erleben zu können.

Ein tausendfacher Dank geht außerdem an Manuel Butt, Nadia Nasser und Heike Faller, sie sind meine treuesten Zuhörer, Testleser und Berater. Ohne sie und vor allem ohne die wunderbare Unterstützung meiner Lektorin Katharina Festner wäre dieses Buch vermutlich nie fertig geworden. Zuletzt danke ich meiner Agentur Graf & Graf und meiner Familie, die sich noch immer wundert, warum ich ständig im kalten Norden wohnen möchte.

Wie Frank Sinatra schon sang:
Regrets, I've had a few
But then again, too few to mention
I did what I had to do.

Quizauflösung und Auswertung

Antworten

1. Da das örtliche Krankenhaus nicht für Notfälle während der Entbindung ausgestattet ist, reisen Schwangere zur Entbindung in ein größeres Hospital. // 2. Birkebeinerrennet // 3. Orangen und den Schokokeksriegel *kvikk lunsj* // 4. 118 // 5. Nachspiel // 6. An einen Gletscher // 7. Sognefjord // 8. Tjøme // 9. *Julebord* // 10. 17 // 11. Mit dem Zungenschneiden in Fischfabriken // 12. Ausgestopft in Amundsens Haus Uranienborg // 13. Peer Gynt // 14. Seine Vorliebe für Nacktheit und einige Fotos, die dies zeigen. // 15. Quiz

Auswertung

0–4 richtige Antworten

Du hast noch genügend Spielraum, das spannende Land besser kennenzulernen. Zum Beispiel beim nächsten Urlaub im hohen Norden. Die hilfsbereiten Norweger erzählen dir gerne von ihrer Heimat und führen dich ins *friluftsliv* ein. Stell dich auf viel Bewegung ein!

5–10 richtige Antworten

Du kennst dich bereits richtig gut aus. Sicherlich warst du schon mal in Norwegen. Wenn du noch tiefer in die Gesellschaft eintauchen willst, kannst du nach einer stundenlangen Wanderung auf einer abgelegenen Hütte selbst gebackene Waffeln mit dem berüchtigten Braunkäse essen.

11–15 richtige Antworten

Entweder bist du ein äußerst aufmerksamer Leser, ein echter Kenner des Landes oder vielleicht sogar ein Norweger? Dein Wissen ist jedenfalls beeindruckend und bestimmt verstehst du dann auch dies: Gratulerer med quiz suksess!

Bildnachweis

S. 13:   Morten A. Strøsknes
S. 24:   Nasjonalbiblioteket
S. 29:   Lars Petter Pettersen
S. 75:   Ole Eltvik
S. 79:   Oclin/Hurtigruten
S. 105:   Einar Aslaksen
S. 184:   Kokofilm
S. 195:   Birken
S. 288:   Eirik Evjen
Die anderen Bilder: Alva Gehrmann

Karte: © Peter Palm, Berlin